中国餐饮经营实战书系

餐饮经理经营实战

陈玉伟　著

中国物资出版社

图书在版编目（CIP）数据

餐饮经理经营实战／陈玉伟著．—北京：中国物资出版社，2011.4
（中国餐饮经营实战书系）
ISBN 978－7－5047－3778－6

Ⅰ.①餐…　Ⅱ.①陈…　Ⅲ.①饮食业—企业管理　Ⅳ.①F719.3

中国版本图书馆 CIP 数据核字（2011）第 019188 号

策划编辑　彭　茜
责任编辑　彭　茜
责任印制　方朋远
责任校对　孙会香　杨小静

中国物资出版社出版发行
网址：http：//www.clph.cn
社址：北京市西城区月坛北街 25 号
电话：（010）68589540　邮政编码：100834
全国新华书店经销
北京京都六环印刷厂印刷

开本：710mm×1000mm　1/16　印张：18　字数：304 千字
2011 年 4 月第 1 版　2011 年 4 月第 1 次印刷
书号：ISBN 978－7－5047－3778－6/F·1501
印数：0001—4000 册
定价：36.00 元

总　序

连锁经营是近10多年来拉动餐饮业发展的最重要的发动机。全国排名前10位的餐饮品牌无一例外的都是连锁企业，餐饮百强中的大部分企业也因采用连锁经营模式而日益强大。如果没有采用连锁经营模式，中国餐饮业的排行榜将可能完全是另外一个样子。

2007年“味千拉面”在香港上市，同年“全聚德”在深圳上市，2008年“小肥羊”在香港上市，2009年“湘鄂情”在深圳上市，一系列餐饮企业的上市标志着餐饮业正快速稳健发展。同时国内外各种风险投资在2008年经济低迷之际纷纷投向餐饮业，如“迪欧咖啡”获得凯雷2000万美元投资，“两岸咖啡”获得高盛3000万美元投资，“真功夫”获得今日资本2亿元注资，“一茶一坐”等众多餐饮连锁企业均得到风险投资青睐。

餐饮业在国民经济中扮演着越来越重要的角色，但快速发展的同时，连锁餐饮企业也面临不少问题：连锁经营的门店不断增加，对总部的综合管理水平要求越来越高，需要一套信息化管理系统来保证门店的营运效率；由于各地经济发展、消费习惯的巨大差异，产品更新速度不能适应市场需求，厨房产品和吧台饮品不能标准化生产，使口味难以统一；市场竞争的不断加剧使得门店赢利水平下降，甚至造成亏损，加盟商与公司总部的矛盾日益加深。

连锁餐饮企业要想得以长足的发展，越来越需要贴近实战的理论支持。本套丛书正是一套系统地讲解连锁餐饮企业综合管理的书籍。《餐饮经理经营实战》《餐饮企业连锁营运》《厨房综合管理》《店铺筹建与财务管理》四本书适用于中餐、西餐、复合餐饮等不同业态的读者。《酒吧管理与产品制作》主要适用于复合式餐厅、西餐厅、酒吧、酒店吧台等业态的读者。

随着连锁分店的不断增加，餐饮公司可能需要同时管理几十家甚至上百家门店，餐饮行业的管理人才存在着巨大的缺口，各餐饮公司采取了与高校联合办班、建立企业内部人才培训中心、实行梯队式培训等应对措施，这些措施从一定程度上缓解了人才的紧缺，但同时也带来了一个问题，餐饮企业日益需要一套系统的餐饮行业管理教材。本套丛书就很好地弥补了这一市场空白。

作者曾经在台资大型餐饮连锁公司和欧美餐饮连锁公司工作多年，有着9年以上的行业管理经验，对国内餐饮行业的管理、区域发展、市场前景、经营模式有着深入的研究；参与了餐饮业中的日常管理、新店开发、物流配送、门店设计、市场拓展、区域营运与培训和公司管理等各方面的工作，在工作中积累了丰富的经验。这套丛书就是在此基础上诞生的。

本套丛书分为五本，分别从不同的角度介绍餐饮连锁经营的系统管理方法：

《餐饮经理经营实战》从门店综合管理的角度全面阐述了门店经营管理者在门店管理中的方法和策略，店长的定位、应具备的素质与能力，店长日常工作流程，如何从领导、人际沟通、时间管理、团队管理、会议管理、目标管理等各方面提升餐饮经理经营实战技能，店员招募与考核激励体系等，最后介绍如何分析门店营运状况并制订相应的整改方案。

《酒吧管理与产品制作》分为两个部分：第一部分主要介绍了吧台日常营运管理，包括吧台营业流程，吧台产品质量管理体系、成本控制体系、增加销售和利润的系统管理方法，以及吧台人力资源管理、培训管理系统、卫生与安全管理体系等。第二部分主要介绍了吧台饮品制作方法，包括咖啡、茶、酒类等常识。

《厨房综合管理》主要介绍了厨房日常营运管理系统，包括厨房日常管理流程、各岗位工作流程、厨房综合管理要点；重点介绍了厨房产品生产管理、品质管理、出品管理、销售管理、自助餐全面管理以及成本控制体系、增加销售和保持利润的系统管理方法；同时介绍了厨房人员管理、培训管理、设备管理、卫生与安全管理以及厨房设计、厨房综合营运管理体系等。

《店铺筹建与财务管理》主要介绍了店铺筹建与财务管理系统，包括采购管理、库存管理等，财务管理中详细介绍了会计账务管理、现金安全管理以及营业收入安全管理、成本构成和控制方法、门店安全管理、后勤人事服务、家具设备清洁管理等，同时系统阐述了新店筹建与投资规划。

《餐饮企业连锁营运》第一部分介绍了餐饮连锁公司的组织架构、连锁模式、连锁经营战略、总部在门店筹建中的各种职能、加盟连锁企业的拓展和管理等。第二部分重点介绍了餐饮连锁公司区域化管理和门店的目标管理等；在餐饮经理经营实战方面介绍了店长梯队建设、店长培养计划、店长能力提升以及店长考核体系等；另外，还介绍了餐饮公司的品牌管理、品牌推广、品牌维护以及信息系统化建设在连锁企业的应用。

这套丛书的出版相信对高层、中层到基层的餐饮业从业人员和管理者，均有参考价值；对于广大的高校、高职、大中专餐饮专业师生以及餐饮业投资者等，也有较大的参考价值和学习价值。

经验用来分享，知识得以推广！最后希望本套“中国餐饮经营实战书系”能够对餐饮行业的发展有所裨益，对广大读者有所裨益！欢迎广大读者朋友来进行交流和开展各种合作。

陈玉伟

2010 年 8 月 9 日于上海

目录
Contents

第一章 店　长

——餐饮门店经营管理的核心人物

如何经营一家成功的餐饮门店，店长无疑起着至关重要的作用。店长一般是整个餐饮门店的最高经营管理者。如果餐饮门店规模较小，往往由餐饮门店的所有者亲自打理。这时，餐饮门店的所有者同时又是最高管理者即店长；如果餐饮门店规模较大，人事繁杂，餐饮门店的所有者则有可能外聘经理人员来担任最高管理责任。在这种情况下，被聘任者担任店长，成为餐饮门店的最高管理者。店长经营管理能力直接影响到餐饮门店的业绩、获利能力及商誉。所以说，店长是整个餐饮门店的核心人物。

第一节　店长日常工作流程

一、营业前的检查工作

营业前，店长的主要工作是作好营业的相关准备，例如，检查并保证物料齐全、设备正常运转、环境卫生、人员到岗等，为餐饮门店开展正常而有序的经营打好基础。

1. 上班前的例行检查

上班前的例行检查包括：

（1）温度高低。一般来说，餐饮门店内的温度不是一成不变的。基本要求是冬季暖和，夏季凉爽，室内温度大体保持在25℃左右为宜。

（2）灯光明暗。灯光调试：

①根据天气调试灯光（白天）

晴天：可适当开一些灯，主要突出店内装饰或摆放物品。

阴天：由于天气阴暗，给人压抑感，多开一些灯，能够使店内氛围更加温馨和舒适。

②根据当地情况调节灯光

有的地方倾向于较温和的灯光。

有的地方倾向于较暗的灯光，主要指较小城市和县级市，因为人们彼此之间较为熟悉。

③根据时段调节灯

晚饭时刻可使店内光线较亮，便于客人进餐。

晚饭后20：00左右，可使灯光暗一些，便于客人聊天。

(3) 音乐音量。在不同的营业时段播放不同风格的音乐，同时将音量控制在合理的范围之内。

(4) 物品位置。检查桌椅摆放的位置是否整齐，植物及装饰品摆放是否得当等。

(5) 清洁卫生。按照既定的巡视路线图对店内的服务区、吧台、厨房等进行认真细致的检查并作记录，对于不合格的要纠正，同时要进行评估以便加大执行力度。

(6) 供货情形。查看急需物料是否跟踪叫货，现有物料是否足够等，如有缺少及时补充。

(7) 出勤人数。有无特殊请假，现有人员安排是否能够完成今天的预期工作量。

(8) 服装仪容。检查员工的仪容仪表是否符合餐饮门店规范，人员是否有精神。

(9) 召开例会。召开管理人员例会，鼓励和督促工作进程。

(10) 资讯提供。为店内工作人员提供及时和必要的资讯，帮助员工提高效率和改进工作。

2. 设备检查

按餐饮门店检查一览表逐条检查：

(1) 检查餐饮门店的环境卫生工作；

(2) 餐饮门店各种设施设备应保持完好；

(3) 台面应该符合规定，餐具整齐、摆放统一、干净、无缺口，桌布无洞、无污渍；

(4) 台椅摆放整齐，椅子干净无尘，坐垫无污渍，台椅纵横对齐或摆成图案；

（5）工作台摆放有序，餐柜摆设符合要求、托盘叠放整齐划一、餐具布置规范；

（6）自助餐，特别是预定自助餐各项准备工作是否完成；

（7）餐具准备充分、完好、清洁；

（8）各种调料准备充分；

（9）冰水、饮料准备充足，并达到规定的温度标准；

（10）各种服务用具和餐布准备妥当；

（11）地毯整洁卫生，做到无任何杂物纸屑；

（12）环境舒适，灯光、空调设备完好正常；

（13）空调应提前半小时开放（一般在上午 11 时，下午 2 时）。

3. 员工检查

员工检查包括：

（1）了解各部门员工的出勤情况，确认缺勤人员的缺勤原因；

（2）检查各部门员工的仪容服饰是否干净、整齐，符合规定；

（3）参加外场班前例会，听取昨天管理例会上布置的工作安排，评述得失，指明员工努力的方向；

（4）检查员工餐用餐情况，与员工一起用餐，多沟通、了解，听取员工各方面的意见与建议，并督促好员工餐质量和用餐标准；

（5）检查并监督各部门人员是否依照规划工作；

（6）是否有人员不足导致准备不充分的部门；

（7）吧台人员是否准时出勤、准备就绪。

4. 产品检查

产品检查包括：

（1）检查当日所需食材是否备齐；

（2）检查外场餐具是否配备；

（3）检查食物原料质量是否可靠，存储是否得当；

（4）库存量检查，是否在安全量范围，是否需要临时叫货。

5. 环境卫生检查

环境卫生检查包括：

（1）音乐是否控制适当；

（2）灯光是否控制适当；

（3）开店前5分钟音乐是否准时播放；

（4）检查餐饮门店入口处是否清洁；

（5）地面、玻璃、收银台清洁是否已做好；

（6）卫生间是否清洁；

（7）参照餐饮门店卫生检查办法作全面细致的检查。

二、营业中的协调工作

营业中，店长的主要工作是掌握整个餐饮门店的经营态势，协调相关部门工作，确保为消费者提供快捷而贴心的服务。

1. 营业高峰前

营业高峰前的工作有：

（1）检查投射灯是否开启；

（2）人行道是否通畅；

（3）是否有阻碍人行道或导致阻挡产品销售的情形；

（4）门前是否有人当班；

（5）店内地面是否清洁。

2. 营业高峰中

营业高峰中的工作包括：

（1）动态掌握：销售态势的掌控；

（2）投诉处理：处理营业中客人的投诉、打折、就餐与订餐等事宜；

（3）引位情形：来客状况与店内位置安排，引位是否及时、热情与客人打招呼等；

（4）服务检测：检查员工岗位的运作，是否有工作人员聊天或无所事事；给顾客提供尽善尽美的服务以及优质的咖啡、产品；

（5）熟客寒暄：运用公关应酬技巧，现场与客人交朋友，了解他们的消费习惯，捕捉订餐信息，建立稳订的客流队伍；

（6）出品速度：出品是否符合出品速度标准，是否需要增加人手，出品质量是否合格等；

（7）员工考核：观察员工工作状况，工作技能，工作态度，以便对员工在工作中的表现有全面的了解和记录；

（8）部门协调：部门人力的协调与安排，出品状况的协调，部门的摩擦与问题的解决；

（9）问题记录：人员服务，出品状况，顾客投诉，以及需要改进的各种问题进行详细的记录，高峰过后进行解决；

（10）突发事件处理：顾客是否太多，需增加职员或者需要后勤人员来吧台支援；是否需要紧急补货；停电、停水的解决办法等；排除设备故障及营业中发生的各种异常情况，确保营业顺利进行。

3. 营业高峰后

营业高峰后的工作包括：

（1）检查店内是否有污染品或破损品；

（2）查看是否要进行中途解款；

（3）是否有缺货需要补货；

（4）是否确定各时段营业额未达成原因；

（5）检讨工作中出现的问题，作出相应对策；

（6）店内卫生清洁。

4. 经常性工作

经常性工作包括：

（1）检查 POP（广告、海报）是否陈旧和遭污损，张贴位置是否合适，诉求是否有力；

（2）检查店内服务人员是否使用规范用语，服务是否细致、认真、负责，是否为客人提供礼貌、快捷、高效的服务；

（3）注意入口、地面、卫生间等处是否保持清洁；

（4）进货、验货是否按照规定进行，是否按规定方法存储；

（5）人员工作状态是否良好，是否需要激励士气。

三、营业后的总结及整理工作

营业结束后，店长需要对当天的营业状况作出一个总结，提出改进意见，同时做好餐饮门店的打烊工作。

1. 总结例会

总结例会的内容包括：

（1）审查客人意见表，提出待解决的问题与对应方案；

（2）组织讨论具体案例，使广大干部从中有所收获；

（3）听取员工提出的积极建议。

2. 营业现金管理

营业现金管理包括：

（1）消费金额与解交银行是否一致；

（2）吧台营业现金是否交回；

（3）作废发票是否签字确认；

（4）当日营业现金是否全部锁入保险箱。

3. 检查打烊情况

检查打烊情况包括：

（1）是否仍有顾客滞留；

（2）背景音乐是否关闭；

（3）卷帘是否拉起；

（4）招牌灯是否关闭；

（5）店门是否关闭；

（6）空调是否关闭；

（7）收银机是否清洁完毕；

（8）作业场是否清洁完毕；

（9）是否仍有员工滞留。

4. 督促保安职责的履行

督促保安职责的履行包括：

（1）保安是否设定；

（2）是否有具体责任人。

5. 守夜人员的安全检查工作

守夜人员的安全检查工作包括：

（1）店内各种宣传用品是否收回；

（2）电路开关的全面检查；

（3）设备关闭确认；

（4）店铺周边安全状况确认；

（5）门窗的关闭与锁定。

附录：店长作业流程时间表

<table>
<tr><th>时　段</th><th>作业项目</th><th>作业重点</th></tr>
<tr><td rowspan="4">9：00～9：30</td><td>晨会</td><td>● 主要事项布置</td></tr>
<tr><td>员工出勤</td><td>● 出勤、休假、病事假、人员分配
● 仪容仪表及工作挂牌检查</td></tr>
<tr><td>外场、后勤状况确认</td><td>● 产品陈列、补货、促销及清洁状况检查
● 后勤仓库检查（包括选货、验收等）
● 收银员、找零金、备品及收银台和服务台的检查</td></tr>
<tr><td>前一日营业状况确认</td><td>● 营业额、来客数、客单价
● 每客消费样品项数
● 售出品种的产品平均单价
● 未完成销售额预算的产品部门</td></tr>
</table>

续 表

时 段	作业项目	作业重点
9：30～10：00	开门营业状况检查	• 各部门人员、产品、促销等就绪 • 店门开启、地面清洁、灯光照明等就绪
	各部门作业规划重点确认	• 促销规划、产品规划、出勤规划及其他
10：00～11：00	营业问题追踪	• 营业未达销售预算的原因分析与改善 • 电脑报表时段别商品销售状况分析，并指示有关产品部门限期改善
	店内产品态势追踪	• 缺品、产品确认追踪 • 重点产品、季节产品展示与陈列确认 • 时段别营业额确认
11：00～12：30	后勤库存状况确认	• 库存品种、数量及管理状况了解及指示
	营业高峰状况掌握	• 各部门表现及促销活动效果 • 后勤人员调度支援收银 • 吧台加强促销活动广播
12：30～13：30	午餐	• 交代指定主管负责门店管理工作
13：30～15：30	竞争店调查	• 同地段竞争店与本店营业状况比较（来客数、收银台开机数、促销状况、重点产品等）
	部门会议	• 各部门协调事项 • 如何达到今日之营业目标
	教育训练	• 新进人员在职训练 • 定期在职训练 • 配合节庆之训练（如礼品包装）
	各种规划报告撰写与准备	• 人员变化、请假、训练、顾客意见等 • 月、周规划、营业会议内容、竞争对策等
15：30～16：30	分时段的营业额确认	• 按时段确认各部门营业额
	全店态势巡查、检核与指示	• 外场、后勤人员、吧台清洁卫生、促销等 • 环境准备及改善指示

续 表

时　段	作业项目	作业重点
16：30～18：30	营业问题点追踪	● 后勤人员调度支援外场收银或促销活动 ● 收银台开台数、找零确保正常状况 ● 吧台配合促销 ● 人员交接班迅速且不影响对顾客的服务
18：30～19：00	指示代理负责人接班注意事项	● 交代晚间营业注意事项及打烊事宜
19：00～次日02：00	夜班人员进行正常工作	

第二节　店长角色定位

一、店长的多重角色

店长需担负该店业绩与获利之重任，店内大小事均由其负责，如人员招募培训、产品质量、服务水平、环境卫生、采购、库存、财务以及与各部门的沟通协调等。在处理不同的工作时，店长需要扮演不同的角色。

1. 餐饮门店执行官

店长必须负起执行官的责任，安排好各岗位、各班次服务人员的工作，指示服务人员严格执行营运规划，将最好的产品和服务，运用合适的销售技巧，在店内各处以最佳的面貌展现出来，以刺激顾客的消费欲望，提升销售业绩，实现销售目标。

其中，执行官的一项最重要的能力，就是要能够根据店内的实际情况，和各部门主管制订相应的工作方案，并且制订相应的执行力度检查办法。工作方案是预定的工作计划，而执行力是保证它的实施，检查和反馈则是及时纠正偏差和督促执行，将三者结合起来才能起到最好的效果。

餐饮门店内不论工作人员多少，都在不同的时间、不同的岗位为顾客提供不同的服务。每位工作人员的表现可能有好坏之别，但餐饮门店的经营绩效及整体形象都必须由店长负起全责。所以店长对餐饮门店的营运必须了如指掌，才能在实际工作中作好安排与管理，发挥最大实效。

2. 执行经营目标

利润目标是重要的目标，其他目标围绕利润目标加以设定，比如成本控制目标、人力目标的设定，产品质量目标的设定，顾客满意度目标的设定，这些目标的实现保证利润目标的达成。

餐饮门店既要能满足顾客需求，同时又必须创造一定的经营利润。对于总部的一系列政策、经营标准、管理规范、经营目标，店长必须忠实地执行。因此，店长必须懂得善于运用所有资源，以达成兼顾顾客需求及餐饮门店需求的经营目标。即使店长对总部的某些决策尚存异议或建设性意见，也应当通过正常的渠道向总部相关部门领导提出，切不可在下属员工面前表现出对总部决策的不满情绪或无能为力的态度。所以，店长在餐饮门店中必须成为重要的中间管理者，才能强化餐饮门店的营运与管理，确保经营目标的实现。一个良好的执行者不仅能很好地执行和分解目标，而且能够根据实际情况及时修正目标，使之更加符合实际状况，同时能够调动所有工作人员使之成为大家的共同目标。

3. 店铺氛围调节者

店铺氛围调节指的是让大家在相对一定的环境中保持良好的心态和积极的工作状态，包括管理氛围的调节、员工士气的激励、员工心态的调整，把学习和工作结合起来，使大家保持一个快乐的心情并且能够看到希望。

良好的店铺氛围能够感染大家的情绪，激励员工士气，提高工作效率。为达到这样的目的，店长就要及时洞察店内工作氛围，及时采取相关措施加以调节，争取做到当天有问题当天解决。

关于工作欲望方面，有句话说，欲望是一股无形的巨大力量。因此，下属工作欲望的高低是一件不可忽视的事，它将直接影响到员工工作的质量。所以，店长应时时激励全店员工保持高昂的工作热情，形成良好的工作状态，让全店员工人人都具有强烈的使命感、责任心和进取心。

4. 员工导师和教练

作为餐饮门店的最高管理者，店长无疑是店内工作人员的导师和教练。店长的为人处世、工作作风、学识经验，无时无刻不影响着店内的每一个人，作为店长，不仅要担负起这个店的工作重任，而且要能够成为这个店的精神领袖，只有这样，才能从根本上带领一个团队作战，餐饮门店才能处在有力和有效的领导之下。

店长作为导师要为店内的管理人员和员工树立一个良好的榜样，进行有效的激励和引导。把良好的工作作风、必备的职业道德带给每一个工作人员，把先进的管理理念灌输到每个人的脑子里。

店长作为教练不仅要教会员工做事，而且要教会他如何正确地做事，不仅教授知识，还要教授方法。工作中要及时地加以指导并能进行现场演练，不断提升大家的工作技能。培训是餐饮门店管理的系统教授方法之一。

员工整体的业务水平高低是关系到餐饮门店经营好坏的一个重要因素之一，所以店长不仅要时时充实自己的实务经验及相关技能，更要不断地对所属员工进行岗位训练，以促进餐饮门店整体经营水平的提高。同时，店长还应懂得授权，培养下属的独立工作能力，训练下属的工作技能，并在工作过程中及时、耐心地予以指导与帮助。全体员工的各方面素质提高了，餐饮门店的营运管理自然会越来越得心应手。由此可见，培育下属，就是提高工作效率，也是间接促成餐饮门店顺利发展的保证。

5. 协调各种关系

店长身处餐饮门店的焦点位置，需要协调各方面的关系，包括与顾客沟通、与员工沟通、与总部沟通等；既包括政府关系，如工商、税务、消防、环保、卫生、物价局、治安、小区物业、街道办等，还包括对外合作单位、媒体以及物料、设备供应商等。事情相当烦琐、复杂，这就要求店长具备良好的关系运作和调节能力，平衡各方关系，有力地促进餐饮门店工作的顺利开展。

因此，店长应具有处理各种矛盾和问题的耐心与技巧，如果店长对上级的报告、对下属的指令传达都准确无误，但是在与顾客沟通、与员工沟通、与总部沟通等方面却做得不够好，无形中就会恶化人际关系。因此，店长在上情下达、下情上达、内外沟通过程中，应尽量注意运用技巧和方法，以协调好各种关系。

6. 控制营运与管理任务

为了保证餐饮门店的实际作业与餐饮公司的规范标准、营运规划和外部环境相一致，店长必须对餐饮门店日常营运与管理任务进行有力的、实质性的控制。其控制的重点是：人员控制、产品控制、现金控制、信息控制以及地域环境控制等。

作为一个餐饮门店的最高行政长官，要使整个店铺处在可控制状态下，这样才有利于实施符合本店的管理计划，改进店铺的经营现状。

二、店长的主要工作职责

店长的职责是秉承公司总部的经营管理。在总部的协助下指导下属员工，为顾客提供良好服务，实现餐饮门店的经营目标。顾客与产品的接触点是门店，而失去顾客，餐饮门店将无法生存，所以发挥餐饮门店经营力是餐饮门店生存的基本要点，而掌握这一要点的关键在于店长。

1. 保证经营利润

利润是餐饮门店生存的前提条件，创造利润就是店长的首要职责。店长应对餐饮门店的利润指标进行监督、控制，并向总部汇报。在仔细思考经营方略以提高餐饮门店营业额的同时，店长应严格地控制成本，在不影响品质的情况下，将成本控制在最低水平，做到“开源节流”，提高经营利润。

最主要的是，要把利润管理的目标贯彻到对餐饮门店管理的各个方面，以增加收入为重点展开一系列的管理：品质管理是关键，是餐饮门店的核心竞争力；环境和服务管理是保障在良好的产品品质下有个良好的环境和服务；营销管理则是将这些展示给客人的手段；而良好的内部管理才能保证品质、环境和服务……这些最终影响餐饮门店的利润实现与否。

2. 工作分配

根据工作的性质、难易程度等，将工作合理地分派给合适的员工，使其在本身负责的工作范围内（外）完成交付的任务。这项职责相当重要，工作分配合理才能保证工作效率和效果。

店长要始终记住：只有良好的作业分配机制才能充分发挥管理者和员工的长处。这就要求餐饮门店全面建立员工档案制度，细心地观察和大胆地任用，争取做到人尽其才，物尽其用。

3. 员工的教育训练

人才是最大的资产，不断地训练员工是现代餐饮门店应有的观念。所以，餐饮门店管理者的职责及工作应包括如何训练员工。除了总部安排的员工教育训练外，门店店长还应针对本店特色、工作技能，实施一系列有规划的在职训练，以期让员工不致因初任工作技能不熟练而产生畏惧心理，影响工作意愿；或因不懂而产生不佳服务造成顾客抱怨，影响餐饮门店形象及餐饮门店经营。另外，店长应随时观察员工工作能力及工作态度，适时作出准确考评，作为员工升迁、调薪的参考，且可预防不必要的困扰，如员工因情绪不佳导致工作伤害或顾客抱怨等问题。

将以上的培训计划结合餐饮门店的实际运营状况，实行及时的培训。培训后，要注重培训的实操和工作演练，使之成为员工工作技能的一个组成部分。将培训系统化，使之成为一个相互连接的链条，全面地培养员工的知识、技能和能力。

4. 人员管理

人员管理是店长工作的重要方面，所有的事情都是人做出来的。人员管理的优劣直接关系到餐饮门店的营运和赢利，是检验店长管理能力的重要标准。

如何有效地掌握员工而非控制员工，可提升整体工作效率，在员工流动率居高不下的情形下，如何有效地掌握员工，如何让员工有高效率的工时，如何不引起员工有“处处受控制、时时受监视”的反感，如何让员自重自律，乐在其中？这些都是店长必须考虑到的问题，并且店长一定要和管理层一起了解下情，共同制定对策，不断改进工作方式和方法，使大多数人都能够适应；或者通过加强教育训练的手段，改变大家的思想和行为方式，最终实现对人员的有效管理。

5. 掌握竞争情报

“知己知彼，百战不殆”。

市场在不断地变化，店长一定要了解周边的情况和行业发展情况，才能在变化的市场竞争中取胜，以变制变是最好的策略。

店长应尽量掌握商圈、同业态、规模类似的竞争店的商业情报，应具备市场调研的技能，详尽、充分地掌握有关竞争者的情况，具体包括营业面积、营业额、餐饮门店风格、市场定位、餐饮门店特色、价格水平、服务水准、促销活动、经营管理政策，等等。并且长期地加以坚持，形成系统化的资料，通过竞争对手的分析，找出其优劣势，并结合自身餐饮门店的经营状况，拟定克敌制胜的策略。

6. 经营数据管理

店长务必通晓餐饮门店的各种数据，并且知道数据背后的原因以及应该采取的措施。当然，最关键的还在于店长能将管理目标转化成数字而成为餐饮门店的奋斗目标。

掌握运用各种工作方法达成经营目标（具体的数据指标），是店长一项最重要的职责。店长对每日每周经营数据的变化，必须具有敏锐的观察力，并能清晰地分析原因，从而拟定对策或提供策略给相关人员达成目标。当然，经营数字并不单指业绩目标而已，还应包括库存数字管理、工时管理、效率数字管理等。

以数字的方式加以管理，是餐饮门店管理的重大进步，甚至还可以借助餐饮门店软件管理系统实施更加全面的数字管理，从而有力地促进餐饮门店管理更加标准化。

7. 日常事务管理

店长日常事务相当烦琐，这就需要良好的时间规划能力和应急处理能力。日常事务的处理一定要以掌握营运状况为基础，如产品的促销实施情况、顾客分布范围、咖啡所覆盖的商圈范围，以及品质、环境、服务的跟进管理和及时服务、物料供应情形、出品速度、顾客反馈等，店长都应该进行归纳和总结，以便改善店铺运营。

召开餐饮门店会议是店长实行日常事务管理的有效手段，每周一次的部门主管工作检讨会议，店长对各部门的整体运营和问题加以收集和整理，然后，大家分别拿出各自的方案讨论通过，比如产品改善方案、部门协调问题和顾客服务疑难症状处理等。通过会议一次性解决很多问题，节约时间，提高效率，并且力求找出问题的根源，制订相关的管理计划和规章制度、统一标准等来达到目的。

除此之外，店长应作好各营业数字的输入以及各种文件表格的处理。具体包括：出勤记录；周（日）工作报表；进货传票的整理；每日业绩报表；安全报表；转退货报表，等等。

第三节　店长素质及能力要求

一、良好的品质

一个优秀的店长不仅仅要懂得经营事务，更重要的是要懂得经营“人心”，即要能获得大家的信赖和支持，与各方维持良好的关系。因此做一个优秀的店长首先要掌握做人的学问，其次才是专业与技能。

一个优秀的店长必须具备良好的品格，品格主要包括道德、品质、人格、作风等，优秀的品格会给管理者带来巨大影响力。俗话说：“榜样的力量是无穷的。”好的品格可成为模范，能使下属对管理者产生敬重感，从而吸引下属模仿。因此，正直、优秀的品格是店长最基本的素质要求，是一切能力的基础，店长必须注意品格修养。

1. 正直与诚实

正直与诚实是人类的美德，也是做人的基本准则，特别是作为管理人员更应具备这两种素质，因为它对店长怎么用正确的方法来运筹整个餐饮门店的工作有着很大的影响。

正直与诚实包括以下内容：

（1）真挚：对人的诚恳态度；

（2）公正：对人、对事一定要公正，不能把私人感情转化到对员工的工作评估上，而是按照员工的能力来给每一个员工提供机会；

（3）品质好：言行一致，表里如一；

（4）坦白：做事一定要讲究透明度；

（5）开明：思想比较进步，能接受新的观念及事物。

正直而诚实的上司将被员工认为是值得信任的上司，员工会感到上司所做的一切是公正、公平的，进而对其产生尊重以及信任。同时，员工也会受到上司的影响，以正直、诚实的态度对待顾客、同事以及管理人员等。

正直和诚实的品格会对员工形成极大的感召力和领导力，有利于增加内部管理的有效性，有利于店长顺利开展工作，成为精神领袖。

2. 尊重他人

尊重他人就是尊重自己，一个尊重员工的店长更容易得到员工的尊重和拥护。

尊重他人，必须首先要尊重自己，有良好的品质，这些主要包括时刻注意自己的言行，对人态度表里如一等。

（1）信任员工：相信每个员工的能力，相信他们会完成好本职工作；

（2）尊重员工：处处都把员工放在第一位，不仅仅把自己作为员工的上司，更是支持者和工作环境维护者；

（3）公正对待员工：正确地对待每个员工的成绩及缺点；

（4）让员工知道存在的价值：把员工当做餐饮门店经营中不可缺少的一员；

（5）永不摆布、利用员工：不可为自己的利益或某种目的而设计圈套，玩弄某一员工，否则将会造成不良的后果。

3. 诚信守诺

一个优秀的店长必须对自己的言行负责，自己向员工的承诺一定要兑现。事实上，最大的损害莫过于没有履行对别人的承诺，如果此后再向别人作出承诺，则难以取得相应的信任。

当店长承诺在某时为一名员工进行工作评估而届时却未能履行时，当店长告诉员工们将要加薪而最后又未能实现最初承诺时，店长已经对员工造成了极大的伤害，同时也失去了员工对他的信任。若因出现意外而无法履行承诺时，则可保持原来诺言或向员工们解释清楚当时的情况，并要求取消承诺。如果你养成了信守诺言的习惯，你就建立起了自己的值得信任的形象。

记住：不要过早承诺，不为一时的口快而承诺，那样只会对自己造成不必要的麻烦和伤害。

4. 宽容待人

具有包容心是优秀的管理者所共有的素质。虽然店长对同事、部下的失败或错误要教育和批评，但是不可常常挂在嘴边。作为一名管理者，店长在与别人打交道时会遇上很多不愉快的情况，这时，餐饮门店店长必须克制自己并做到正直地对待他人。例如，对达不到工作要求的员工必须动之以情、晓之以理，诚心帮助其了解自己的岗位，鼓励他们上进并在他们取得成功时进行表扬。店长要让自己的下属知道你总是在帮助而非伤害他们，必须让犯错误的员工意识到自己的错误，但又要顾及员工自尊心。

包容不是纵容，而是一种良好的品格和修养。对于原则性问题必须作出处理，毫不手软，奖罚分明，这样才是一个有威信的店长，和蔼而又不失威严。

5. 关怀员工

员工是餐饮门店经营中非常重要的因素，是餐饮门店经营的根本所在。一个优秀的餐饮门店店长要能够与店员建立起融洽的关系，并能够激励员工为餐饮门店贡献自己的力量。而关怀员工则是激发员工的工作热情、调动员工积极性的最有效的手段。

关怀员工体现在日常生活的小事上，比如关心员工的身体状况、生病时及时问候和看望，对于员工工作上的进步、着装的变化，给予一句夸奖，都会给员工一天的好心情。只要店长发自内心地关怀员工，员工是一定会感动的。

除此之外，店长还要关心员工的发展，给员工提供锻炼的机会，帮助员工树立工作的信心和勇气。

二、独特的魅力

性格决定命运，气度决定格局。一个优秀的店长一定拥有着优秀的性格，以其独特的个人魅力感染和引领着下属。

一个拥有积极性格的店长，无论遇到何种困难都会积极地去处理，无论什么时候都可以面临任何挑战，从不会想到要躲避困难。

一个拥有忍耐力的店长，明了在餐饮门店的作业化管理过程中，往往能顺利进行的时候很短，而辛苦和枯燥的时候却很长，所以，有活力地进行正常活动极其重要。

一个拥有明朗性格的店长，知道用明朗的笑容工作是一天，用毫无表情或阴沉的脸色工作也是一天。而店内全体员工的工作气氛是明朗或是阴沉，就要看店长的心情了。总的来说，优秀的店长具有以下两个特点：

1. 亲和力

这是优秀领导者增添其个人魅力的重要途径。领导者要善于“亲和”，平易近人，要使下属觉得自己易于接近，敢于接近，心理上永远存有一种“暖”的感觉。同时，亲和力也有利于领导者与下属的沟通，使领导者及时调整自己的管理策略，从而达到真正的成功。

2. 责任心

高度的责任感和敬业精神，把工作当成生命的一部分，对餐饮门店、员工、协作者、消费者和整个社会有高度的责任感。

（1）有效地授权，正确地决策；

（2）具有服务员工的意识，能最大限度地发挥员工积极性；

（3）对成功充满信心，用自己的热情激励员工进取；

（4）合作精神——能赢得人们合作，愿意与他们一起共事，对人不用压服，而用感化及说服的方法；

（5）理性决策——依据事实而不是依据影响作出决策，具有高瞻远瞩的能力；

（6）善于组织——善于发掘下级才智，善于组织人力、物力、财力；

（7）精于授权——能把握方向，抓住大事，而小事分给下级去处理；

（8）善于应变——权宜通达，机动进展，而不抱残守缺，墨守成规；

（9）敢于求新——对新事物、新环境、新技术和新观念者有敏锐的感受力；

（10）敢于冒险——有雄心，敢冒对餐饮门店发展不利的风险，以便创造新的局面。

三、丰富的管理知识

学识是才能的基础，它与才能是紧密联系在一起的。一个人的学识的高低，主要表现为其对自身和客观世界认识的程度。学识是一个人最宝贵的财富，它本身就是一种力量。具有丰富学识的管理者，容易取得下属的信任，并由此产生信赖感，甚至带来极高的影响力。在学识方面，店长最好是一个复合型的人才，主要包含以下几个方面：

1. 熟知餐饮门店的每个环节和细节

作为餐饮门店的管理者，应该熟知餐饮门店工作中的每一个环节和流程以及完成这些工作应该具备的知识。例如，了解餐饮门店的采购流程、财务流程和控制方法、熟知餐饮门店常用促销方法等。

2. 掌握经营管理知识

店长作为餐饮门店的执行官，必须掌握一定的经营管理知识。店长对餐饮门店的管理可以简单地归结为两个方面：对人的管理和对事的管理。在对人的管理方面，店长应该懂得相关的人员招聘、培训、激励、考核的流程、要点原则等知识。同时，餐饮门店就像一个团队，店长就相当于队长，要懂得如何安排各成员的工作、如何调动团队的积极性、如何化解团队冲突和矛盾，等等。在对事的管理方面，店长应该具有洞察消费动向的知识，具有关于销售管理等方面的知识，具有关于餐饮门店的规划决策方法的知识，具有计算以及分析餐饮门店经营数据的知识，具有税务等相关法律知识，等等。

3. 心理学知识

具备心理学知识，有利于了解员工、顾客、上司、股东的想法，经过换位思考后的沟通更加容易达成共识。比如对员工心理的准确了解，可以更好地疏导和激励员工，对顾客心理的了解可以更好地服务顾客和处理顾客投诉问题，对于上司的心理了解可以更好地理解公司的政策和策略，而且有利于个人的发展和升迁，对股东的了解可以争取他的支持和理解。心理学知识的良好运用，是工作的润滑剂。

店长应该是一个具有上述知识、技能、经验、性格、素质的人。但是人无完人，没有一个人天生就具有以上的资质。只有店长认清自己的缺点和弱点，努力地改善和弥补，才能不断提高自己的资质，得到下属的爱戴与尊敬，进而提高餐饮门店的经营业绩。

四、高超的管理技能

“功以才成，业以才广。”只有有“才”，才是成就事业的关键因素。一个优秀的餐饮门店经营者必须有“才”，这个“才”包含的范围是很广的，既包括经营管理的才能，也包括人事组织的才能。具体地说，它由以下几个部分组成：

1. 实干技能

店长身为餐饮门店的管理者，是餐饮门店的行动指挥者，若想要全店员工心服口服地接受他的指挥，店长必须通晓服务和生产的各个环节，在工作中才能够给员工以切实的支持，这样，店长才能清楚地知道各个部门和环节的现状，便于管理和促进工作的开展，更容易获得员工的钦佩和爱戴。

2. 人际交往技能

人际交往能力是店长应具备的重要能力。良好的人际交往能力有利于工作顺利地开展，并且能更好地整合资源，团结团队成员完成工作，获得上司和股东的支持，对打开餐饮门店的工作局面有着不可低估的作用。店长要十分注意与员工、上级以及外部利益相关者之间的情感关系。因为，人与人相处在一起，就会产生一定的情感关系，或者亲密，或者疏远，或者好，或者恶。情感是人的一种心理现象，是人对客观事物（包括人）好恶倾向的内在反应。人与人之间建立了良好的情感关系，便能产生亲切感。在有了亲切感的人际关系中，相互的吸引力就大，彼此的影响力也就大。因此，店长拥有良好的处理人际关系的能力，对于餐饮门店的营运与管理顺利进行有举足轻重的作用。

3. 人事管理技能

人员管理和事务管理能力是店长管理餐饮门店的常用能力之一。

人员管理包括招聘、教育训练和内部的组织协调，还有员工问题的诊断与处理等诸多人员管理活动。

通常，餐饮门店的营业时间长，人员流动率高，人事组织是一个大问题，如何降低员工的流失率、提高员工的工作效率、降低人事费用等，都应由店长来考虑，所以，店长首先是一位人事经理，要具备较强的人事管理能力。

4. 培训和教育下属的技能

良好的培训和教育技能，有利于培育和提高下属的工作能力，减轻店长的工作压力，同时能够调动下属的工作热情，激发下属的潜力。

一个合格的店长，必须对下属进行培训、教育和开发，不断提高下属的素质、品质和能力，发展并培育一支战斗力很强的团队，共同实现餐饮门店所希望达到的目标。成功的领军人物必须在自己的周围建立一个高效的团队，

才能显示出餐饮门店独特的核心竞争力，在实现餐饮门店长远目标的过程中更上一层楼。

5. 学习技能

餐饮门店所面对的经营环境在不断发生变化，例如，餐饮门店的定位可能走向大众化、普及化，新的技术也会不断地涌现，餐饮门店的营销方法、经营管理方法等也会不断成熟、优化。在这个过程中，店长必须有较强的学习能力，能够随着环境的变化来提高自己的管理和经营水平。这点对我国目前的特许经营餐饮门店来说尤为重要。因为国内的特许餐饮门店建立时间不长，特许餐饮门店的标准化、规范化管理以及经营技术尚处于不断健全和发展过程中。根据这些情况，具有一定的经营管理能力和自我成长能力，并有一定商业经验或实践经验的店长，是最适合餐饮业的未来发展的。

6. 沟通能力

店长作为餐饮门店经营中的核心人物，掌管着餐饮门店大大小小的事务，每天要和很多人打交道，包括自己的员工、加盟总部或者餐饮门店的老板、顾客、供货商以及其他的利益相关者，等等。在与总部、与顾客、与社会各界的交往中，店长的沟通技巧也是十分重要的。作为一名管理者，只有广泛地沟通才会了解员工的能力、缺陷等，才能更好地安排工作，培养员工的工作兴趣，并为他们设定目标。

良好的沟通能力能够减少工作的阻力和压力，提高餐饮门店的工作效率，形成融洽的工作氛围，店长只要用心去做一定会有诸多领悟。

7. 规划技能

为了实现经营目标、改善经营业绩，店长必须有一个中长期的规划，例如餐饮门店采购规划、人力需求规划、营销规划、培训规划等，只有完善并详细的规划才能保证执行的稳定性。事后，店长还要对规划的执行结果进行分析、比较，进一步完善餐饮门店的经营状况。

良好的规划技能，能够使工作处在有序的管理之中，店长对整个餐饮门店处在可控状态之下。这样可以从纷繁的日常事务之中解脱出来，可以对餐饮门店进行远景和长远的思考和规划，可以理清思路，充分授权。

8. 信息收集与分析技能

信息是决策的基础，因此，店长必须具备较强的信息收集与分析技能，进而作出正确的决策。信息包括的范围很多，最主要的是餐饮门店的日常经营信息，店长要能从产品销量的变化中分析出消费者的需求特性以及经营方法的恰当与否。同时，店长应该善于观察和收集竞争者的相关运营管理情报，并作好分析，调整自身对策。

第二章
新店规划与筹备

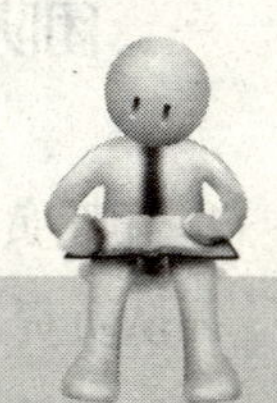

规划与筹备一家餐饮门店是一项庞大而系统的工程，然而做好这一工作恰恰是这家餐饮门店日后顺利运行的一个重要前提。因此，做好这项工作就成了店长的重要职责，它体现了店长的整体统筹能力和细节管理能力。

第一节　开业团队组建

一、团队成员素质

1. 团队负责人素质要求

团队负责人素质要求包括：

（1）善于统筹规划，能制订整体营运规划；

（2）善于沟通，能协调各方关系；

（3）能掌控全局，适当授权，激励团队作战；

（4）能检查开业前的不足并予以及时修正；

（5）知人善任，随机应变；

（6）熟悉开业流程，富有实战经验；

（7）懂得领导艺术，解决突发事件。

2. 选址、市场调查小组素质要求

选址、市场调查小组素质要求包括：

（1）有选址和市场调查的成功经验；

（2）能够根据市场表象分析出市场的特征；

（3）能够灵活运用实践与理论相结合的手法，因地制宜分析市场行情；

（4）能制定出系统性的可行性研究报告；

（5）熟悉相关合同的签订及法律程序；

（6）能根据其他小组的数据作出投资预算和风险防范工作。

3. 工程装修小组素质要求

工程装修小组素质要求包括：

（1）能根据当地市场情况和房屋结构作出合理设计；

（2）能协调工程中各方进度；

（3）能按时保质完成任务；

（4）对工程中出现的问题或可能留下的后患，要有防范和更正措施；

（5）有成功装修餐饮门店的经验或实力。

4. 证照办理小组素质要求

证照办理小组素质要求包括：

（1）熟悉证照办理流程；

（2）善于沟通和灵活处理办证中遇到的问题；

（3）证照办理时间要与开业规划相协调；

（4）弄清注意事项及费用、年检等事项。

5. 物料采购小组素质要求

物料采购小组素质要求包括：

（1）熟悉当地市场行情；

（2）制定采购流程及资金预算；

（3）要有良好的职业道德，在采购中不弄虚作假；

（4）确保按时、保质、保量完成采购任务；

（5）整理供应商名单并为日后维修、退换货做好准备工作。

6. 店内筹备小组素质要求

店内筹备小组素质要求包括：

（1）有开店经验或开店实力；

（2）清楚开店流程及准备工作；

（3）具有团队协作精神；

（4）能鼓舞员工士气并起模范带头作用。

7. 营销策划小组素质要求

营销策划小组素质要求包括：

（1）根据当地市场行情制订出系统策划案；

（2）有丰富的营销策划经验；

（3）有利用和整合资源的能力；

（4）为餐饮门店开业做前期准备工作。

以上七大开业团队是从职能上加以划分，很多时间他们相互融合，有的人身兼数职，所以更要作好时间安排，优化资源配置并合理使用。

开业团队筹备项目分工表

筹备项目	内容	负责人	时间
可行性分析	可行性研究报告	选址成员	2 天左右
工程装修	装修方案的设计、定稿	工程餐饮门店	1 周左右
人力资源筹备	高层管理者招聘	出资人	1 周
	餐饮门店中层管理者招聘	外场经理	2 周
	基层人员招聘、培训	培训部门	3 周
证照办理	一个报建，七个证照	负责人	开业前办理完毕
采购小组	设备、器具、材料	当地股东	开业前 1 周准备完毕
物料准备	设备调试	技术部门负责人	开业前 1 周
宣传策划		企划部、店长	开业前 2 周
试营业		店长	开业前 1 周

二、开业工作范围

开业团队的工作范围可分为五部分：

1. 工程装修、装饰

工程装修、装饰包括：

（1）餐饮门店布局与装修设计；

（2）寻找一家质量好、信誉好的装修公司进行设计与装修；

（3）设计人员与施工人员充分沟通；

（4）工程进行中的风险质量管理。

2. 证照办理

证照办理包括：

（1）合理安排证件办理时间；

（2）证照办理过程遇到餐饮门店调整；

（3）相关费用的缴纳；

（4）与政府机关人员的充分沟通。

3. 开业典礼

开业典礼的安排包括：

（1）开业典礼的物料安排：传单、布标、气球、报刊、宣传品等；

（2）开业典礼的时间安排；

（3）开业典礼与餐饮门店总体进程的协调。

4. 筹备管理

筹备工作包括：

（1）开业筹备小组的沟通协调；

（2）餐饮门店人力资源调动与招聘；

（3）参与开业筹备人员磨合与协调；

（4）各方工作的安排与督察。

5. 从采购到出品

从采购到出品的工作包括：

（1）设备、器具、物料及供应商的管理；

（2）技术人员的培训与技术指导；

（3）操作部门的布局；

（4）调试设备试运营；

（5）检查出品质量并予以及时调整。

三、开业具体任务

1. 市场调查分析

市场调查分析的内容包括：

（1）对餐饮门店所在区域的同行进行调查；

（2）对消费者实地调查；

（3）从当地大环境与小环境进行综合分析；通过适当工作做出可行性研究报告。

2. 制订餐饮门店选址方案

选址决策主要考虑以下因素：

（1）地理位置：附近消费人群的收入、职业、年龄；店铺门口人流量；

（2）经济发展状况：当地人均收入；

（3）市场行情：竞争状况、消费者偏好等。

3. 投资预算及风险防范

投资预算及风险防范工作包括：

（1）进行总投资预算；

（2）对可能存在的风险进行预知和防范；

（3）投资收益分析及期限。

4. 制作菜单及饮品情况

制作菜单及饮品情况包括：

（1）确定饮品风格；

（2）菜单的设计；

（3）菜单的定价。

5. 人力安排

人力安排工作包括：

（1）人员编制；

（2）人员培训；

（3）员工住宿、饮食安排。

6. 采购开业物品

采购开业物品包括：

（1）设备采购；

（2）器具采购；

（3）物料采购；

（4）区分大批采购与小型采购；

（5）进行市场对比和价格核对。

7. 证照办理

证照办理工作包括：

（1）工程报建→办理卫生执照→办理消防安全意见书→办理营业工商执照→办理环保证书→办理税务登记证→办理治安登记证；

（2）刻制餐饮门店公章、财务专用章、收银台用章及相关印章；

（3）开办银行账户。

8. 营销工作

营销工作包括：

（1）开业前广宣：条幅、海报、POP、DM、电视广告等；

（2）开业时广宣：提高知名度，制造声势；

（3）开业后营销活动，尽可能使更多的客人进入餐饮门店，并尽可能使客人成为常客。

9. 开业典礼筹备

开业典礼筹备工作包括：

（1）开业典礼用品准备；

（2）开业人力安排；

（3）开业日期确定；

（4）开业邀请客人；

（5）开业流程图。

第二节　开业流程

一、开业前工作流程

开业前还需做好以下工作：

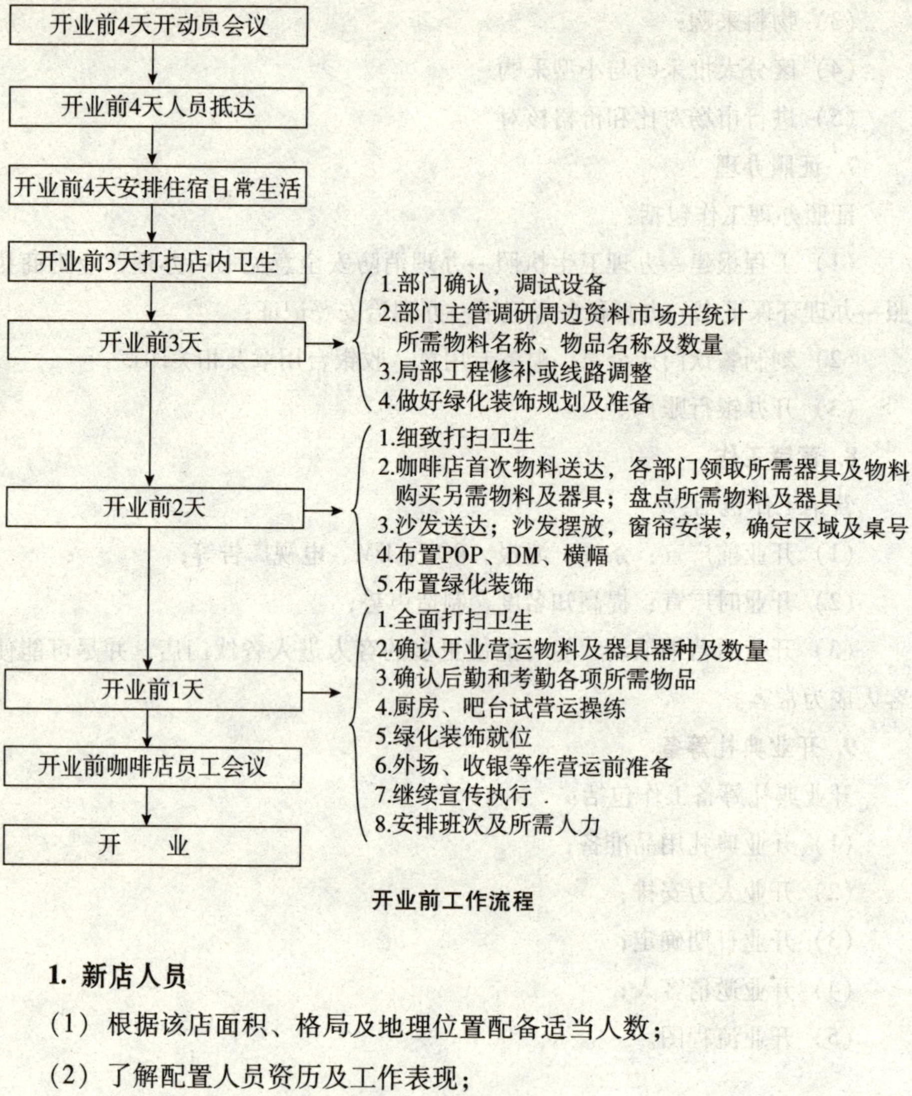

开业前4天开动员会议
↓
开业前4天人员抵达
↓
开业前4天安排住宿日常生活
↓
开业前3天打扫店内卫生
↓
开业前3天 →
1.部门确认，调试设备
2.部门主管调研周边资料市场并统计所需物料名称、物品名称及数量
3.局部工程修补或线路调整
4.做好绿化装饰规划及准备
↓
开业前2天 →
1.细致打扫卫生
2.咖啡店首次物料送达，各部门领取所需器具及物料购买另需物料及器具；盘点所需物料及器具
3.沙发送达；沙发摆放，窗帘安装，确定区域及桌号
4.布置POP、DM、横幅
5.布置绿化装饰
↓
开业前1天 →
1.全面打扫卫生
2.确认开业营运物料及器具器种及数量
3.确认后勤和考勤各项所需物品
4.厨房、吧台试营运操练
5.绿化装饰就位
6.外场、收银等作营运前准备
7.继续宣传执行
8.安排班次及所需人力
↓
开业前咖啡店员工会议
↓
开　业

开业前工作流程

1. 新店人员

（1）根据该店面积、格局及地理位置配备适当人数；

（2）了解配置人员资历及工作表现；

（3）检视各部门配置人员相互配合度；

（4）确认人员稳定性及干部工作能力；

（5）确认临时负责人及安全性；

（6）与业主保持良好的沟通。

2. 新店筹备

（1）提前7～10天安排采购及单位主管做前期市场调研；

（2）合理安排人力及相应工作量；

（3）每日检视当日工作进程；

（4）规划第二天工作事项并确保执行；

（5）以顺利试业为大前提，部分细节可逐渐改善。

3. 人员置换

（1）确定了解业主所需人力需求；

（2）置换人员专业能力评估；

（3）做好人员就任前思想教育；

（4）调查业主反馈问题的症结点；

（5）配合业主处理当前矛盾。

二、试营业前筹备工作流程

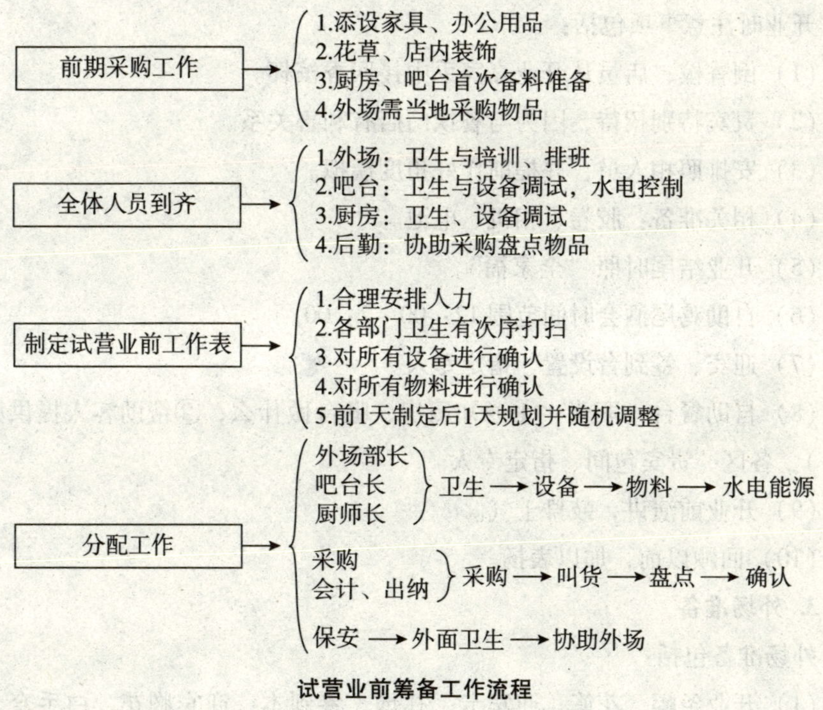

试营业前筹备工作流程

要做好试营业筹备工作，还必须注意以下几项工作：

（1）制定出试业前完整规划；

（2）细枝末节的确认与修正；

（3）掌握全局，合理调动人力；

（4）获得周边兄弟餐饮门店的支援；

（5）鼓舞士气。

三、开业阶段任务流程

1. 开业时应急事件处理

开业时应急事件处理包括：

（1）备料不足的处理；

（2）设备出问题的处理；

（3）职责不分、忙中出乱的处理。

2. 开业时注意事项

开业时注意事项包括：

（1）倒香槟，店员从开业嘉宾手中接回香槟杯。

（2）贵宾特别招待，因为与餐饮门店有利害关系。

（3）安排照相人员，并提前作好角度模拟。

（4）相关准备：胶卷、相机、电池。

（5）开业结尾时照“全家福”。

（6）自助鸡尾酒会时间范围12：00～2：00。

（7）迎宾、签到台设置、指定专人。

（8）自助餐台（职责：①通知厨房、吧台做什么；②帮助客人提供必要服务）、各区、贵宾包间、指定专人。

（9）开业前演讲，鼓舞士气。

（10）回顾以前，加以表扬。

3. 外场准备

外场准备包括：

（1）开业条幅、花篮、迎宾卡、礼炮、签到本、迎宾胸花、白手套、送邀请函（贵宾卡、吉利号）、自助餐台红布。

（2）邀请函名单确认：

①当地股东关系；

②政府机关人员；

③有潜力的客户群。

（3）厨房：比萨、沙拉、扒类、薯条、小吃、意粉、炒饭。

（4）开业时客人与来宾区分：

①胸花；

②单区分。

4. 开业后注意事项

开业后内部人员稳定非常重要，因此要做到：

（1）在开业后餐饮门店内部若出现人员不稳定现象，要设法及时解决，以免影响整个餐饮门店正常运营；

（2）人力及时补充；

（3）避免一人出问题而影响其他人正常工作；

（4）刚开业的店要从基础层面抓起，步步为营。

附录：××咖啡杭州店开业庆典流程表

时间	地点	项目	担当人	人员安排	准备事项	备注
7：40～8：30	一楼	用餐，清点人员	店长	外场部长，吧台长，厨师长	衣着整齐，精神饱满	树立企业新形象
8：30～9：30	一楼	开业流程说明	店长	外场部长，吧台长，厨师长	按流程表准备	随机应变
	店内	厨房、吧台检查	店长	吧台长，厨师长	厨房自助餐，吧台鸡尾酒及水果、蛋糕、香槟	准备120份并作好应急准备
			外场部长	外场部长，吧台长，厨师长		
9：30～10：30	店内	外场布置	外场部长	外场服务员	自助餐台，店内装饰区域定位	忙而不乱，有序进行
	店内	礼仪小姐	店长	吧台长，采购	胸花，签到本	姿势正确，面带微笑
	店内	水电、空调检查	店长	保安，采购	检查相关设备	设备正常运转
	店内	花篮、条幅及礼炮到位	店长	外场部长，吧台长，厨师长	外围开业相关设备	简洁隆重

续　表

时间	地点	项目	担当人	人员安排	准备事项	备注
10：30～10：50	店内外	设备、人员、物料检查	店长	外场部长	全部到位	确保顺利开业
10：50～11：58	店内外	顾客和贵宾的服务确认	店长	吧台领班，外场领班	顾客和贵宾同时服务好	避免工作失误
11：58～12：08	一楼	开业仪式	董事长	吧台领班，外场领班	桌子，红布，香槟，蛋糕，红酒，果盘	嘉宾到位
12：08～12：18	一楼	香槟仪式	董事长	吧台领班，外场领班	香槟，酒杯	服务到位
12：18～12：58	店内	嘉宾用餐	外场部长	吧台领班，外场领班	餐品，饮品	准备充足，服务周到
12：58～1：30	店内	嘉宾餐后服务	外场部长	外场部长，吧台长，厨师长，全体员工	桌面卫生，饮料供应	始终服务良好
1：30～2：00	店内	闭幕清理工作	店长	外场部长，吧台长，厨师长	各种物料再准备	恢复正常营业
2：00～2：50	一楼	员工用餐	店长	外场部长，吧台长，厨师长	餐具	安排人员休息

备注：开业前一天下午3：30预演、排练。

第三节　开业庆典筹划

一、开业前的准备

开业庆典常常会吸引许多顾客，因为开业意味着新的东西，令人兴奋，而且可能还会有优惠折扣。所以，开业庆典是餐饮门店做宣传工作的绝佳时间，常常会给许多新顾客留下深刻的印象。遗憾的是，一些餐饮门店都浪费了开业庆典这个大好时机，而且，有的餐饮门店还把开业庆典搞砸了，不得不花数月的时间来弥补由此造成的恶劣影响。

因此，要充分发挥开业庆典的作用，店长必须仔细规划，做好开业前的准备工作，确保在所选的开业日能够正常开业。所有事宜没有准备妥当前，绝不能开业。

准备工作主要有以下几个方面。

1. 宣传工作

即使开业庆典规划得天衣无缝，也要事先要进行广告宣传。除了一些常规的宣传方法外，还应采用其他的一些方式：

（1）拜访附近的音像店、服装店、商店等，认识他们的主管人员。另外，尽可能使他们的员工认识餐饮门店，因为这些店面的顾客常常会询问他们用餐的地点。

（2）向附近店面的店员提供打折优惠，让他们介绍更多的顾客。向目标市场区域内的主要企业寄送餐饮门店的菜单以及服务时间和设施等信息。一定要在信封的显著位置标明店名和地址，这样即使他们没有阅读信件，也至少会知道餐饮门店的名称和地址。

（3）向餐饮门店所在社区的旅游者信息中心提供有关餐饮门店的信息，并尽量让他们把餐饮门店的宣传资料放到架子上，以供旅游者查阅；而对在信息中心向旅游者介绍餐饮门店的工作人员，餐饮门店不妨给他们提供一次免费午餐的机会。

（4）在餐饮门店门前摆放一块“即将开业”的醒目大牌，上面写着开业日期，这可以吸引很多顾客。

2. 人员培训与确认

开业前首先对员工进行全面的培训，以确保员工能够为客人提供优质的服务。其次要进行必要的确认，各区人员确认：保安——看车确认；吧台——制作产品及香槟、蛋糕确认；外场——服务员各区确认及清洁工确认；厨房——产品准备情况确认；后勤——全力支援其他部门。

3. 确保设施齐全

设施用品是餐饮门店的重要资源，是餐饮门店开业经营并赖以向客人提供服务的物质基础。开业前，要确保所有设备安装正确，保持干净卫生，并确保开业前器具不会流失。这些都应提前完成，并要预留一定时间，以便一旦出现问题后维修人员能够及时修理。在细节上，准备多量水果叉、保温箱，倒香槟时注意及时从贵宾手中接过香槟杯。

4. 证照办妥

在宣布开业日期前，确保各种执照已经办理妥当。常常有因为执照没办好而推迟了开业的情况，所以店长应该积极同执照办理机关联系。

5. 装修检查

装修的目的是为了突出餐饮门店的风格，表现主题，吸引顾客，让顾客享受幽雅的环境。装修的质量异常重要，粗劣、敷衍的装修都会造成开业后的许多问题。在开业前，要做好餐饮门店的装修检查工作。验收人员要熟悉装修的各个程序，知道其检验的标准，要看装修后的餐饮门店是否与事先设计、设想的一致。若不一致，要及时纠正、修改。

6. 确保准时供货

定期与供应商联系，确保所订购的货物能够按时、按量、按质送到，保证餐饮门店顺利开业。

7. 实弹演习

在正式开业前，应规划一次聚会，进行“实弹演习”。可以邀请亲戚朋友、生意上的伙伴及一些曾经帮助过餐饮门店的人，比如说新闻媒介的朋友、供应商、政府官员、工商管理部门的朋友、债权人、投资者以及合同签约人等。

由于是免费的，可能有很多人来参加。要抓住这个展示餐饮门店的绝佳时机，营造一个友好的氛围。即使没有人表示不满（因为免费），如果出现了问题，也应该把他们当成一般顾客一样认真处理各种问题。这种“实弹演习”的目的就是要找出毛病，加以改正，以求精益求精。

二、开业庆典实施

开业庆典是一件相当复杂的事情，涉及方方面面，餐饮门店事先需要作好详细的策划，制定详细的安排表，保证开业庆典有条不紊地进行。

1. 人员安排

人员安排包括：

（1）外场：准备开业条幅、花篮、迎宾卡、礼炮、签到本、迎宾胸花、白手套、送邀请函（送贵宾卡选吉利号）、自助餐台红布，做好客人服务工作；

（2）厨房：准备餐点，如比萨、沙拉、扒类、薯条、小吃、意粉、炒饭；

（3）保安：看车、引导客人；

（4）后勤：全力支援其他部门。

2. 会场布置

会场布置包括：

（1）餐饮门店正门前摆放双龙门一座，拱门上贴制“热烈庆祝××餐饮门店隆重开业”宣传字样，拱门两侧分别放置吉祥灯笼柱一对，烘托喜庆气氛，拱门周围分别放置空飘球6个，悬挂宣传性标语，营造宏大、轰动的效应和视觉气氛，侧面也可放置拱门一座使场面更壮观；

（2）门口处铺置红地毯，营造喜气红火的气氛；

（3）门口前方8米处搭建30平方米主席台铺设红地毯，用于剪彩仪式领导讲话，使场面庄重整洁有立体感，主席台两侧摆放音响两组，并在主席台后和门口两侧周围摆设鲜花花篮若干个；

（4）主席台正前方右侧放置礼炮4门，剪彩时施放；左侧分别安排锣鼓队、舞狮或军乐队演奏；

（5）根据外场状况，悬挂条幅若干条，起到宣传效果；

（6）晚上门口宽阔处可施放烟花，请顾客观赏，营造喜庆气氛；

（7）根据餐饮门店装修格局可用鲜花气球编织装点，使室内的气氛更加温馨浪漫。

3. 演员及主持人准备

演员及主持人准备工作包括：

（1）锣鼓队、舞狮人员或军乐队就位于门前，待仪式开始时配合音响活跃现场，营造现场气氛；

（2）备选主持人1位，主持仪式，开业时可由演艺人员助兴表演，可选用爵士乐队、小提琴手、萨克斯手等吸引客流，使开业仪式更加热闹；

（3）活动现场设嘉宾席、签到处，设礼仪小姐8～12位（可根据剪彩人员拟定）负责佩戴胸花引导来宾入内，待仪式开始剪彩；

（4）餐饮门店可提供专业摄影摄像师全程跟踪拍摄开业盛况，以备本餐饮门店日后印制宣传广告资料、留念。

4. 物品准备

物品准备包括：

（1）签到用品：签到本1本、签到笔2支；

（2）剪彩用品：托盘、金丝绒托盘布、金剪子、剪彩花；

（3）开业花篮：20～50对；

（4）胸花：以洋兰为主；

（5）地毯；

（6）烟花、鞭炮。

5. 流程安排

流程安排包括：

（1）8：30将拱门、空飘球、立柱、舞台、礼炮、音响等施放安装完毕；

（2）9：00花篮到位，锣鼓队、舞狮人员、军乐队、主持人、礼仪小姐到位；

（3）9：18舞狮表演，活跃现场气氛；

（4）9：28锣鼓表演；

（5）9：35音响放喜庆音乐，礼仪小姐开始引导来宾签到；

（6）9：48开业仪式开始，主持人介绍到场嘉宾；

（7）9：53请领导致辞；

（8）9：55 请嘉宾代表致贺词；

（9）9：58 礼仪小姐就位，主持人宣布开业剪彩仪式开始，剪彩、开香槟、礼炮礼花、锣鼓齐鸣；

（10）10：08 醒狮仪式开始；

（11）10：18 舞狮表演；

（12）10：28 仪式结束，如需演出时间另行安排；

（13）19：58 施放烟花。

三、新店筹备中的常见问题

1. 现金流供应不畅

由于开一家颇具规模的餐饮门店需要大量资金，若没有足够的资金储备，很多筹备工作不能顺利展开，所有的工作都将因此而陷入停顿状态，就不能达到预期的开业效果。因此，开业时一定要通过多种渠道筹备必需的现金。一般来说，有以下几种资金筹集方法：

（1）个人出资：若全部个人筹集，则风险大；

（2）合伙人：若采取合作形式，则必须事先明确盈亏担负责任，避免日后纠纷；

（3）抵押贷款；

（4）向设备、原料供应商分期付款；

（5）向亲戚朋友借款：虽然能筹得资金，但易引起不必要的麻烦，需谨慎。

2. 开店经验不足

若没有从事过开业筹备工作，大脑中很难有一个系统规划来保证开业的顺利进行。经验不足将会导致出现工作失误，分析不全，决策失误，并造成不必要的损失和浪费。解决办法如下：

（1）事先请教有经验的人士；

（2）请专业连锁机构协助处理；

（3）参考相关书籍；

（4）将工作细化，责任到人；

（5）每天召开协调会。

3. 设计与执行不符

在筹备过程中，由于筹备事项的设计者与执行者理念不同、背景不同，很可能会造成理解误差，因而最终的结果可能会偏离各种预先的设计和规范。比如：

（1）工程设计有可能不利于施工，甚至不利于开店后实际操作；

（2）施工者没有按照设计者标准执行，给以后工程带来隐患。

解决办法：

（1）设计者与执行者要加强沟通；

（2）成立协调小组；

（3）设计之初要充分考虑当地实际状况，包括房屋结构、风土人情、当地客人消费习惯；

（4）请开店工作人员体验工作环境是否有利于日后开展工作。

4. 人力不足

开店时由于对工作量估计不准很容易出现人力不足，从而影响开业进度。

解决办法：

（1）对各项工作的工作量进行预估；

（2）对开业工作进度进行规划；

（3）对工作时间做出合理安排；

（4）对工作顺序进行排列组合，从而优化工作进度。

5. 人员分工不当

开店时若对人员不够了解，很容易出现分工不当，从而降低工作质量和工作进度。

解决办法：

（1）了解开店人员的技能、工作能力、性格特点，以安排与之互相匹配的工作；

（2）在工作中要保持沟通畅通，以保证及时有效地调整原定工作规划，从而制订更符合实际的工作安排。

6. 未做统筹规划

开业筹备事务相当繁杂，人员众多，各种事项相互交叉在一起，沟通协调范围广，若不能统筹规划很容易出现措手不及，大家不知道忙什么，从而影响工作士气。

解决方法：

（1）将工作项目的难度、优先顺序及时间进度进行标注说明；

（2）每天做好当天工作备忘录，并要求餐饮门店所有干部和员工有相应的备忘录及工作规划；

（3）现场督察，并予以工作指导。

只有明确了责任义务、时间期限，开业工作才能从财力投入、人力安排、营销筹划上作好准备，为日后经营管理打下良好基础。

7. 匆忙开业

开餐饮门店切忌急于求成，看到别的餐饮门店生意好，自己也要马上开一家，急于赚钱的心理往往适得其反，别人能开店成功并不表明你也一定能赚钱，别人失败也不表明你不能成功，关键是你是否已经准备充分。匆忙开店易造成以下失误：

（1）餐饮门店选址不理想；

（2）市场定位错误；

（3）市场调查不充分；

（4）现金流不畅；

（5）工程装修不符合质量标准；

（6）店内工作人员不具备相应技能，从而导致服务质量低下；

（7）投资预算失误，开店中突遇资金不足等。

开一家餐饮门店是一项事务繁多的系统工程，为了保证餐饮门店能够按时、保质地开业，店长必须对开店项目进行一个系统的规划，确保开业顺利。

第四节 开业后调整

一、开业后常见问题

开业前，餐饮门店的经营状况都是按照经营者预估的情况来安排的，例如，人员配制、装修设计、咖啡、简餐的种类以及价格等。但是实际经营情况可能与预想情况存在很大的差异，对于经营过程中出现的问题，店长要及时予以确认和调整。

以浙江地区的某家餐饮门店为例：

1. 吧台

吧台常见问题及对策包括：

（1）人力不足，招聘人员，原因：出品量大，过于集中于18：30～22：00。

对策：与相关部门沟通，增派人力；当地招聘；部门支援。

（2）器具不够：由于开业时不能确认某一种产品销售的状况，因而不能确定某一种器具的多少。

对策：通知餐饮门店，及时调货；考虑客人由壶装茶换杯装茶；做好杯具消毒工作。

（3）产品问题：水果茶不够浓。

对策：增加分量；增加水温。

（4）仓库备料不清。

对策：早班与办公室出纳或会计核对吧台物品，对各物料出品情况要详细了解，以便及时叫货，避免出现物料不足的情况。

2. 后勤问题

后勤问题包括：

（1）在小区与店铺连接的后门立起消防通道指示牌；

（2）噪声要处理；

（3）漏水要处理。

3. 各部门现存问题

各部门现存问题包括：

外场：

（1）基础知识不够牢固，需要加强基础知识的培训；

（2）服务意识需要进一步加强；

（3）纪律性不强，需要明确规章制度。

吧台：

（1）人手不足；

（2）器具不够；

（3）纪律不严明；

（4）技术技能不够精练。

厨房：

（1）配合薄弱；

（2）出品速度不够快；

（3）纪律松散。

二、开业后调整工作

为了加强对新店的管理，进一步提升业绩和提高服务质量，店长在餐饮门店开业后需要做的调整工作有五个方面：

（一）外部重新定位

外部重新定位包括：

1. 市场调查

市场调查包括对当地人口、常住人口及流动人口进行调查。

2. 确认地理位置

3. 消费习惯分析

消费习惯分析包括对当地人的口味、价格要求的调查。

4. 经济市场分析

经济市场分析是根据当地经济发展程度来确定本店在当地的定位。

5. 对同行业进行分析

对同行业进行分析有助于发现彼此间的问题，同时加以改进。

（二）内部调整

内部调整是调整工作的重点，具体包括以下几个方面：

1. 人力资源调整

人员稳定关系到开业后的正常营运，对餐饮门店的成功运作起到决定性作用，所以需要对店内的人员状况做到了如指掌，细化到各个部门关键岗位甚至各个岗位。

（1）人员的升迁与淘汰

①对在工作中表现出良好潜力、综合能力优秀的店员应给予提拔和重用；

②对不适应餐饮门店的环境和发展、综合表现较差而难以教导的店员应给予淘汰。

（2）人员的调配

①对于人手在开业后出现紧缺的情况，应及时招聘或调配，以保证人力的充足，保证服务质量和出品质量；

②对于多余人员应当从长远观点来预测生意情况而做出餐饮门店的标准人力的估计，多余人员予以调配或淘汰。

（3）人员的培训

人员的培训包括：

①针对性培训：针对在开业中表现出来的不足，制定针对性的培训规划，便于最快地作出改善；

②系统性培训：为了能持续提高和保证服务质量，应制定系统性培训规划确保餐饮门店的持续良好运营。

2. 产品调整

经过一段时间的运营，店长对顾客的偏好和喜好都已有所了解，这时需要根据实际情况进行适当调整。

（1）客人喜爱的产品和饮品要保证质量；

（2）对于有特色的产品要保证质量；

（3）对于需要本地化的产品要调整至本地口味；

（4）推出适合本地的新品，探索新的思路；

（5）对于库存较多的原料可进行特价促销，既可控制成本，也可给客人以优惠。

3. 经营管理调整

根据实际营业额以及营业状况调整制定经营管理思路，使经营管理体制规划更符合市场实际状况。

（1）工作规划的调整

工作规划应紧跟实际工作状况，应留有处理突发事件的时间和空间。

（2）加强沟通协调

对于在工作中各部门开业初的沟通协调异常重要，它能将工作中的问题及时解决。

①加强服务部门与出品部门的沟通，便于解决品质质量的问题和产品口味的调整，以期最大限度地满足顾客需求。

②加强出品部门与后勤部门的沟通，便于解决供货方面的快捷与供货规格，根据销售情况及时调整库存及原料采购情况。

（3）班次的调整

根据营业时段的变化和客流量情况及时调整班次。

①管理人员班次调整，将基层管理人员安排到最忙的工作时段，便于发现问题和解决问题，同时便于知人善任。

②根据出品部门工作人员的技术情况将技术好、速度快的安排到繁忙时段，将技术相对不好，综合能力有待提高的人员安排在较空闲时段；对于服务部门，应根据工作人员的性格特点、待人接物和服务质量等情况安排至与之相对应的时间段，便于整体工作的协调开展。

4. 营业销售策略调整

营业销售策略的调整包括：

（1）根据实际情况调整原来的营销规划，便于营销工作配合餐饮门店的良好运营；

（2）对于营销工作中顾客提出异议的细节应作出让顾客易于接受的调整；

（3）开业初期的营销工作将会极大地影响营业额和客流量，所以必须制定评估办法和调整规划。

5. 成本控制

成本控制包括：

(1) 根据营业报表和月报表进行成本控制；

(2) 根据库存和使用量与营业状况进行成本控制；

(3) 不当操作方法将导致不必要的浪费，必须加以调整，做好成本控制。

(三) 顾客关系调整

(1) 要确定常客和大客户群，并建立详细的客户关系管理档案；

(2) 要了解客人的喜好，并注意收集和整理资料，使服务更周到和细致；

(3) 对于导致客人不快或不满的情况要采取真诚的补救措施。

(四) 设备、器具调整

1. 设备调整

设备调整指根据实际情况进行调试、维护、改造、更换、增减等工作。比如供电设施、线路改造、灯光照明、制冷设备、空调、音响等。

(1) 水路调试：检查各管道是否供水正常，有无漏水现象；当地水资源供应是否充足，有无缺水现象。如有，应当准备储水罐，并安装管道及送水设备，防止出现问题影响正常营业。

(2) 电路调试：电路有无超负荷现象，是否运作正常。比如开关控制、电费缴纳。

(3) 调试设备，检查各种设备的运作状况是否能够正常营业，有无需要调整的地方。比如消防查测、空调测试、吧台设备调试、厨房设备调试等。

2. 器具调整

器具调整主要指根据营业中出品种类和数量进行相应的增减。

(1) 营业中的器具损坏需要补充；

(2) 营业中某一种或几种产品销量好出现器具不足；

(3) 有些器具不太适用需改换款式和型号。

需要注意的是，餐饮门店应该保存好供应商名单以及与供应商签订的相关合同协议、维修证明等，以获得供应商的协助和支持，比如提供注意事项及保养办法。

（五）餐牌调整

在不同阶段，餐牌应进行相应的调整。

1. 开业筹备阶段

在餐饮门店开业筹备阶段定制的餐牌属于试验性的餐牌。试验性餐牌在树立餐饮门店的形象方面是十分重要的手段，不仅能够帮助经营者决定餐饮门店经营的类别，同时，一份编制合理的试验性餐牌能够吸引餐饮门店规划争取的目标顾客，而且把餐饮门店经营的主题传达出去。

开业构思阶段的餐牌应反映如下内容：

（1）餐饮门店的目标顾客。餐牌的设计应针对一定的顾客群体并为之考虑特定的群体服务。

（2）考虑需购买的设备。试用期的餐牌好像是一份规划表，它反映着多方面的因素，如加工餐牌上的产品应购置什么餐具、炊具和设备，厨房和餐饮门店应有多大空间等。

（3）人员的聘用。餐牌应反映出餐饮门店是需要有经验的员工还是普通的经过实地培训的员工。

（4）作为对餐饮门店装潢的依据。餐牌提供的产品必须与餐饮门店的装潢协调，产品的档次要符合当时就餐环境的要求。

2. 经营阶段

餐饮门店在开业时一般都规划了一些当时流行的产品。但是在经营了一段时间之后，要分析餐牌上各种品种项目的销售情况，对饮食潮流快速作出反馈，加入毛利高的产品，减少毛利低的产品。

3. 衰退阶段

餐牌调整是餐饮门店衰退阶段十分重要的经营手段，它关系到餐饮门店的利润率和投资报酬率的升降。进行餐牌调整时，必须对市场的大小和结构重新分析，对产品品种作必要的更换。可设法提供一些每日特色菜来吸引客人，着重推销那些赢利大且受顾客欢迎的品种。

4. 转换阶段

由于社会经济形势的变化和人口特征的变化，需要从目前的经营类型转换到另一种类型，这在餐饮竞争当中是不可避免的。一旦饮食潮流和习惯产生变化，餐饮门店就应该及时作出反馈。做到这些，首先要改变的是餐牌，有的餐饮门店要求降低成本以增加利润，这就有必要探索出能够满足市场需求的新产品和新的烹调方法。

第三章 餐饮门店产品与服务管理

产品和服务永远是餐饮门店经营的第一要素，餐饮门店良好的业绩来源于优质的产品、优质的服务以及合理的定价。以合理的价格、周到的服务，向顾客提供品质一流的咖啡以及餐点，是餐饮门店赢得顾客的基础。因此，对餐饮门店产品和服务的管理，是餐饮门店经营中一项十分重要的工作。

第一节　产品竞争力管理

一、提高产品竞争力

餐饮门店的产品主要由咖啡以及其他简餐构成，产品管理是餐饮门店经营的第一要务。一杯香醇浓郁的咖啡，一份美味可口的小点心或者套餐是餐饮门店最好的广告。店长应如何提高餐饮门店产品的竞争力呢？

1. 提高产品的品质

根据问卷调查的结果发现，影响消费者在同一饮品上有重复性消费行为的因素以“产品的品质优劣”排第一，其次才为“产品价位”。所以餐饮门店的经营重点之一在于提高产品的品质。

不管是哪一种咖啡，假如产品品质欠佳、组成不够齐全，立刻就会影响销售，自然更不容易增加固定顾客了。餐饮门店应该思考研发不同的产品配方、产品制作技术、开发相关新产品来增加业绩，实现商品附加价值最大化，形成独特风格，才能在未来餐饮市场立于不败之地。

2. 提供多元化产品

现在一些比较成功的餐饮门店的经营模式都在向多元化发展，在提供给顾客菜品及其相关方面的服务后，又着眼于其他业务的经营，如西点、套餐、沙拉、三明治、糕点，以及午茶、下午茶等的供应，顾客多了选择，商家多了顾客，从而保证了利润的增加。

3. 创新产品

顾客求新求变的消费心理趋势使餐饮门店市场上多数产品的生命周期越来越短，餐饮门店必须不断研发新式产品推向市场，以满足顾客的新鲜感。餐饮门店应致力于创新产品，迎合饮食潮流的变化，甚至可以启发顾客的潜在需求，引领饮食的新潮流，不断制造吸引顾客的热卖点。

在餐饮门店制品创新方面，厨房选用过去不常用的无公害、无污染的绿色原料、特殊的酱料和调味剂，采用中西方结合的烹饪方法，使用制作精细、造型别致的盛器等，都可以创造出新口味、新产品、新食法，给顾客以全新的享受。

在餐点创新的过程中，技术部门主管应扮演改进产品、进行食品研究和创新的主要角色。餐饮门店应该与供应商保持良好关系，以便获知更多新原料信息；同时关注餐饮门店行业的发展动向以及主要竞争对手的策略，从而获取更多的产品创新思路。

受顾客欢迎的菜品以及简餐制品是餐饮门店招徕顾客的法宝，然而是否能把它们都培育成代表餐饮门店品牌的拳头产品并大力发展之，还需要客观分析它们的饮食原料成本、制作成本、能源成本和其他变动成本，找出销售价格与变动成本之差，即单位边际贡献，再会同销售数量，计算出边际贡献总额。边际贡献总额显著的品种应是使顾客、餐饮门店双受益的品种，可以大力发展。

4. 突出特色

在竞争激烈的餐饮门店市场，差异化经营是餐饮门店制胜的有效手段之一，尤其是规模较小的餐饮门店，在资金以及品牌方面都无法与连锁品牌餐饮门店相竞争，因此，开创自己的经营特色，实行差异化经营是最有效的生存和发展策略。

为此，餐饮门店应广泛深入地调查餐饮门店市场需求和供应的情况，尽量避开竞争的锋芒，选择尚未饱和的细分市场，突出自己的竞争优势，准确进行市场定位，锁定特定的目标市场，并根据这些细分市场的顾客需求特点，研究本餐饮门店经营的产品的特色，这样才能打破“千店一面”的现状，创造自己的特色经营。

5. 保证产品质量

餐饮门店的产品质量，无疑是影响营业业绩的重要因素之一，影响餐饮门店质量的因素有很多，包括原材料、制作方法、新鲜度，等等。为保证餐饮门店稳定的产品质量，可从以下两个方面着手：

(1) 保证原材料的质量。原材料的质量直接决定着餐饮门店最终菜品的质量，保证原材料的质量是保证最终成品质量的基础和前提。餐饮门店应该将对原材料的要求制作成一套详细、具体的标准化手册，例如，对原材料的生长环境、生长周期、大小、形状、存储条件、运输方法等作出详细而具体的规定，然后按照标准化手册的内容来要求供应商供货。当然，供应商要达到如此高的要求，可能也是一件不容易的事情，餐饮门店应该对供应商提供相应的辅导和支持。

(2) 标准化制作。对大多数餐饮门店来说，如何保证餐饮门店质量的稳定性，一直都是一个难题。解决这个难题的最佳办法便是标准化。首先，餐饮门店应该经过数次的试验，找出产品以及餐饮门店的最佳制作方法，然后将其标准化，要求厨师严格按照此要求进行制作。烹制标准同样应该详细而具体，例如咖啡磨制的方法、咖啡与水的比例、水质要求、烘培的时间、温度、餐饮门店烹制的时间、步骤、火候、所需原料的种类、分量以及最终成品的保存时间，等等。

二、产品价格设计

价格是消费者选择消费对象的一个重要参考因素，餐饮门店产品的定价策略无疑是经营管理中的重点。

(一) 定价的参考因素

餐饮门店在进行产品定价时，要考虑以下因素：

1. 成本

成本是产品价值的基础部分，它决定着产品价格的最低界限，如果价格低于成本，餐饮门店便无利可图。餐饮门店产品的成本不仅要考虑到产品以及其他餐点本身的成本，还要考虑到餐饮门店的环境装修成本以及服务人员的成本。人们在餐饮门店消费的不仅仅是饮品和餐点，也包括了环境和服务。

2. 竞争状况

市场竞争状况直接影响着企业定价策略的制定。顾客在选择餐饮门店进行消费时，总是会综合比较各家餐饮门店的优劣，从而选择一家其认为最优的，而价格是其中一个重要的参考因素。如果竞争不激烈，消费者可以选择的餐饮门店非常有限，那么餐饮门店产品的价格需求弹性就相对较小，即使较高的定价也不会使产品的需求大幅度下降；如果竞争激烈，那么餐饮门店产品的价格应该维持在市场的平均水平。

餐饮门店在制定价格时，应仔细了解竞争对手的价格信息，此外，还要了解它们的成本状况以及与本餐饮门店相比的优劣势，这将有助于餐饮门店分析评价竞争对手在价格方面的竞争能力。无疑，向竞争对手全面学习，对于任何企业都十分重要。餐饮门店要借鉴竞争者的经验来确定其成本、价格和利润率，这将非常有助于餐饮门店自己制定适宜的价格策略。

如果竞争餐饮门店与本餐饮门店档次相当，要细化其不同点，可采取以下办法：

（1）50%～60%的相同产品保持接近；

（2）15%～20%的质量高的特色产品可高出对方3%～5%；

（3）20%～30%的固定成本产品可低于对方3%～5%，如饮料、啤酒。

3. 目标消费者

有的餐饮门店开设在高档写字楼之间，定位于商务人士，这些人的消费能力较高，因此定价也可以较高。如果餐饮门店开设在学校附近，以学生为主要的消费目标，那么价格就应便宜一些。总之，餐饮门店要根据自己的目标消费顾客的经济状况，制定出符合他们身份的价格。

此外，餐饮门店的档次、品牌知名度以及地理位置等也是影响餐饮门店产品定价的重要因素。

（二）定价方法

餐饮门店产品定价方法较多，且各不相同。每种定价方法各有优点和缺点。餐饮门店应根据自己的具体情况及不同的产品类别灵活选用定价方法。

1. 销售毛利率法

销售毛利率法是根据餐饮门店产品的标准成本和销售毛利率来计算餐饮门店产品销售价格的一种定价方法。其计算公式为：

销售价格 = 原材料成本 ÷（1 - 销售毛利率）

例如，餐饮门店新增一款简餐，其原材料成本为 10 元，餐饮门店对该菜肴规定的销售毛利率为 60.00%，那么简餐的销售价格 = 原材料成本 ÷（1 - 销售毛利率）= 10 ÷（1 - 60.00%）= 25（元）。

2. 成本毛利率法

成本毛利率法是根据餐饮门店产品的标准成本和成本毛利率来计算餐饮门店产品销售价格的一种定价方法。其计算公式为：

销售价格 = 原材料成本 ×（1 + 成本毛利率）

某餐饮门店新增一种套餐，其原材料成本为 15 元，餐饮门店业对该菜肴规定的成本毛利率为 80.00%，求该菜肴的销售价格。

该菜肴的销售价格 = 原材料成本 ×（1 + 销售毛利率）= 15 ×（1 + 80.00%）= 27（元）。

3. 计划利润法

计划利润法是以餐饮门店所测定的目标利润率为出发点，以原材料成本占营业收入的比例为依据，对餐饮门店产品进行定价。使用计划利润法定价的指导思想是每位就餐顾客除需支付所购餐饮门店产品的成本之外，还须根据其所购产品的价值大小支付一部分费用以作餐饮门店产品销售的毛利。其计算公式如下：

销售价格 = 原材料成本 ÷ 标准成本率

使用计划利润法进行产品定价时，餐饮门店应编制利润预算，以确定利润率、其他营业费用率和劳力成本率，并计算出标准成本率，用于制定产品价格。如某餐饮门店根据 2006 年 7 月的营业结果，为下期营业制定了如下指标：计划利润率 18.00%、其他营业费用率 19.00%、劳力成本率 18.00%。

根据上述指标，餐饮门店必须获得占营业收入总额55.00%的毛利，才有可能支付其他营业费用和劳力成本，并取得18.00%的税前利润，也即原材料成本率必须控制在45.00%以下。该原材料成本率即可作为制定餐饮门店产品价格的标准成本率。

例如，某餐饮门店原材料成本为9.90元，其标准成本率为45.00%，那么该款产品的定价=原材料成本÷标准成本率=9.90÷45.00%=22.00（元）。

附录：价格制定原则与策略一览表

原则与策略	具体内容	规范要点
定价原则	定价基础依据	1. 品牌资产、技术等无形投入成本 2. 房租、生产设备、服务设施等固定成本 3. 员工工资和各项管理费用成本投入 4. 原料、低值易耗品等浮动成本 5. 国家税收等费用
	市场供求平衡	1. 物有所值 2. 根据旺季和不同时段作适当调整 3. 定价调整要避免波动太大，给顾客造成心理冲击 4. 避免同行陷入价格战
	服从国家政策	1. 在服从政府物价部门指导的前提下，以合理的成本费用和税金加合理利润的原则来定价 2. 根据价格与营销成本和固有成本的关系综合定价
定价策略	成本定价策略	1. 成本百分比定价法 2. 目标收益定价法，根据预期收益率来制定价格
	需求定价策略	1. 根据餐饮门店在当地的认知与需求程度予以定价 2. 成本定价法应与需求定价法互为参考 3. 对当地市场需求和消费水平作综合评估，制定最优价格
	竞争定价策略	1. 同业竞争对手的策略必须加以了解，并作判断，避免价格战 2. 对于特色产品应保持价格优先 3. 针对同业者对产品作出不同档次的调整

第二节　原料采购管理

一、采购管理要点

原材料采购是餐饮门店每天工作的第一步，也是非常重要的一步。俗话说，巧妇难为无米之炊。餐饮门店有技艺高超的厨师，但没有高质量的精细的原料，再高明的厨师也做不出好的产品、煮不出香醇的咖啡。采购工作因其中不确定因素较多，管理难度大，是整个餐饮门店成本控制中的重要环节，直接影响到餐饮门店的经济效益。

1. 选择合适的采购人员

采购工作的好坏，采购人员的诚实、踏实与否，直接影响到餐饮门店的采购成本。有的管理者甚至认为，一个好的、理想的采购员可以节约5%的餐饮门店成本。因此，选准、用好采购人员，是做好餐饮门店采购工作的关键。一些小型餐饮门店通常由业主或店长亲自兼任采购员，可见采购员的选择对成本控制有着举足轻重的影响。

采购人员的思想素质的高低，直接决定着采购工作的质量。因此，在使用采购人员时，一定要认真考察，优秀的采购人员应做到：工作责任心强，能吃苦耐劳，公私分明，有原则性和一定社会交际能力。

2. 制定采购标准

采购程序是采购工作的核心之一。实施采购首先制定一个有效的工作程序，使从事采购的有关人员和管理人员都清楚应该怎样做、怎样沟通，以形成一个正常的工作流程，也便于管理者履行职能，知道怎样去控制和管理。餐饮门店可根据自己的管理模式，制定符合本餐饮门店的采购程序，但设计的目的和原理是相同的。

通常的餐饮门店原料采购程序：厨房所需要的食品应向储藏仓库申请，申领应通过正式的申请手续——领料单，仓库根据申领手续发放，所有食品原料都必须经过这一手续获得。厨房和仓库分别通过采购申请单向采购部门提出订货要求。厨房的订货品种是除仓库之外的食品，通常为新鲜食品；而仓库订购的种类是需储存保管的食品，当库存量低于规定的数量时，就要提出申购，备足必要的库存量。

当采购部门接到订货申请之后，通过正式的订购单手续向供应单位订货，同时给验收部门一份订购单，以备收货时核对。

订货后，供应单位或个体经营者如送货上门，则由验收部门验收合格后转送入库；如供应单位不提供送货服务，则由采购部门承运回来，交验收部门验收入库。当验收部门收到厨房订购的新鲜食品时，应立即通知厨房通过申领手续及时领去。

3. 明确采购标准

要保证餐饮门店的质量以及控制餐饮门店成本，制定一套切实可行、科学合理的采购标准非常必要。餐饮门店根据自己的规模、档次、加工设备、市场原料供应情况及菜单内容和品质要求等，由店长、厨师长等人共同制定标准，并监督采购人员按标准执行。

一份完整的采购标准通常包括以下内容：产品通用名称或常用商业名，法律法规确定的等级、公认的商业等级或当地通用的等级，商品报价单位或容器，基本容器的名称和大小，容器中的单位数或单位大小，重量范围，最小或最大切除量，加工类型和包装，成熟程度，防止误解所需的其他信息。

4. 控制采购价格

原料价格控制是降低餐饮门店成本、提高利润率的最有力手段，也是餐饮门店增强市场竞争力的一条有效途径；因其市场价格浮动变化大，控制起来难度较大，应着重做好这样几方面工作：

（1）通过比较运费、货源、质量、服务等因素，选择几家供应商来报价，择其质高价低服务好的作为采购伙伴；

（2）尽量采取批量购货，直接从批发商、生产商或种养殖户处采购，尽量摒弃中间环节，获得优惠价格；

（3）考虑采购价格与原料的使用价值的联系，尽量除掉原料成本中那些多余的成本，避免浪费，精选原料，降低破坏率，控制价格。

5. 控制采购数量

采购原料的数量应合理控制，尽量减少库存。采购时考虑食品原料的种类、采购地点的远近、采购折扣等。确定采购数量还要根据前一天的库存数量和经营需要，以及原料的鲜、干性质。不易储存、鲜度要求高的应根据需求量采购；可长期储存的，在考虑储存成本的前提下，可以在市场价格低落时增大采购量，以降低成本。

二、几种采购方式

餐饮门店采购的食品原料大多数是鲜活原料，也有少部分是可以长期存储的原料。根据原料是否便于保存的特性以及餐饮门店自身的经营状况，餐饮门店应该采用不同的采购方式。

1. 日常即时采购法

日常即时采购法适用于采购消耗量变化较大、有效保存期短暂因而必须经常采购的鲜活类原料，如新鲜肉类、水产海鲜类原料。这种方法较为简单，但要求采购员每天巡视储藏室和冷库，对各种有关原料进行盘点，记录实际库存量，并根据营业量预报和具体情况决定所需原料和采购数量。

餐饮门店通常都自行设计“市场订货单”，把餐饮门店日常需要的食品原料分类列出，表中除“原料名称”栏外，应有“现存量”“应备量”“已订量”“需购量”栏，同时还应设置“市场报价”栏，这在各供货单位原料供应价格不一的情况下十分有用。采购员把这些价格分别填入相应的位置，便可根据具体情况决定向哪个单位订货。价格当然是主要决定因素之一，但最重要的却是该单位的供货必须能符合餐饮门店的采购规格标准。

2. 长期订货法

某些鲜活类食品原料，如面包、奶制品、某些水果、蔬菜、纸餐巾等，其消耗量一般变化不大，因此可以采用长期订货的方法进行采购。在餐饮门店营业额相对稳定时期，使用此方法比较方便可靠。

长期订货法可以有两种形式：其一是餐饮门店与某一供货单位商定，由供货单位以固定的价格每天或隔数天向餐饮门店供应规定数量的某种或某几种食品原料。例如，餐饮门店可与某食品公司签订采购合同，由食品公司每天供应 5 箱鸡蛋，餐饮门店不再每天进行采购联系。价格预先商定，数量固定不变，直到餐饮门店或食品公司感到有必要增加或减少时再行重新协商决定。其二是要求供货单位每天或每隔数天把餐饮门店的某种或某几种原料补充到一定的数量。这就要求餐饮门店对所有物料逐一确立最高储备量，而为了防止补充超过最高储备量，餐饮门店通常使用一种“采购定量卡”借以对每次进货的数量加以控制，而这又需要专人负责进行每天盘点，记录各种原料的实际库存量，然后在供货单位前来送货时，通知其各种原料的需购量。

3. 定期订货法

干货类食品原料采购中最常用的方法要数定期订货法。尽管干货类食品原料不像鲜活类食品原料那般容易变质，可以较大批量地进货，但这可能造成积压和资金占用。从财务角度来说，这种资金占用是一种机会成本，即由于把资金花在食品原料上而不得不放弃其他最佳选择的效益价值。因此这类原料的采购量也必须进行控制，以尽量降低实际库存量，这样做对减少库房占用、防止偷盗、节省仓库劳力都有好处。

订货间隔时间通常根据餐饮门店关于原料储备占用资金的定额规定来确定。每到订货日期，管理员对库房进行盘点，然后决定采购订货数量，计算方法如下：

订货数量 = 下期需用量 - 实际库存量 + 期末需存量

其中，期末需存量系指每一订货期末餐饮门店必须剩下的足以维持到下一次送货日的原料储备量。决定期末需存量，必须考虑该原料的日平均消耗量及订购期天数，即发出订购通知至原料入库所需的天数。另外还应考虑天气情况或交通运输等原因可能造成的送货延误，以及下期内可能突然发生的原料消耗量增加等因素。为了在特殊情况下确保原料供应，饭店一般还在期末需存量中加上保险储备量，通常是增加订购期内需要量的50%。所以期末需存量实际上是：

期末需存量 = （日平均消耗量 × 订购期天数） × 150%

三、选择合格供应商

选择供应商没有什么困难，只要在从前打过交道的厂商中选择一家货品品质优良、价格合理、服务情况良好的就可以了。如果要寻求一家新的厂商，那就得特别谨慎。

为了详细而准确地了解供应商的情况，餐饮门店应该就相关情况进行仔细调研。最理想的方法是直接参观，这样才能实地看到厂商的营业规模、加工与仓储设施的大小，运输工具的数量及种类。如果满意，即可与其建立采购与供货关系。先行试订，并作定期评估。这可从三方面着手，那就是价格、品质及交货情形。

1. 价格

货便宜，往往品质差。有些厂商专营低品质低价格的货物；有些厂商则可能以较高的价位出售高品质的货。但价格高不一定就是品质好，所以采购人员要利用经验与技术去进行评估。如果货物的定价较低，而其品质却在平均标准以上，则此种定价可以认定其合理，并可以继续订购下去。

2. 品质

供应厂商所提供的货品如果在品质方面，能一直符合采购者所要求的规格，则可予以肯定的评价，继续和他们交易。

3. 交货

供应厂商的交货必须准时，不能有所延误，尤其不可有改期交货的事情发生。关于立即交货的情形，厂商更应有效地执行，也就是在品质与数量上不能因为立即交货而有所马虎。如果延期交货，势必会增加采购人员的困扰，有时甚至会影响餐饮门店的营业，这是不能容许发生的。

上述三项标准是采购人员选择供应厂商的重要参考指标。唯有这样，方可考虑和厂商签订采购合同。

第三节　原料库存管理

一、原料储存要求

餐饮门店物品经采购入店之后，经过验收程序，将符合饭店采购质量要求的食品原料归入库存保管，从管理程序上讲，即进入了餐饮门店食品原料的实物形式的保管。

在这一环节中，需要有关人员首先弄清食品等原料对储存保管的一般要求、注意事项，然后掌握餐饮门店物品具体储存管理的方法。

1. 对食品储藏区域的要求

原料的仓库又称原料储藏室，每天要接收存储和分发大量的食品等原料。但是，不少餐饮门店对储藏室的设计工作却不太重视，如允许其他部门占用储藏室面积，或各个食品储藏室相隔很远，甚至分散在各个不同的外场，因而影响仓储控制工作。

储藏室设计人员和店长在储藏室设计工作中需考虑以下要素：

（1）储藏室的位置：从理论上看，储藏室应尽可能位于验收处与厨房之间，以便于将食品原料从验收处运入储藏室及从储藏室送至厨房。但是在实际工作中，由于受建筑的限制，往往不易做到这一点。一般而论，食品储藏室被设计在底楼或地下室内。

（2）储藏室的面积：确定储藏室面积时，既不能过大，也不应过小。储藏室的大小应考虑到餐饮门店的规模、菜单、销量、原料市场的供应情况等因素。菜单经常变化的餐饮门店，储藏室面积就应大些。有些餐饮门店远离市场，进货周转较长，这类餐饮门店的储藏室就要比每天都能进货的餐饮门店的储藏室大一些。

2. 各类储藏库

原料的易坏程度是不同的，不同易坏程度的物品需要不同的储存条件；对餐饮门店原料要求使用的时间不同，因而应分别存放在不同的地点；餐饮门店原料往往会处于不同的加工阶段，例如新鲜的鱼、洗剖好的鱼、半成品的鱼和加工成品的鱼，又需要不同的储存条件和设备。因此，餐饮门店就要设置不同的功能、不同类别的库房。库房的类别通常有以下几种：

（1）按地点分类：中心库房、各餐饮门店经营点的分库房；

（2）按物品的用途分类：食品库、酒类饮料库、非食用物品库；

（3）按储存条件分类：干藏库、冷藏库、冻藏库。

3. 温度要求

几乎所有食品饮料对温度、湿度和光线的变化都十分敏感。不同的食品饮料在同一种温度、湿度、光线条件之下的敏感程度又不一样。因此，不同的食品、饮料应存放于不同的储藏库之内，并给予不同的温度、湿度及光线条件，使食品、饮料始终处于最佳待食用状态。

（1）干藏库：温度最好控制在10℃左右，15℃～22℃也是普遍被接受的温度。

（2）冷藏库：冷藏的主要作用是防止细菌生长。细菌通常在10℃～50℃之间繁殖最快，因此，所有冷藏食品都必须保存在10℃以下的冷藏间里。由于食品的类别不同，其对应的冷藏温度也各异，因而不同的存放对象应有不同的冷藏间：

①肉类的冷藏温度应为0℃～2℃；

②水果和蔬菜冷藏温度应为2℃～4℃；

③乳制品冷藏温度为0℃～2℃；

④存放多种食品的冷藏库只能采用折中方案，将温度平均调节为2℃～4℃。

（3）冷冻库：冷冻库的温度一般须保持在－8℃～－24℃。

4. 湿度要求

食品原料仓库的湿度也会影响食品存储时间的长短和质量的高低。不同的食品原料对温度的要求是不一样的。

（1）干藏库：干藏食品库的相对湿度应控制在50%～60%；如果是储藏米面等食品的仓库，其相对温度应该再低一些。如果干藏库的相对湿度过高，就应安装去湿干燥装置；相对湿度过低，空气太干燥，应使用湿润器或在库内泼水。

（2）冷藏库：水果和蔬菜冷藏库的湿度应在85%～95%；肉类、乳制品及混合冷藏库的湿度应保持在75%～85%。相对温度过高，食品会变得黏滑，助长细菌生长，加速食品变质；相对湿度过低，会引起食品干枯，可在食品上加盖湿布，或直接在食品上泼水。

（3）冷冻库：冷冻库应保持高湿度，否则干冷空气会从食品中吸收水分。冷冻食品应用防潮湿或防蒸发的材料包好，防止食品失去水分及脂肪变质发臭。

所有食品仓库均应避免阳光的直射。仓库的玻璃窗应使用毛玻璃。在选用人工照明时，应尽可能挑选冷光灯，以免由于电灯光热，使仓库的室内温度升高。另外，储藏仓库应保持空气流通。干藏室最好每小时换四次空气。冷藏间和冷冻室的食品不要靠墙存放，也不要直接放在地板上或堆放到天棚，以利空气流通。

5. 清洁卫生要求

干藏库和冷藏库的地板和墙壁的表面应经受得起重压，易于保持清洁，并能防油污、防潮湿。

（1）食品仓库的高度至少应该是2.4米。如果使用空调，仓库里就应有充足的压力通风设备。

（2）仓库内应有下水道，以便清洗冰箱，擦洗墙面和地板。

（3）食品仓库在任何时候都应保持清洁卫生。餐饮门店应制定清洁卫生制度，按时打扫。食品仓库里绝对不可堆放垃圾。

（4）干藏库同样应每天清扫，特别是要注意角落和货架底下的打扫。食品仓库里绝对不可堆放垃圾。

（5）干藏库要做好防虫、防鼠工作。墙上、天棚和地板上的所有洞口都应堵塞住，窗口应安装纱窗。如果暖气管和水管必须穿过储藏室的墙壁，管子周围应填塞。在杀虫灭鼠工作中，仓管人员应请专家指导，以便正确使用杀虫剂和灭鼠毒药。

二、储存管理流程

1. 入库验收

这项工作通常由采购部门与库存部门联手进行，采购部门的验收侧重于对货品数量的点验，而库存部门则侧重于对物品本身质量的检查和分类工作。这是由这两个部门各自的业务性质决定的，库存部门的工作中心是物品的储存保管，因此在管理上就十分强调验收时的质量检查和对物品的分类签收工作。

（1）质量检查：质量检查是以数量检查为直接前提的。质量检查工作的重点在两方面：入库物品的质量把关和对物品本身储存条件的分析。入库物品的质量把关主要是根据采购规格书所定的标准进行，而对物品自身储存条件的分析，主要是看订购的食品原料是否适宜于存放在饭店的仓库中。

（2）分类签收：通过检验的入库物品应立即入库保管。物品入库之前，要进一步分类、登记和签收，分类是为了更方便地管理；登记和签收，是为了建立来龙去脉清晰的账目体系。

2. 储存保管

餐饮门店物品验收入库以后，进入储存保管阶段。储存保管是库存管理工作的中心环节。对储存保管的基本要求是：合理存放，精心养护，认真检查，使物品在保管期内质量完好、数量准确；使库存耗损和管理费用降到尽可能低的水平；使物品发放工作便于开展，更好地为生产和销售服务。

（1）库存物品保管的四项原则：库存物品的储量与餐饮门店的经营状况相吻合；库存物品应分类集中存放在明确的地点；库存物品应建立在健全的保管、养护、检查制度；加强对仓库保管人员的管理工作。

（2）科学、合理的存放方法：科学、合理的物品存放往往能达到事半功倍的效果。这些方法有：

①分区分类。根据物品的类别，合理规划物品摆放的固定区域。分类划区的粗细程度，应根据企业的具体情况和条件来决定。

②四号定位。四号是指库号、架号、层号、位号；四号定位是指对四者统一编号，并和账页上的编号统一对应，也就是把各仓库内的物品进一步按种类、性质、体积、重量等不同情况，分别对应地堆放在固定的仓位上，然后用四位编号标出来。这样，只要知道物品名称、规格，翻开账簿或打开电脑，就可迅速、准确地发料。

③立牌立卡。它是指对定位、编号的种类物品建立料牌和卡片。料牌上定明物品的名称、编号、到货日期，有可能再加上涂色标志。卡片上填写记录物品的进出数量和结存数量等。

三、库存管理要点

1. 建立标准库存

若库存量过大，不便于管理，而且容易损坏和腐烂，而库存量过少则会给餐饮门店的日常经营带来一定的风险。因此，餐饮门店应该为主要的原材料设置一个安全的标准库存量，在设定这个标准量的时候，通常要考虑以下几个因素：

（1）餐饮门店的仓储能力；

（2）原料的防变质程序；

(3) 供货商的交货时间表；

(4) 大批量采购可能享受到的价格优惠；

(5) 经营日历；

(6) 存货短缺的影响程度；

(7) 经营者对库存原料占压资金的看法。

2. 贯彻先进先出的理念

这是个简单且重要的理念，但由于仓库管理的忽略，常常会有产品一放数月乃至更长时间，而造成积压品等情形产生，使餐饮门店无故损失，实为可惜。因此，一定要注意库存先进先出的观念，并灌输给员工，如此才能确保货畅其流。

3. 建立动态管理制度

对产品进库以及出库情况建立详细的记录，最好利用库存软件列成详单，以了解用量及时补货，在此期间要预算其到货周期，以免缺货。

4. 妥善处理滞销品

对于久存不用的物品要及时以推销、促销、赠送等多种形式加以处理，以免造成浪费。

第四节 服务质量控制

一、什么是高品质服务

在激烈的市场竞争中，产品和服务是两大关键因素。随着产品越来越同质化，只有服务才能创造差异化，才能创造更多的附加值，所以，服务才是征服顾客的最有效手段。服务质量对于餐饮业尤其重要，人们去餐饮门店就是为了享受那份舒服、轻松、惬意的心情，这就要求餐饮门店的服务业必须是贴心的、舒适的。在一些中高端的餐饮门店，客人消费中服务的比例往往要大于实物消费。如咖啡厅一杯咖啡定价一般为20～50元，实物成本只有几元钱，而几十元是消费的服务和环境。

顾客进餐饮门店消费，除了产品本身的吸引之外，店员的服务水平也有

着举足轻重的作用，因此，提高餐饮门店的服务水平店长责无旁贷，同时也是餐饮门店经营管理中的重点。那么，首先店长必须弄清楚什么才是优质的服务。店长们在优质服务的理解上，往往存在着很多的误区，有些店长认为优质服务就是指良好的服务态度，事实上，优质服务的含义远比这个要广泛；有些店长认为优质的服务就是热情的服务，其实过于热情并不一定就是好的服务，因为顾客一般不希望被服务人员打扰。那么优质服务的构成要素有哪些呢？

1. 服务人员的仪容、礼貌

服务人员为顾客服务的过程，首先是从接待开始的。通常顾客对服务人员的印象先来自服务人员的外表，再来自服务人员的语言、手势、举止等。每一位进入餐饮门店消费的客人，都希望见到服务人员亲切的微笑、真诚的问候、彬彬有礼的举止，这是餐饮门店给客人的第一印象，也是客人得到尊重的第一感受和情感需求。因此，餐饮门店的服务人员在等客时，要有优雅的姿势，且注意服装、化妆等仪表；接待顾客之际，要有适当的表情、态度以及合宜的应对。所有服务人员都要具备丰富的产品知识，适时地为顾客作说明，同时还要具备商谈能力。

2. 服务等待时间

如果顾客需要某项服务却找不到服务员或者服务速度过慢，都会影响顾客的心情，进而对餐饮门店产生不满，甚至投诉。要缩短顾客的服务等待时间，可以采用以下办法：

（1）明确各服务人员的分工，知道其负责的区域以及其职责。如果在营业高峰期，出现人手不足的情况，店长应该紧急调遣闲余后勤人员帮忙，当然，后勤人员也必须接受过相关的培训。

（2）服务人员应该注意观察顾客的消费情况，例如，注意顾客的眼神、动作、表情等，判断其是否需要服务；注意餐桌上的烟灰缸是否已满、饮料是否已经喝完，等等，及时添加饮品、换烟灰缸、撤用具、拾垃圾。

（3）利用无线呼叫服务，顾客只需轻轻一按，无须四处寻找、喊叫、挥手等，服务人员随叫随到。利用无线呼叫服务，顾客不会有叫服务没人理的尴尬，而且服务人员不会打扰到顾客，同时，顾客不需要大呼小叫地叫服务，有利于创造更加安静、舒适的就餐环境。

3. 服务态度

服务态度是提高服务质量的基础，它取决于服务人员的主动性、积极性和创造精神，取决于服务人员的素质、职业道德和对本职工作的热爱程度。在餐饮门店服务实践中，良好的服务态度表现为热情服务、主动服务和周到的服务。

在餐饮门店管理中特别注重处处体现出“服务意识”，并且不断地灌输给所有员工，使之形成一种思想、一种下意识，并融入职业习惯，作为工作中的指南。在餐饮门店工作中，要体现良好的服务态度应做到以下几点：

（1）微笑、问好，最好能重复顾客的名字。

（2）主动接近顾客，但要保持适当距离。

（3）提供高效、标准、规范化的服务。

（4）含蓄、冷静，在任何情况下都不急躁。

（5）遇到顾客投诉时，让他发泄。最好是请其填写“顾客意见书”。如果事实证明是餐饮门店的问题，应立即向顾客道歉并改正。

（6）遇有顾客提出无理要求或顾客错了，只需向顾客解释明白，不要要求顾客认错，坚持体现“顾客总是对的”。

（7）了解各阶层人士的不同心理特征，提供针对性服务。

（8）在服务时间上、服务方式上处处方便顾客，并在细节上下工夫，让顾客感到服务周到。

4. 附加服务内容

顾客在餐饮门店消费的不仅仅是咖啡的品质，更是一种感受。因此，多数餐饮门店除了提供饮料和点心外，还会提供其他的附加服务，提高顾客的满意度。这些附加的服务主要包括：

（1）资讯服务：根据本餐饮门店顾客的特点，提供针对性的咨询服务，例如汽车、美容、服饰、旅游、高尔夫等报纸杂志，为商业人士提供各类财经类报纸以及当地的早报、晚报等。此外，还可提供每日天气预报等信息。

（2）浪漫周末：周末有小提琴、萨克斯表演，店内氛围独具特色。

（3）无线上网：提供无线上网服务，吸引更多的商务顾客。

（4）其他服务：例如在下雨天为顾客提供雨伞，在雨伞上印上餐饮门店的标志。

二、提高服务水准

餐饮门店的员工是服务的直接提供者，服务的质量最终由服务人员的态度以及素质决定，因此要提高服务水准，店长必须在员工的服务态度以及服务的水平上下工夫。管理和控制员工的服务水准是员工管理的重点之一。

较高的服务水准是餐饮门店市场竞争的优势，店长要时常督促员工保持良好的服饰仪容、对顾客礼貌用语和友善的应对态度，并且随时留意顾客的投诉及意见反映，不能让顾客觉得不满意而不再上门的情况发生。

1. 培养员工的服务意识

在现今社会中，竞争日趋激烈，产品差异化缩小，能够凸显自己特有的“服务”是最重要的一个部分。通过无微不至的产品人员服务，令人有宾至如归的感觉。因此店长必须在人员管理上强调“服务”的观念，对员工不断灌输服务至上的观念，强调微笑的重要，把礼貌用语，如“谢谢”、“对不起”、“早安”等常挂在嘴上，这种无形的服务，将会为餐饮门店带来无限的商机。

2. 做好服务培训

提高服务人员服务水平必须依靠严格的培训。培训的内容至少应该包括以下几个方面：

（1）餐饮门店的产品构成、特色、制作方法等，这样才能向顾客推销合适的产品，同时对顾客的询问对答如流；

（2）服务人员素质要求以及服务态度基本原则；

（3）化妆技巧、礼貌用语、站姿、走姿等；

（4）顾客投诉处理技巧，等等。

3. 做好内部营销

要提高餐饮门店的服务水准，店长首先要牢牢记住这样一个理念：关心你的员工，员工才会关心你的消费者。如果缺乏这一基础，餐饮门店所做的一切服务工作都不会取得长远的效果。

营销学认为："没有开心的员工就没有满意的顾客。"对于餐饮门店来说，员工不仅是为顾客服务的人力，而且是餐饮门店的"内部顾客"，为员工提供优质服务，可以增强他们对餐饮门店的归属感和主人翁精神。当他们自觉把餐饮门店的营销目标化为本岗位的服务行为，就会相应地提高服务质量。所以要求员工为顾客提供优质产品服务，餐饮门店必须首先为员工们提供优质的内部服务。这就是内部营销的核心理念。

餐饮门店的内部营销工作必须结合餐饮门店运作过程和员工的实际情况，设身处地地为员工着想，帮助他们解决实际问题，才能使员工感受到餐饮门店对他们的关心和爱护，从而自觉地好好服务于顾客。例如，在知识经济时代，许多青年员工希望有更多的学习机会以图长远发展，餐饮门店应主动安排员工学习电脑、英语、烹饪技术和服务技能，使他们有时间和精力去参加专业技师资格考试。

总之，多一分耕耘，多一分收获，满意的员工会更努力地工作，充分发挥他们的潜能，主动为顾客提供令人满意的服务。

4. 采取奖励措施

人们的行为是由动机决定的，如果店长能够为服务人员的行为提供诱因，那么就能达到店长所期望的目标。店长应该学会利用激励工具来提高服务人员的工作热情和服务水平。最常见的方法是每月或者每个星期评选 1 ~ 2 名

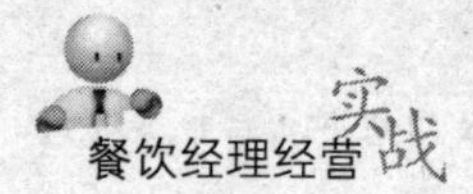

“最佳服务员”“微笑天使”等，并对获奖者提供物质奖励和荣誉奖励，例如，获奖者可获得100元奖金，并颁发奖章，同时，店长还要在公开场合表扬获奖者或者在内部刊物上刊登获奖者的姓名和照片等。

三、服务质量控制

优质的服务是以一流的管理为基础的，而服务质量管理是餐饮门店管理体系的重要组成部分，对其控制和监督的目的是为顾客提供优质满意的服务，创造餐饮门店良好的经济效益。

（一）服务质量控制的基础

餐饮门店服务质量控制和监督的基础，必须具备以下三个基本条件，这样才能进行有效的餐饮门店管理。

1. 制定餐饮门店服务标准

制定服务标准时，首先确定服务的环节程序，再确定每个环节统一的动作、语言、时间、用具，包括对意外事件、临时要求的化解方式、方法等。

店长的任务是执行和控制流程，特别要抓好各套规程之间的薄弱环节，用服务流程来统一各项服务工作，从而使之达到服务质量标准化、服务岗位规范化和服务工作程序化、系列化。

2. 抓好员工的培训工作

餐饮门店之间服务质量的竞争主要是员工素质的竞争，很难想象，没有经过良好训练的员工能有高质量的服务。

3. 必须收集质量信息

餐饮门店的店长应该知道服务的效果如何，即顾客是否满意，从而采取改进服务、提高质量的措施。

（二）服务控制方法

至于具体的餐饮门店服务质量控制手段，从科学系统的角度出发，主要分为下列三种。

1. 预先控制

所谓预先控制，就是为使服务结果达到预定的目标，在开餐前所做的一切管理上的努力；其目的是防止开餐服务中各种资源在质和量上产生偏差。预先控制的主要内容是：

（1）人力资源的预先控制：餐饮门店应根据自己的特点，灵活安排人员班次，以保证有足够的人力资源。那种"闲时无事干，忙时疲劳战"，或者餐饮门店中顾客多而服务员少、顾客少而服务员多的现象，都是人力资源使用不当的不正常现象。

在营业前，必须对员工的仪容仪表作一次检查。营业前，所有员工必须进入指定的各自岗位，姿势端正地站在最有利于服务的位置上。女服务员双手自然叠放于腹前或自然下垂于身体两侧，男服务员双手背后放或贴近裤缝线。全体服务员应面对餐饮门店入口等候顾客的到来，给顾客留下良好的第一印象。

（2）物资资源的预先控制：开业前，必须按规格摆好餐台；准备好菜单、点菜单、酒水、订单、开瓶工具及工作台小物件等。另外，还必须备足相当数量的"翻台"用品，如桌布、口布、餐纸、刀叉、调料、火柴、牙签、烟灰缸等物品。

（3）卫生质量的预先控制：开业前半小时，对餐饮门店卫生从墙体、天花板、灯具、通风口、地毯到餐具、转台、台布、桌椅等都要作最后一遍检查。一旦发现有不符合要求的，要安排迅速返工。

2. 现场控制

现场控制指现场监督正在进行的餐饮门店服务，使其规范化、程序化，并迅速妥善处理意外事件。

现场控制的内容主要是：

（1）服务程序的控制：营业期间，外场主管应始终站在第一线，通过亲身观察、判断、监督、指挥服务员按标准服务程序服务，发现偏差，及时纠正。

（2）意外事件的控制：餐饮门店服务是面对面的直接服务，容易引起顾客的投诉。一旦引起投诉，主管一定要迅速采取弥补措施，以防止事态扩大，影响其他顾客的用餐情绪。

（3）人力控制：营业期间，服务员虽然实行分区看台责任制，在固定区域服务（一般是按每个服务员每小时能接待20名散客的工作量来安排服务区域）。但是主管应根据客情变化，进行二次分工，做到人员的合理运作。

3. 反馈控制

反馈控制就是通过质量信息的反馈，找出服务工作的不足，采取措施加强预先控制和现场控制，提高服务质量。

信息反馈系统由内部系统和外部系统构成。内部系统是指信息来自服务员和外场主管等有关人员。因此，每日营业结束后，应召开简短的总结会，以不断改进服务质量。信息反馈的外部系统是指信息来自顾客。为了及时得到顾客的意见，餐桌上可放置“顾客意见表”，在顾客用餐后，也可主动征求客人意见。

四、神秘顾客制度

餐饮门店的服务质量究竟如何，只有通过检查才能知道。神秘顾客检测制度是餐饮门店行业以及服务行业普遍采用的服务检测制度，例如星巴克、麦当劳、肯德基都采用此方法来检测和提高自身的服务水平。

神秘顾客检测是指由经过专门培训的神秘顾客，在指定时段内对“顾客接待场所”进行情景体验、资讯收集或指标评估。

情景体验：神秘顾客以普遍顾客的心态体验所接触到的服务情景，梳理出对其中人、事、物的心理感受和感悟。

资讯收集：包括既定资讯的收集和不确定资讯的收集。

指标评估：评估被检测对象满足事先设定的指标规范的情况。

（一）神秘顾客制度的作用

由于神秘顾客的隐蔽性和职业性，神秘顾客检测具有其不可替代的客观、快捷、深入的独特优势。神秘顾客检测对于管理的作用，主要有以下五个方面：

1. 监督威慑作用

“神秘顾客”的暗访监督，在与奖罚制度结合以后，带给服务人员无形的压力，引发他们主动地去提高自身的业务素质、服务技能并改善服务态度，促使其为顾客提供优质的服务，而且持续的时间较长。

2. 快速反馈作用

“神秘顾客”可以从顾客的角度，及时发现、改正商品和服务中的不足之处，提高顾客满意度，留住老顾客，发展新顾客。

3. 测评度量作用

依据既定的评价指标体系，对软、硬件建设与应用状态，从顾客的角度、从第三方的角度、从专业的角度进行评估。

4. 综合探析作用

“神秘顾客”在与服务人员的接触过程中，可以听到员工对企业和管理者“不满的声音”，帮助管理者查找管理中的不足，改善员工的工作环境和条件，拉近员工与企业和管理者之间的距离，增强企业的凝聚力。

5. 预警提示作用

系统、连续、灵敏的神秘顾客检测，有如危机预警机制，使用者可以从中及时侦测到一些“危险”信号，见微知著，防微杜渐，提高企业的竞争力。

（二）神秘顾客制度的实施要点

1. 选择专业的调研公司

实施“神秘顾客”制度并不是一件容易的事情，“神秘顾客”方法具有组织安排的系统性、实施的严密性、考核指标的客观性和咨询分析的科学性等特点，对组织者具有一定的技术要求，同时，实施时质量控制具有较高的难度。一般情况下，企业都是委托专业的咨询调研公司进行神秘顾客的检查制度。

2. 制定完整的评估内容和表格

服务质量是由有形的实物的质量、有形的服务设备和服务设施的质量、有形的服务环境的质量和无形的服务劳动的质量构成的统一体，每一部分都是服务质量不可分割的组成部分。因此“神秘顾客”进行观察评估的内容要全面具体，至少应该包括：服务人员的衣着、礼仪、态度、速度、服务的规范性、环境卫生等。神秘顾客进行调查时要遵循“眼看、耳听、用心感受”八字方针，使硬件服务和软件服务均得到综合考察。

3. 对神秘顾客进行培训

主要培训内容包括服务质量知识、相关业务常识、心理学常识、调查的技巧：

（1）服务质量知识：学习行业《服务质量评估标准》和礼仪规范；

（2）相关业务知识：商品或服务的名称的含义、功能、基本内容、性能、价格；

（3）行为、心理常识：具有了行为学、心理学基础知识的“神秘顾客”在调查过程中，表现更自然、不易暴露，也更容易了解服务人员的心理，易于发现服务管理中存在的问题；

（4）调查技巧：“神秘顾客”要始终坚持公平、公正、中立的工作态度，并具有良好的心态和心理素质，要始终保持一种普通顾客的心态。

4. 神秘顾客现场操作规范

（1）“神秘顾客”应衣着干净整洁，谈吐文雅得体，行为礼貌大方，以普通顾客的心态去工作；

（2）“神秘顾客”到达指定餐饮门店后，首先要对餐饮门店的服务环境仔细观察，作出准确的判断，然后根据评估标准对服务环境进行评价。

5. 将评估结果与员工奖酬联系起来

专业调研公司“神秘顾客”检查评估的结果一定要作为员工考核的重要依据之一，这样神秘顾客制度才有意义。餐饮门店可以将神秘顾客的考评结果与餐饮门店对员工的日常评估结果结合起来，作为对员工的最终考核结果。另外，对于“神秘顾客”考察的结果与员工的日常表现有很大差异的，应该给员工申辩的机会，同时考察调研公司的专业性，妥善解决问题。

神秘顾客调查制度是服务企业进行服务检查的最有效方法之一。此外，对于餐饮门店服务质量的检查，还可通过其他间接方式进行，如了解近期顾客投诉的情况，调查消费者的满意度，店长巡视，等等。

附录：餐饮门店服务质量检查表

部门/班组/姓名__________ 时间__________ 检查者__________

检查项目	检查细则	等级			
		优	良	中	差
一、服务规格	1. 对进入餐饮门店的顾客是否问候，表示欢迎 2. 迎接顾客是否使用敬语 3. 使用敬语时是否点头致意 4. 在通道上行走是否妨碍顾客 5. 是否协助顾客入座 6. 是否让顾客等候过久 7. 回答顾客提问是否清晰、流利、悦耳 8. 跟顾客讲话，是否先说：“对不起，麻烦您了” 9. 发生疏忽或不妥时，是否向顾客道歉 10. 对告别结账离座的顾客，是否说：“谢谢！” 11. 接受点餐时，是否仔细聆听并复述 12. 能否正确地解释菜单 13. 能否向顾客提建议，进行适时推销 14. 能否根据点菜单准备好必要的餐具 15. 递送物品是否使用托盘 16. 顾客招呼时，能否迅速到达餐桌旁 17. 是否及时、正确地更换烟灰缸 18. 结账是否迅速准确无误 19. 是否检查餐桌、餐椅及地面有无顾客失落的物件 20. 领位、值台、上餐时的站立、行走、操作等服务姿态是否合乎规程				

续 表

检查项目	检查细则	等级			
		优	良	中	差
二、就餐环境	1. 玻璃门窗及镜面是否清洁、无灰尘、无裂痕 2. 窗框、工作台、桌椅是否无灰尘和污斑 3. 地板有无碎屑及污痕 4. 墙面有无污痕或破损处 5. 盆景花卉有无枯萎带灰尘现象 6. 墙面装饰物有无破损 7. 天花板有无破损、漏水痕迹 8. 天花板是否清洁，有无污渍 9. 通风口是否清洁，通风是否正常 10. 灯泡、灯管、灯罩有无脱落、破损、污痕 11. 吊灯是否照明正常，是否完整无损 12. 餐饮门店内温度和通风是否正常 13. 餐饮门店通道有无障碍物 14. 桌椅是否无破损、无灰尘、无污痕 15. 广告宣传品有无破损、灰尘及污痕 16. 菜单是否清洁，是否无缺页、破损 17. 台料是否清洁卫生 18. 背景音乐是否适合就餐气氛 19. 背景音乐音量是否过大或过小 20. 总的环境是否能吸引顾客				
三、仪表仪容	1. 服务员是否按规定着装并穿戴整齐 2. 制服是否合体、清洁，有无破损、油污 3. 工牌是否端正地挂于左胸前 4. 服务人员打扮是否过分 5. 服务员是否留有怪异发型 6. 男服务员是否蓄胡须、留大鬓角 7. 女服务员头发是否清爽 8. 外衣是否烫平挺括、无污点皱褶 9. 指甲是否修剪整齐，不露出指头之外 10. 牙齿是否清洁 11. 口中是否有异味 12. 衣裤口袋中是否放有杂物 13. 女服务员是否涂有彩色指甲油 14. 女服务员发夹式样是否过于花哨 15. 除手表、戒指外，是否还戴其他首饰				

续 表

检查项目	检查细则	等级			
		优	良	中	差
三、仪表仪容	16. 是否有浓妆艳抹现象 17. 使用香水是否过分 18. 衬衫领口、袖口是否清洁并扣好 19. 男服务员是否穿深色鞋袜 20. 女服务员着裙时是否穿肉色长袜				
四、工作纪律	1. 工作时间是否相聚闲谈或窃窃私语 2. 工作时间是否大声喧哗 3. 是否有人放下手中工作 4. 是否有人上班时打私人电话 5. 是否在柜台内或值班区域随意走动 6. 有无交手抱臂或手插入口袋现象 7. 有无在前台吸烟、喝水、吃东西现象 8. 有无上班时间看书、干私事行为 9. 有无在顾客面前打哈欠、伸懒腰行为 10. 值班是否倚、靠、趴在柜台上 11. 有无随背景音乐哼唱现象 12. 有无对顾客指指点点的动作 13. 有无嘲笑顾客失慎的现象 14. 有无在顾客投诉时作辩解 15. 有无不理会顾客的询问 16. 有无在态度上、动作上向顾客撒气 17. 有无对顾客过分亲热现象 18. 有无对熟客过分随便的现象 19. 对顾客能否做到既一视同仁又个别服务 20. 有没有对老、幼、残顾客提供方便服务，对特殊情况提供针对性服务				

第四章
餐饮门店营销规划与管理

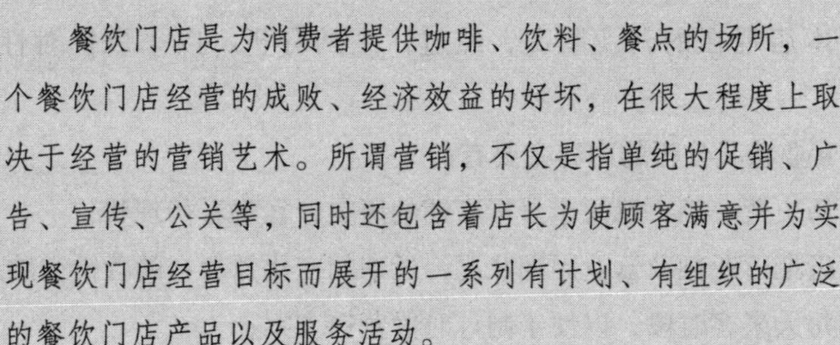

餐饮门店是为消费者提供咖啡、饮料、餐点的场所，一个餐饮门店经营的成败、经济效益的好坏，在很大程度上取决于经营的营销艺术。所谓营销，不仅是指单纯的促销、广告、宣传、公关等，同时还包含着店长为使顾客满意并为实现餐饮门店经营目标而展开的一系列有计划、有组织的广泛的餐饮门店产品以及服务活动。

第一节 营销活动的流程

营销不是一些零碎的餐饮门店促销活动，而是一个完整的过程。店长要对营销活动的每一个环节进行详细的设计和规划。因此店长在抓好内部管理的同时，应花大力气抓好餐饮门店的营销策划、组织以及管理等工作。

1. 营业状况分析

促销的目的是在现有销售的基础上提高产品的销量，因此，店长应该仔细分析本店现在的营业状况，经过仔细的分析，以采取针对性的促销策略。

关于营业状况分析的内容主要有：

（1）历史营业额，以便于分析店铺的历史，客观看待现状；

（2）近期营业额及营业周期状况，近期的变化及存在的营销突破点；

（3）每天来客时段，以便于制订时段营销方案；

（4）每单消费状况，每单消费额、每单人均消费及消费产品分析，这些都是非常重要的营销分析数据；

（5）日均来客量，看是否有足够的人气，以及如何积聚门店人气；

（6）人均消费额，看人均消费是否合理，有无进一步提升的空间；

（7）餐饮门店产品销售比例，看下一步提升的空间在厨房产品还是吧台产品，厨房产品提升营业额，吧台产品提升利润；

（8）吧台产品和厨房产品的销售结构、餐点和饮料销售结构如何，是否合理，是否需要调整。

2. 明确促销目的

根据现有营业状况分析的结果，确定促销的目的，例如提高顾客的来店次数、增加顾客单人单次消费金额、促进第一次消费、吸引竞争餐饮门店的顾客、提高餐饮门店的知名度、提升餐饮门店的形象、维持老顾客，等等。

促销目标是店长进行营销策划的依据，无论是促销方法、促销主题还是促销时机都应该根据促销目的来选定。

3. 选定促销方法

所采用的促销手段必须要和所确定的目标相一致。例如，在淡季，餐饮门店可用下列方法：优惠券、比赛、礼品卡或折扣。每单平均消费额较低时，餐饮门店可用下列方法：优惠券、返券、折扣；如为了提升餐饮门店的知名度，可以采用的方法包括异业结盟、广告宣传、营销公关等。不管采用什么方法，其核心是：所选择的促销手段必须服务于促销目标或者要解决的问题。

4. 把握促销的契机

契机的选择上可以包括以自身发展需要为契机，如开业等；以国内外各种有影响的节日为契机，如春节、圣诞节等；以本地区即将举行的重大事件为契机，如交易会、博览会等；以本店有影响的活动为契机，如开业周年纪念等；以国内外重大比赛为契机，如世界杯、奥运会等。

5. 包装促销主题

确定促销主题就是确定怎么包装的问题。促销的主题至关重要，因为它决定了整个促销活动对顾客的吸引力，也是宣传广告、餐饮门店装饰、服务形式的中心内容。选用什么样的主题，取决于促销的目的和目标市场的承受能力。任何促销主题的包装，要考虑目标顾客的“口味”和特点，要考虑诉求于市场的表达方式，要将其促销内容及“卖点”凸显出来，还要讲究创意，没有创意的促销包装是难以有吸引力的。

6. 促销费用和效果预估

促销费用以及促销效果预估是促销活动策划中一个需要着重考虑的因素，如果促销费用高于促销活动可能带来的收益，那么促销活动就没有执行的必要了。

7. 人员配置安排

往往一个好的促销活动方案由于执行和管理的漏洞而不能达到预期的效果。促销活动的执行效果关键还在于组织的执行力，需要事先成立促销活动的组织以及明确人员职责分工，通过培训和监控来确保整个促销活动顺利开展。

促销活动的组织及职责的分工是活动稳定有序进行的前提。在组织建立方面，必须既有总指挥、总协调等类似主管的角色，也有各个项目的具体负责人。在职责分工方面，应体现清晰明确的原则，专人专责，避免职责不清、相互扯皮现象的发生。在促销执行过程中应当实行主管负责制，一方面项目负责人必须维护主管的权威；另一方面主管必须对所属区域内的所有事件负责。

8. 人员培训

人员系统的培训是保证促销活动质量的关键所在。对参与促销活动的所有工作人员都需要进行系统培训，以让参与促销活动的人了解活动的目的、主题、规则、流程、注意事项、典型问题处理、问题反馈程序以及相关奖惩规定，等等。

9. 写出促销方案

为了保证促销活动能够有条不紊地执行，店长应该在促销实施之前制订一份详细的促销方案。促销方案的好坏直接关系到活动的成败。在实施促销活动之前应对方案进行策划、设计、审定和及时修正。促销方案的要素应该包括：促销主题和目的、促销推广日期、促销地点和时间、促销品种设计、广告宣传策划、餐饮门店装饰要求、人员安排、培训要求、跟进、促销预算和收益评估、注意问题。

同时，企业还要注意做好对促销员本身的激励工作，提高士气，最终达成提高销量的目的。实施项目奖励计划，使营业成绩与促销参与人员的收益挂钩，调动促销参与人员的积极性。

10. 活动中的组织与管理

促销活动执行过程是对活动全程进行监督和管理的过程，其中监督工作主要包含计划方案执行情况、人员执行情况、物资控制情况、实施中的不良倾向等内容。

如果发现实施过程同计划方案有偏差，店长就必须立即进行促销活动的调整，以改进促销方式、方法，必要时甚至可以终止促销活动。

小型促销活动主要包括免费品尝、赠品、返券、打折等，其特点是规模小、投入的人力、物力少，不需要大量的广告投入，可操作性比较强，时间可长可短。这类活动规模比较小，活动比较容易把握。

而一些大型的促销活动，例如消费者联谊活动、现场参观、主题活动促销、节日促销等，其特点是规模大，投入的人力、财力大，需要大量的广告投入，操作相对复杂。店长要进行全面、细致的策划、组织、实施。

11. 促销总结

促销活动经过精心策划、严密组织、认真实施以后，是否如愿以偿，实现预期使命。这就要对促销活动进行分析、总结，包括对促销活动的分析、评估，对促销活动期间的营业额或者产品销售数量进行统计和汇总，对促销人员的业绩进行评估和奖罚，归纳促销活动成功的经验或失败的教训、提出改进措施。

第二节 餐饮门店促销方案

一、优惠促销

优惠促销是多数企业最普遍采用的一种促销形式，包括特价、打折、优惠券、返券、赠品等多种形式。优惠促销的作用往往非常明显，但是优惠促销需要相当的技巧，店长要合理确定优惠促销的时机、频率以及优惠的幅度等。

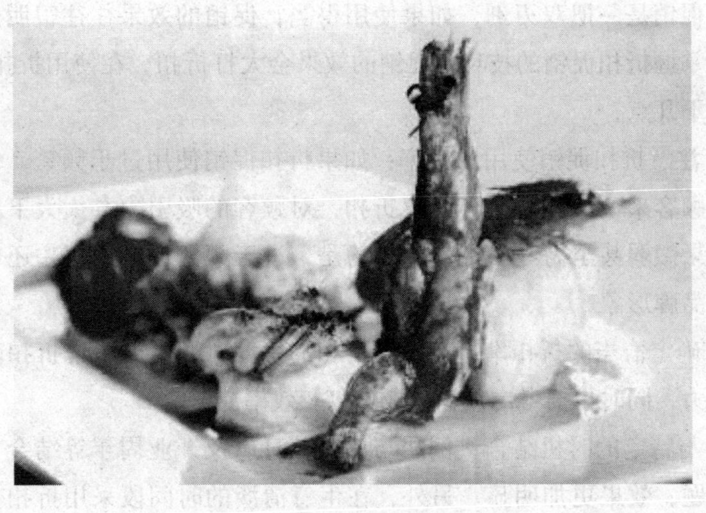

1. 每日特价

每日特价是指餐饮门店可以每天或者每个星期都推出一款特价菜、饮品或者咖啡。特价产品的意义在于提高顾客来店的消费次数。在选择特价产品时，要考虑产品的价格、畅销度等，一般来说，价格较低而且大众化的产品比较适合作为特价产品。另外，餐饮门店新推出的饮品或者餐点也可以作为特价产品推荐。此外，餐饮门店也可以将本店畅销的前10名中的品种和其他不太畅销的品种相掺杂地推出特价。具体的出品内容和价格由店长和厨师长根据当地顾客的消费喜好制定，但价格不能太高。

案例：某餐饮门店每天都推出一款特价食品以及特价饮品，而且同时购买两款特价产品价格更优惠，具体如下表：

某餐饮门店特价产品表

日期	特价食品	价格（元）	特价饮品	价格（元）	餐加饮（元）
星期一	干椒辣子鸡	18	蓝山咖啡	23	35
星期二	红烧牛肉饭	19	铁观音	22	35
星期三	星洲炒米	20	柠檬汁	21	35
星期四	鲜茄牛肉饭	21	奶茶	20	35
星期五	菠萝饭	22	柳橙汁	19	35
星期六、日	特价咖啡任点				

2. 折扣促销

打折促销是一把双刃剑，如果使用得当，促销的效果往往很明显，但是如果没有掌握折扣促销的技巧，促销的效果会大打折扣。在使用折扣促销时，应注意以下几点：

（1）注意折扣促销使用的频率：如果折扣促销使用过于频繁，每天都有折扣，对顾客来说，就等同于没有折扣，对顾客的吸引力会大大下降，从而使促销效果微弱甚至为零。更为严重的是，过于频繁地使用折扣还会影响餐饮门店的品牌形象。

（2）确定恰当的折扣率：在确定折扣的幅度时，既要考虑折扣对于消费者的吸引力，同时也要考虑促销的成本以及效率。

（3）与特定的时机结合：例如与重大节日以及开业周年等结合，并配以适当的主题，效果更加明显。另外，在生意清淡的时间段采用折扣促销，促销效果较好，例如，在下午两点到五点之间，实行全场9折、8折优惠等。

（4）与特定产品结合：例如滞销咖啡、即将过期的产品、新推出产品等。

案例1： 某餐饮门店为了提高生意清淡时期的营业额，采取了返券促销。该餐饮门店规定，下午2：00～4：30，消费金额50元以下，可以享受8.8折优惠，若消费金额达50元，折扣为7.8折。

案例2： 某店长发现，近10天来店内生意较上旬有明显下降，主要原因是随着夏天的到来，天气渐渐炎热，去露天吧和海边消费的人数增多，导致该餐饮门店晚茶消费人数减少。为此，该店长开展了一个晚茶促销案，具体内容是：餐饮门店每晚8：00以后，全场8折，酒水除外。凭身份证，在餐饮门店举办生日聚会更可享受7折优惠。通过海报以及条幅进行宣传，费用估计为130元。

案例3： 某餐饮门店设在商业区附近，其主要的消费者为附近的上班族，因此周末放假期间，生意较为清淡。为了在周末吸引附近的家庭消费者来餐饮门店消费，该餐饮门店推出了每周末7折优惠的促销活动。

3. 返券促销

返券促销主要是为了增加顾客来店消费的次数，可培养忠诚度较高的顾客。另外，对消费金额有要求的返券还可以提高顾客的单次消费金额。返券促销的要点如下：

（1）客人用饮料券消费需客人在黄单上签名；饮料券上面需客人、服务员、外场干部都签名，统一签名在饮料券的签名一栏，收银员不得签名。

（2）收银台需做饮料券的进出记录表（包括每天领券多少，客人用券消费多少），此表需收银员、外场干部、经理每天签名。

（3）若送客人的券，客人不要，需马上返回收银台，员工不允许使用此次活动饮料券。

案例： 从9月1日起，凡用餐后再消费吧台饮品的顾客，均可享受消费100元送100元咖啡券，消费50元送20元咖啡券（零头不计）的优惠活动。

4. 赠品促销

赠品主要是一些价位较低的餐点、水果等。在特定的节日还可赠送与节日相关的礼物，例如在情人节赠送巧克力，圣诞节赠送圣诞帽，等等。所送赠品最好是餐饮门店特有的，如果可行，还可在赠品上打上餐饮门店的标志和名称，既起到了促销的作用又取得了宣传的效果。

案例：某餐饮门店为提高店内某一个时段的客流量，策划了以下促销案：

①凡在晚餐时间（17：30～20：00）消费，两人消费在可以用贵宾卡打折的同时，可获赠双人果盘一个，三人消费一人免单（免消费最低的一份餐）。

②茶市时段（下午茶14：00～17：30、晚茶20：00～2：00）消费，两人消费在可以用贵宾卡打折的同时，三人消费一人免单（免消费最低的一份饮料），并每张台获赠厨房小吃一份。

利用此活动吸引力较大的特点，使顾客感觉两人消费没有三人消费实惠，从而自发地多叫一个人来店内消费，使该店的客流量加大，同时，提高该店的营业收入。

除了这些，优惠套餐也是餐饮门店常用的促销方法，这种方法适用于多元化经营的餐饮门店，如果餐饮门店的产品只限于咖啡以及其他饮品，那推行特价套餐的可能性就不大。在利用优惠套餐进行促销时，餐饮门店应该将套餐的原价以及优惠价格的差额直观地表现出来，让顾客一眼就能知道自己从中得到的实惠。

二、异业结盟

异业结盟促销是指餐饮门店与其他企业在互惠互利的基础上，共同运用某一种或几种促销手段进行促销活动，以达到在竞争激烈的市场环境中优势互补、降低消耗，最大限度利用资源的目的。在餐饮行业，异业结盟的促销方式非常普遍，例如，餐饮门店与书店结盟，为书店的顾客提供咖啡，餐饮门店借机扩大销售以及知名度，等等。

1. 异业结盟的优点

（1）降低营销成本

这是异业结盟最直接可见的优点。无论一次促销活动的大小，餐饮门店总要为此付出相应的成本。而异业结盟的费用一般是由双方共同投入，相当于对方为你进行一定程度的免费促销。企业影响扩大了，销量增加了，促销费用减少了，营销成本降低了。

(2) 扩大品牌的可接触范围

品牌的巩固需要不断地通过各种媒介展示来传递品牌信息，而利用其他品牌已建立起来的营销传播渠道进行宣传，无疑是突破传统的一种新渠道，这相当彼此搭借快车，双方的边际成本几乎为零，收益却很大。

(3) 提升或巩固品牌形象

一个成长期的品牌与强势品牌的互动可使消费者对这一品牌产生与强势品牌相近化的认同感，从而提升品牌形象，或者两地位相当的品牌进行互动传播，则其品牌形象可以得到互相巩固。如果品牌知名度较低的餐饮门店能够与强势的品牌进行合作，则该品牌的知名度和美誉度都会大幅提升。

2. 异业结盟的3条规则

(1) 目标市场相同或相近

合作双方的目标市场若相近，那么其重叠程度越高，异业结盟成功的可能性就越大，如果过低的话，效果可能会大打折扣。此外，知名品牌的餐饮门店最好避免与不知名的企业或者档次较低的品牌进行合作，这样知名品牌的餐饮门店的形象也会受到影响。

(2) 互惠互利

互惠互利是双方合作的基础和前提。餐饮门店在寻找异业结盟伙伴的过程中，一定要分析异业结盟能为双方各自带来什么收益以及成本投入等。促销策略的双方应该对营销成本的投入与产出的取得进行理性的、谨慎的分析比较。在坚持双赢的基础上多“付”多得。

(3) 诚实守信

为避免不愉快的事发生，餐饮门店应该与异业结盟单位建立一种友好磋商、诚恳相待的谈判机制，最好将各种事宜以合同的形式订立下来。

总之，异业结盟作为一种商战中的双赢行为，其显著特点是借助外力资源，达到自身促销效益的最大化，在餐饮门店竞争日趋激烈的今天，必将有着更为广泛的运用。

3. 案例集锦

案例1：为吸引更多的顾客，1993 年 Barnes & Noble 开始与餐饮门店合作，餐饮门店在书店里开设自己的零售业务，双方都从中受益。早晨，餐饮门店把人流吸引进店来小憩；而书店的人流则增加了餐饮门店的销售额。现在，餐饮门店与书店的结盟已经成为餐饮门店最普遍的异业结盟形式之一。

案例2：狮子王餐饮门店与台中市计算机商业公会合作，在台中世贸计算机大展中推出“看计算机、免费喝咖啡”活动，只要凭发票就可免费喝咖啡。事后统计，共送出4万多杯咖啡，大大提升了该餐饮门店的知名度。

该餐饮门店也与台中SOGO百货合作，同样推出“逛百货公司、免费喝咖啡”促销活动，消费者只要凭全馆消费发票，就可免费享用香浓的咖啡，送出46000多杯咖啡。此外，狮子王也与直销业、保险业者合作。这些活动对于提升该餐饮门店的知名度大有裨益。

狮子王餐饮门店进驻老虎城购物中心2楼开店时，为了让老虎城的主顾们知道这项信息，狮子王与购物中心进行合作，整整一个月时间，老虎城购物中心打出来的每张统一发票底下，都会印上“狮子王”的商标。此举同样大大提升了“狮子王”的品牌知名度。

案例3：星巴克咖啡与银行业展开合作，与某银行共同开设了“咖啡银行”，“咖啡银行”首创在营业厅设置了“咖啡理财沙发区”，提供客户风味、香味、口味、人情味、回味的五种品味感受。在“咖啡理财沙发区”摆设优雅的沙发座位及播放悠扬的爵士音乐，让所有来行客户及理财族对严肃的银行改观，享受独具生活品位的银行服务。

此外，为了配合“咖啡银行”轻松悠闲的特色，该银行还特别针对中小企业、上班族、退休族、家庭主妇等消费群，规划各种“咖啡”讲座，讲座者除了可以享受一对一的咨询服务之外，还可享用星巴克咖啡。将星巴克轻松悠闲的气氛注入银行营业厅中，这两种元素的结合，不但呈现出创新的服务形态，也是一种新经营思维的成功典范。

案例4：某餐饮门店为了提升其知名度，与当地知名的大型商场进行合作，凡在该商场消费200元以上者便可获得餐饮门店30元消费券。另外，由该餐饮门店为商场的抽奖活动提供商品。作为对餐饮门店的回报，餐饮门店要求在商场合适的位置摆放若干展架进行宣传。

案例5：某餐饮门店与连锁洗衣店进行合作，双方决定，双方持卡顾客消费时可以互打9折，另外，每次干洗50元可获赠饮料券一张，价值25元；每次干洗80元可获赠20元咖啡券一张和点心一份。双方均可在对方门店放置海报、宣传单。类似的合作，餐饮门店还可以与大型影楼、美容院、健身会所、干洗店等进行。

案例6：某餐饮门店与旅游超市合作推出自助餐定制活动。餐饮门店可以获得为旅行社的游客提供自助餐服务的机会，相应地，餐饮门店可帮助旅行社发布旅游信息，并发放旅游线路手册，广宣互惠。此外，餐饮门店还可以为旅行社提供相关奖品。

案例7：某餐饮门店为了提高其品牌知名度，与展示展览中心进行了合作。餐饮门店派出相关人员与该展览中心的负责人以及活动负责人进行接洽和商谈，与之进行合作。餐饮门店为活动方免费提供咖啡。活动当天，餐饮门店制作了宣传海报在展览中心进行宣传和推广，海报的内容包括餐饮门店的产品、店内活动、店所在位置以及餐饮门店的相关图片。此外，该餐饮门店还进行了现场贩卖，并返咖啡券10元/杯（买一送一）。该次活动的费用为：咖啡豆40元/包×5包=200元；海报×展架100元；相关低值易耗品100元。共计400元。

案例8：与宾馆（无餐饮门店设施）异业结盟，在互惠的基础上达到开拓客源的目的。结盟方法如下：在结盟宾馆和餐饮门店内放置餐饮门店的订餐电话及送餐外卖单。另外，在结盟宾馆或餐饮门店内放置餐饮门店和宾馆的联合活动内容，如在本宾馆住宿，凭住房发票可在结盟餐饮门店获8折优惠。在本咖啡消费达200元的顾客，凭本咖啡的消费证明在结盟宾馆住房获8折优惠。通过此促销案，餐饮门店不仅能提高知名度，而且有助于提升业营业额，同时，能突出餐饮门店的差异化优势。

三、会员制

会员制又称“俱乐部制”，即厂商和顾客之间建立起一种相互信任的关系后，利用会员资格作为载体，向会员提供优惠、便利或其他服务。加入会员组织的条件可以是一次或累计购买一定数量的产品，也可以是一次性缴纳一笔入会费。

会员制可以说是最能体现长期效果的促销方式，在国外已被广泛运用于零售、酒店、航空、旅游、美容、图书等行业，并取得明显的效果。在餐饮行业，会员制也是一种较为普遍的促销方式。

（一）常见的促销形式

1. 优惠类会员制

对于顾客来讲，如果成为会员的费用远小于此后低价购买所带来的好处，他们往往会在简单计算成本收益后，选择这种消费方式。餐饮门店使用这种促销方法旨在通过提供折扣价格，吸引和维持一个较固定的顾客群。

2. 积分类会员制

在一定的时期内，会员购买产品的累计金额，按照餐饮门店事先规定的折算方式换算成积分，凭积分多少可免费领取相应的礼品，一般是免费的咖啡或者套餐，等等。该促销方法旨在鼓励消费者长期购买餐饮门店的产品，培养忠实稳定的消费群。

3. 便利类会员制

成为餐饮门店会员后，顾客能够享受到诸多便利，比如定期收到新咖啡或者餐点资料，足不出户享受送货上门，或者免费接收及时的促销信息等。

餐饮门店的会员所享受到的服务和优惠，往往是以上三者的总和，顾客不仅能获得折扣价格优惠，也可以获得相关促销信息等。此外，餐饮门店还会经常为会员举办一些特定的讲座，等等。

4. 增值类会员卡

即享有该餐饮门店的会员资格后，不仅能获得餐饮门店的种种优惠和便利，还可以享受餐饮门店结盟店的优惠措施。例如，餐饮门店与商圈附近的大型影楼、美容院、健身会所、干洗店、商厦、汽车维修、厨具专卖等单位形成结盟关系，持餐饮门店会员卡的顾客在这些店消费时，同样能获得折扣优惠。这样一卡多用形式的会员卡更具有吸引力。

（二）会员卡的推销要点

会员卡是营销的一个重要手段，在推销会员卡时需要注意以下要点：

1. 明确推销的对象

餐饮门店会员卡的推销对象一般是大单顾客以及老顾客，同时，餐饮门店也要注重新顾客的开发。

2. 突出比较优势

餐饮门店的会员一般也会分成几个等级，例如一般会员和VIP会员等。在推销时，要着重突出会员与一般消费者的待遇的差别以及不同等级会员之间的待遇的差别，突出优势。例如，餐饮门店规定一般会员只打8.8折，烟酒不打折，而VIP会员却可以全部打8折，通过比较，突出VIP会员的优势。

3. 语言技巧

推销时，语言要得体，态度要热情，要懂得与顾客套近乎。

4. 掌握时机

注意掌握推销的时机，例如顾客点餐或者埋单时，服务人员要重复提醒顾客。

5. 适当激励

为提高服务人员的推销热情，餐饮门店的管理人员要懂得激励。例如，规定每人推销一张会员卡便可以获得20元的现金奖励，等等。

（三）会员制的优点和局限

1. 会员制的优点

会员制的优点是：

（1）增强营销竞争力。会员制促销可以实现餐饮门店和消费者之间一对一的双向信息交流，使餐饮门店更好地了解消费者的需求变化。消费者的各种反馈信息都将为餐饮门店的市场细分、产品线调整、宣传策略、促销计划等提供准确的市场数据，从而帮助餐饮门店向消费者提供更具针对性的定制化产品和个性化服务，提高消费者的满意度，增强品牌的竞争实力。

（2）建立长期稳定的市场。会员制促销以招募会员的方式，不仅形成了一定数量的客户群，还通过有组织、有约束的形式，将不稳定的短期消费者变成稳定的长期消费者，为餐饮门店建立起了长期稳定的市场。

（3）直接收入相当可观。会员制促销的入会条件可以是一次性缴纳会费，也可以是一次性购买达到一定数量或金额。较好的组织理念或组织形式会吸引大量的消费者成为其会员，入会的直接收入通常都相当可观。

2. 会员制的局限

会员制的局限是：

（1）市场回报时间较长。虽然很多会员制促销能够提升初期的销售量，但要真正获得会员的认可和建立品牌忠诚度，还需要餐饮门店与会员进行多次的沟通，而且只有当会员制组织发展到一定规模后，其对营销的影响才能够体现出来。

（2）费用较高，并具有一定的风险性。会员制组织开展的各项持续性服务活动，以及对会员个人资料的管理等，都需要长期的经费投入，这对很多餐饮门店来讲是一笔不小的支出。而且，由于其滞后的市场回报，在活动开始前和开始后的一段时间内，都很难预测到实际的促销效果，因此较高的费用投入具有一定的风险性。

（3）对组织者的要求较高。会员制是一个全面综合的营销活动，它是餐饮门店整体营销战略的一个重要组成部分，为餐饮门店长期的营销目标服务。因此，餐饮门店应以满足消费者的真正需求为宗旨，不断创新，不断超越，以先进的营销理念和针对性的营销服务将会员紧紧团结在餐饮门店周围。这不仅要求组织者进行定期的广告宣传、促销策划，还要求他们能够敏锐把握消费者的心理变化，实现对消费者的长期管理，以较少的成本投入获取较大的投资回报。

（4）有一定的商业道德风险。餐饮门店在实施会员制促销策略时，合理收集和使用会员资料是一个需要重视的问题。如果使用不当，会引起消费者的反感，认为餐饮门店过度使用了自己的个人信息，侵犯了个人隐私权，甚至会招致具有法律意识人士的起诉。因此，餐饮门店在收集和使用会员的个人资料时，必须明示资料用途，并在双方都认可的资料用途范围内使用，否则就会带来一定的商业道德风险。

四、人气卡

人气卡类似于会员卡，顾客在餐饮门店累计消费达到规定的金额或者人次数即可以享受到规定的优惠。这种促销方法适用于店内人气较差时，有利于增加餐饮门店的客源。具体情况如下：

1. 活动方法

（1）凡在餐饮门店消费的顾客，在当次消费的时候，店内便发给顾客一张人气卡。在发给顾客的卡上标明当次消费的人数及日期，并盖上餐饮门店的公章。以后顾客每消费一次，店内便在卡上登记一次。

（2）当顾客累计消费人数达到卡上的要求人数后，并在顾客要求兑换食品的情况下，店内应根据卡上所写的回馈内容给顾客适当的回馈。

2. 人气卡的制作

人气卡的内容主要包括以下三个方面：

（1）餐饮门店的名称和标志；

（2）消费达到规定要求时的奖励措施；

（3）用于记录顾客消费信息的表格。

3. 注意事项

使用人气卡的注意事项是：

（1）在顾客第一次消费时向顾客派发此卡；

（2）本卡不得和其他优惠同时享受（持咖啡券消费）；

（3）必须在每位顾客都有消费的基础上才可以在此卡上登记人数；

（4）顾客在兑换食品的同时收回此卡并作废；

（5）第一次赠送此卡即开始登记人数；

（6）在消费此卡所赠送的食品时不登记人数；

（7）人气卡内的食品，餐饮门店可根据自己的实际情况和顾客的欢迎程度，自己拟订销售品或可抵用同等价位之销售品，增加客人选择之兴趣和意愿；

（8）在给顾客发人气卡时应该注意：一张台上的顾客同时发，而不是谁埋单发给谁，并且每个顾客的卡上所登记的人数应该相同。比如，一张四个人的台，一共需要发给四张卡，每张卡上所登记的消费人数都为四人。

五、节日促销

促销是要把握住各种机会甚至创造机会吸引客人消费，以增加销量。各种节日是难得的促销时机，餐饮门店一般每年都要作自己的促销计划，尤其是节日促销计划，使节日的促销活动生动活泼，有创意，取得较好的促销效果。

（一）常见的节日促销

1. 春节

这是中国的民族传统节日，也是在国内过年的观光客领略中国民族文化的节日。利用这个节日可推销中国传统的饺子宴、汤圆宴，特别推广年糕、饺子等。同时举办守岁、喝春酒、谢神、表演等活动，丰富春节的生活，用生肖象征动物拜年来宣传。

2. 元宵节

农历正月十五，可在店内店外组织客人看花灯、猜灯谜等，参加民族传统庆祝活动，可特别推销各式元宵。

3. 七夕——中国情人节

农历七月初七是中国的情人节，关于这个节日有一个流传久远的民间故事，外国人过惯了自己的情人节，如果我们将“七夕”宣传一下，印刷一些“七夕”故事和鹊桥相会的图片送给客人，再在餐厅搭座鹊桥，让男女顾客分别从两个门进入餐厅，在鹊桥上相会、摄影，再到餐饮门店享用特别晚餐，这将是别有一番情趣的。

4. 中秋节

月到中秋分外明。这天晚上，餐饮门店增加古筝、吹箫和民乐演奏，推出精美月饼自助餐，品尝鲜菱、藕饼等时令佳肴和亲人团聚套餐、家庭筵席。

另外，中国的传统节日还有很多，如清明节、端午节、重阳节等，只要精心设计，认真加以挖掘，就能搞出有创意的推销活动。

5. 圣诞节

12 月 25 日是西方第一大节日，人们着盛装，互赠礼品，尽情享受节日美餐。在餐饮门店里，一般都布置圣诞树和鹿，有圣诞老人赠送礼品。这个节日是餐饮门店进行推销的大好时机，一般都以圣诞自助餐、套餐的形式招徕客人，推出圣诞特选菜肴：火鸡、圣诞蛋糕、李子布丁、碎肉饼等，组织各种庆祝活动，唱圣诞歌，举办化装舞会、抽奖活动等。圣诞活动可持续几天，餐饮门店还可用外卖的形式推销圣诞餐，扩大销量。

6. 复活节

每年春分月圆后的第一个星期日为复活节。复活节期间，可绘制彩蛋出售或赠送，推销复活节巧克力糖、蛋糕，推出复活节套餐，举行木偶戏等表演和当地工艺品展销等活动。

7. 情人节

2 月 14 日，这是西方一个较浪漫的节日。餐饮门店可推出情人节套餐，推销“心”形高级巧克力，展销各式情人节糕饼，吧台特制情人鸡尾酒，一根双头心形吸管可增添许多乐趣。餐饮门店还可增加一个卖花女，出售鲜花也可获得一笔可观的收入。同时，举办情人节舞会或化装舞会，举行各种文艺活动，演出抒情音乐及舞蹈、梁山伯与祝英台、罗密欧与朱丽叶等节目。

西方的节日也还有很多，如感恩节、万圣节、开国节、啤酒节等，他们不但在外国客人中有市场，对国内客人同样也有一定的吸引力。

（二）节日促销实施要点

1. 制订促销方案

餐饮门店应根据市场分析，针对不同节假日的特点，事先做好营销策划工作，因为真正的成功往往只属于那些能准确地捕捉商机、有备而来的人。在制订出方案的基础上，按计划行动，调整餐饮门店结构和室内装饰，列出具体的促销活动计划，备足货源，准备人员等。

2. 设计一个亮丽的促销主题

由于各个餐饮门店各显神通，大举宣传，消费者往往湮淹没在各种促销的海洋里。促销活动想跳出来，给消费者耳目一新的感觉，就必须有个好的促销主题。一个好的促销主题可以对消费者起到第一步的吸引作用。

节日的促销主题设计有几个基本要求：一要与节日的特性紧密结合，反映出节日的特点；二要有冲击力，让消费者看到后记忆深刻；三要有吸引力或者使人产生兴趣，例如很多餐饮门店用悬念主题吸引消费者继续探究；四要简短、易记。

3. 恰当地选用促销手段

价格是最敏感的因素，为了吸引顾客，餐饮门店可以审慎地选用降价、优惠、打折、赠送等促销手段，把节假日的营业做得红红火火。除了常用的降价和赠品外，还可举办一些活动，如抽奖、游戏、猜谜、表演等。

4. 做好广告宣传

节日消费并不只是短暂的一两天，而是在一段时期内均具有销售潜力，因此一定要事先发动先期的广告宣传攻势，引导消费者节假日的消费，促成销售旺势的形成。

5. 营造良好的节日气氛

节假日促销一定要体现出节日的气氛，应对餐饮门店进行精心装扮，独具匠心地使用装饰品，如气球、灯笼、彩旗、霓红灯等，烘托出祥和、热闹的节假日气氛。例如，在圣诞节促销时，除了让店内满是圣诞饰品外，还让员工扮成圣诞老人分送小礼品，形成浓厚的圣诞气氛，和顾客一起欢度圣诞节。

（三）节日促销案例

1. 情人节促销活动

（1）地点：①年轻人聚集的地方；②有助于中年人重回浪漫岁月的地方。

（2）促销方式：①赠送小礼物，凡点情人套餐送包装精美的巧克力一块；②凡女士可获赠送红酒两杯；③情人套餐抽奖；④凡来店客人可以免费点一首情歌送给自己的情侣。

（3）店内装饰部分：①突出情人节氛围；②小提琴等乐器助兴。

（4）费用：海报两张：50元/张×2张共100元；巧克力100元；店内装饰160元。共计360元。

（5）活动评估：情人节营业额44732元，来客人数548人，分别是平日的2.5倍和1.6倍，在同行业中位居第一。套餐只卖出三份，事实上套餐并不受欢迎，本地人更喜欢自由点餐。

（6）改善对策：在下次活动中应作好更周密的人员安排、更充足的物料配备；全体人员应充分知晓活动内容并充分配合。

2. 圣诞节促销活动营销策划案

（1）圣诞节营销分析

①目标顾客集中于经济实力较强的年轻人

过圣诞节的人多为38岁以下的青年人，而他们中的45%都有相当的经济实力。用商家的话来说“圣诞节就是专门策划给有钱的年轻人的，中老年人对此不感兴趣”。学生和一些比较开放的、直接与脑力相关的行业从业人员是圣诞节的主要埋单者，其中突出的是外企白领阶层。

②圣诞节娱乐消费时间集中于平安夜

因为没有假期，所以庆祝活动都聚集在夜晚进行，忙碌了一天的学生、白领，这些活跃在时尚前沿的人群，都趁着这个机会好好放松一把。因为圣诞节也是“第二个情人节”，所以高校里的学子们最为热衷于此，尤其是那些热恋之中的情侣，都会选择在平安夜里聚众狂欢。

③圣诞节娱乐消费强调其特有的情调

喜欢圣诞节的年轻人他们的理由是“因为浪漫”“是一个快乐的借口”等，其实他们喜欢的是圣诞节特有的一种情调。消费者对西餐厅、吧台、餐饮门店和迪厅情有独钟，每年平安夜，几乎所有的餐饮门店都人满为患。70%的14~30岁的年轻人在平安夜选择走出家门，狂吃狂欢，其中90%的人会选择可容纳千人的大型迪斯科舞厅，去参加通宵达旦的化装舞会，发泄旺盛的精力。情侣则有88.3%去排场不大的西餐厅或餐饮门店享受一顿浪漫的晚餐。年轻人向往的是在节日的气氛中，感受到他们所向往的另外一种生活方式，另外一种文化氛围。

④圣诞节礼物不可或缺

在圣诞节互赠礼品，很有人情味，对人际关系也是一种很好的促进，因此圣诞节礼物被青年人认为是不可或缺的。

(2) 营销活动安排

①室内装饰

传统的红色、绿色是圣诞节的主色，属于美国圣诞节的色彩，也是一般家庭使用最频繁的布置色彩。餐饮门店内装饰以红色和绿色为主，给人以温暖亲切的感觉。穿红色衣服的圣诞老人，红色的缎带、铃铛及应景的圣诞红，搭配绿色的圣诞树，都会营造圣诞气氛。窗户和室内挂满小星星月亮样式的灯。让正在享受美食的客人，有一点期盼的心情，被这小小的灯光悄然点亮。

桌子上摆着心形的小小红洋烛，一条红色的丝带绑在上面。店的天花板上挂满彩带和装饰品，落地窗户上用喷雪喷上“Merry Christmas”的字样，还有圣诞老人和各种各样的礼物图样。靠窗边的地方摆放的圣诞鲜花引人注目。

挂满装饰物品和小灯的圣诞树上放上许愿卡片，来店里消费的每一位顾客都会得到一张许愿卡片。可以把新年的愿望和祝福写在上面。还要在墙壁、梁柱、大门装饰圣诞花环；为座椅增添充满欢庆表情的靠垫；采用印有圣诞花纹的餐布；全天候播放圣诞歌曲。铺天盖地的圣诞氛围怎能不让人暖在心头呢?

②促销活动

从11月23日12：00至12月23日12：00（海报和宣传卡）。

a. 消费满一定金额赠送餐饮门店的温情圣诞夜的明信片（可作为打折卡），然后拍上一张照片留念；

b. 10：00免费给全场的朋友送一块蛋糕或者一杯咖啡（餐饮门店特制的咖啡或者蛋糕）；

c. 11：00 Bear Play，可以让顾客亲自调制一杯咖啡送给心爱的人喝；

d. 平安夜 Lucky Show；

e. 在平安夜12：00的时候送一份小礼物（特制的卡片）；

f. 在圣诞夜12：00的时候把照片放到一起抽奖，分设一等奖1名，二等奖2名，三等奖3名。第一名可以得到一年的打折卡和印有名字的咖啡专用杯；二等奖可以获得印有名字的咖啡专用杯和200元咖啡券；三等奖可以获得印有名字的咖啡专用杯和100元咖啡券。

③准备物品

根据活动的需要，餐饮门店需要准备的物品包括：本店特色的圣诞卡片、圣诞礼物的包装、印有本店地址的明信片、圣诞抽奖卡、圣诞菜单、优惠打折卡、给司机的指路卡、许愿卡、圣诞海报。

六、活动促销

为了提高餐饮门店的知名度，聚集人气，餐饮门店可以与相关单位合作，举行一些自己的目标消费者非常感兴趣的活动，例如电影放映、新书发表、文化沙龙等活动。这些活动对提升餐饮门店的知名度以及吸引顾客都非常有效。同时，还能塑造出餐饮门店的经营特色。

1. 文化沙龙

根据餐饮门店目标消费者的喜好，策划出一个文化主题，然后邀请相关顾客，组织沙龙活动，大家围绕这个主题，谈天说地，交流心得体会和想法。餐饮门店可以固定每周或者每月举办一次类似活动，但是要不断地变化主题，以吸引更多人的兴趣。餐饮门店为沙龙免费提供茶水和场地，这样有利于提高顾客对餐饮门店的认知度和忠诚度。同时，餐饮门店的品位也能得以提升。

2. 电影放映

每周固定播放一次电影或者邀请影评人进行电影讲座等。选择的电影可以是近期热门的电影，也可以是经典老片或者是特定类型、特定演员电影的展播。无论选择哪一种类型的电影，关键是要符合目标消费者的审美情趣。此外，餐饮门店还可以在特殊的节日里，播放与节日氛围相符的电影，例如在情人节播放温馨浪漫的爱情片。

3. 征文活动

征文活动的主题很重要，最好要与咖啡相关，同时要有很强的大众参与性，这样才能获得较多人的认同。例如，星巴克在进入上海两周年之际，曾做了一次咖啡体验的征文活动，结果通过星巴克俱乐部，在很短的时间内就征得1000多篇文章。

4. 讲座

讲座活动以轻松的主题为主，并且受众要广，这样才能吸引更多的人参与。餐饮门店常举办的讲座有以下几种：

（1）理财讲座：与金融机构合作，为顾客进行理财讲座。

（2）咖啡知识讲座：餐饮门店的消费者都是爱咖啡之人，餐饮门店可举办各种关于咖啡的讲座，例如，各种咖啡的特色、典故，如何选购咖啡豆，如何制作、冲泡咖啡等。讲师可以由内部员工担当。

（3）旅游讲座：可邀请相关旅行社在餐饮门店进行讲座，定期讲座旅游最新知识、发表旅游线路，以吸引旅游者，从而增加人气。

讲座活动事先要作好宣传，可以在餐饮门店以及相关合作单位门口张贴海报。

5. 联谊活动

在年末，餐饮门店邀请自己的会员顾客或者老顾客举行联谊活动，以增

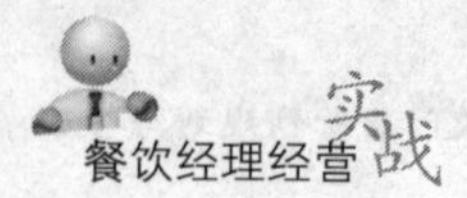

进餐饮门店与顾客的情感联系。餐饮门店应该策划一些有趣的节目，并为顾客免费提供酒水以及餐点。

此外，还可以在餐饮门店举办某某作家的新书发表会或者歌手的新专辑发表会等，这对提高餐饮门店的知名度大有益处。

总之，为提高餐饮门店的知名度，并提高顾客对餐饮门店的忠诚度，餐饮门店可以组织一系列的活动，但是，最重要的是，这些活动要符合餐饮门店的定位，是餐饮门店的目标客户所喜爱的活动。

6. 某餐饮门店年末顾客答谢会策划案

（1）目的

①建立长久关系，维持现有客源；

②造势以凸显我店以顾客为本原则，与同行竞争；

③推广自助餐会。

（2）开展方法

①由收银台统计 VIP 客人、老客人、大单客人以及股东供应商等，发送邀请函，邀请函由店长亲自签字；

②举办自助餐会，餐饮门店免费提供酒水、场所，并由专人负责拍照，作为纪念以及宣传之用；

③为顾客准备小礼品，包括台历以及经包装的马克杯；

④费用预算：1000 元餐费；100 元广宣；200 元礼品，共计 1300 元。

七、现场参观

现场参观是指组织小规模的团体到餐饮门店来参观，向参观者展示餐饮门店的全貌以及咖啡的制作过程，等等。现场参观对提升顾客对餐饮门店的认知以及信任有非常大的作用。这种促销方法的关键在于活动的组织，必须保证参观活动不影响餐饮门店的正常营业。

1. 目的

现场参观的目的是：

（1）在餐饮门店参观时，通过现场向顾客说明餐饮门店的卫生要求以及食品废弃等各种制度，让更多的人加深对餐饮门店经营理念的理解。

（2）加强餐饮门店和商品的宣传。通过向顾客展示西餐和咖啡等是怎样制造出来的，又是如何送到顾客手里的过程，使顾客对餐饮门店和咖啡商品产生好感。

（3）通过顾客的餐饮门店参观活动，提高员工对工作的自信心和自豪感。

2. 对象

参观的对象为：

由四五人组成的团体，如商圈内的幼儿园、小学、中学或在地方上具有影响力的团体等。参观时间原则上任何时间都可以，但以学校的寒、暑假时期为良机。另外也可以作为小、中学生的社会教育课程的一部分。

3. 宣传方法

现场参观的宣传方法是：

（1）在餐饮门店内外张贴海报；

（2）发放广告单；

（3）通过电话进行介绍；

（4）对来店用餐的顾客发出邀请。

4. 注意事项

现场参观的注意事项主要是：

（1）不使用专门术语，要进行简单易懂的说明；

（2）对不管是谁操作都会得到相同结果的咖啡商品的制作过程和机器构造的基础知识进行说明；

（3）根据餐饮门店的营业状况和顾客所允许的时间期限，调整参观的具体内容。

5. 参观流程

（1）开始

①将顾客的行李存放在规定地方；

②顾客全员戴上帽子，并在厨房里将手洗干净；

③向顾客传达参观的注意事项，比如要听从迎宾员的安排，不能随便触摸机器和食品之类，等等；

④事先与厨房作业的员工打好招呼，要求大家在参观的顾客进来时，即使再忙也要愉快地打招呼表示欢迎。

（2）餐饮门店后院

①对碳酸循环机进行说明；

②介绍巨型冷冻库和冷冻机，可以让顾客走进去自己体会一下；

③介绍制冰机。

（3）铁板区域

①将100%由牛肉构成的符合JAS标准的肉饼拿出来给大家看，解释为什么要冷冻保存以及不管是谁只要设定相同的时间就能够制造出一模一样产品的原理；

②解释芥末和番茄酱等调味汁的质量全国餐饮门店都相同，有时间的话可以让大家实际操作一下。

（4）服务区域（只限于营业清闲期）

①对机器进行说明，特别强调为了保持高度清洁必须每天清洗的事实；

②对咖啡机器进行说明。

（5）结束

表示感谢，并请大家在记录本处登记姓名、出生年月、联络地址、电话号码以及参观的感想等。

八、举办生日聚会

举办生日聚会是聚集人气以及提高餐饮门店营业清闲时期的销售额的一种有效手段。这种方法主要针对20岁以上的青年，举办时间以周末最佳。

1. 电话推销

餐饮门店可以通过在店内外张贴海报、发放传单以及电话推销的方式来邀请顾客在餐饮门店举行生日聚会。在使用电话进行推销时，注意以下要点：

(1) 通过电话劝诱顾客来餐饮门店举办生日自助餐时，最重要的是不要给顾客一种被纠缠不休的不快感。在对顾客发出劝诱之前，首先应该列举生日自助餐的种种好处，比如在说明餐饮门店可以提供丰富多彩的游戏和礼物，一定会令大家玩得尽兴的同时，再强调餐饮门店可以免费提供客席和用餐内容的经济实惠等情报，以此来提高顾客的兴趣。

(2) 因为无法像外场服务那样利用微笑来取得顾客的好感，所以特别注意要使用明快、亲切和易于理解的语气。

(3) 及时掌握餐饮门店收集的顾客情报，在顾客生日前的一个月左右打第一次电话，然后一星期后再打电话询问顾客的决定。

(4) 如果打第二次或第三次电话时争取到了顾客的预约，为了避免以后的再次打扰，应该立即对客人的名字、年龄、自助餐日期、参加人数以及用餐内容等具体情况进行确认，然后再将餐饮门店名字、担当人姓名、电话号码以及请顾客提前10分钟来店的要求进行交代。

(5) 自助餐举办的前一天，再通过电话进行最后的确认。

2. 预约接收

(1) 在接收预约时，要将自助餐日期、参加人数、过生日的客人姓名、年龄、联系地址、用餐内容、是否需要准备食品带回家等具体情况分别登记在各自的专用记录中；

(2) 尽量将生日自助餐安排在餐饮门店的营业清闲期；

(3) 所有商品均按定价出售；

(4) 从餐饮门店的商品中推荐礼物。

3. 自助餐前日

（1）与客人取得联络，对有关日期、人数以及用餐内容等进行再次确认；

（2）对自助餐使用的围裙、帽子、装饰品、纸盘、刀叉以及蜡烛、火柴等材料进行检查；

（3）因为在举办自助餐时有可能需要其他员工的帮助，所以必须事先向店长进行汇报。

4. 自助餐举办

（1）举办前的2~3个小时，从冷冻库取出蛋糕，放在室温中解冻，并标上过生日客人的姓名。

（2）举办前的30分钟时，向店长进行再度确认，目的在于督促厨房做好提供顾客用餐的准备。

（3）确保自助餐场所，在环境卫生检查完毕后用彩纸、气球等进行装饰，并写上过生日客人的姓名。

（4）欢迎和引导参加自助餐的顾客，人员到齐后，向店长进行汇报。

（5）致欢迎词，进行自我介绍。

（6）请参加自助餐的全体顾客戴上帽子。如果顾客事先没有决定用餐内容，这时迎宾员应该立即询问顾客的点菜要求。

（7）播放生日祝贺曲，点燃插在蛋糕上的蜡烛，赠送餐饮门店的生日卡和礼物。

（8）向参加自助餐的每位客人发放礼物。

（9）提供用餐食品。

（10）迎宾员在做好以上工作后暂时退席，目的在于接待外场的其他顾客。

（11）在自助餐的进行过程中，迎宾员应该时不时地过去将用完的食器撤下，并询问一下大家是否有追加点菜的要求。

（12）根据客人们的年龄、人数、时间等因素组织大家开展游戏活动。

（13）将账单交给客人，收取代币金。

（14）自助餐结束时，要感谢顾客并欢迎下次光临，在检查是否有遗忘物品后送客。

（15）如果时间充足的话，可以带领顾客参观一下餐饮门店。

(16) 将餐饮门店拥有的附近游戏场的打折券连同顾客准备带回家的食品交给顾客。

(17) 在举行生日自助餐时，为了渲染庆祝气氛，迎宾员和餐饮门店的其他员工都应该系上专用围裙。

九、游戏和竞赛

这类促销方法是由餐饮门店事先设计好游戏规则或竞赛规则，让消费者通过自身努力来赢得丰厚的奖励。人类天生具有喜欢游戏的心理倾向。在游戏中，人们得以放松身心、舒缓压力。许多人对构思新颖、趣味无穷的游戏更是乐此不疲，游戏活动满足了他们追求快乐、体验新奇的心理需求。在竞赛中，人们的竞争性和好胜心理得到了满足，并通过竞赛活动实现了展示才华、挑战自我的目的。

(一) 常见的促销形式

1. 游戏促销

游戏促销是基于人们喜爱游戏的天性而设计的。将简单枯燥的商业促销活动变得丰富多彩，妙趣横生，吸引消费者的关注，加深他们对餐饮门店的印象，并有利于特定目标消费群的促销。游戏促销比较适合于有一定知名度的店铺和产品。

激发人们的参与热情和兴趣，是游戏促销活动成功的关键。在表现形式上，促销游戏往往都不拘一格，具有很大的创作余地。比如，最早的“刮刮卡抽奖”就是一种促销游戏，其新颖、有趣的形式使普通的抽奖活动变得更具趣味性，激发了人们的参与热情。又如，具有趣味性的游戏如拼图、拼字、故事接龙等活动，还会吸引消费者重复持续地参加，从而激发消费者重复购买。

2. 有奖征集

餐饮门店常常邀请消费者帮助解决一些实际问题，并根据参与者回馈的信息给予不同程度的奖励，此即有奖征集，例如征集广告词、征集新产品名称等。有奖征集与有奖销售类促销的不同在于，参与者可不以购买产品为获奖的前提条件，并且也不是凭个人的运气，而是靠参与者的才能、学识和创意来获得奖励。

有奖征集的目的是树立餐饮门店良好的社会形象，扩大产品和品牌的知名度，培育潜在市场，而不仅仅限于追求短期销售额的增长。

3. 答卷奖励

答卷奖励是指参与者根据实际情况，或在学习了有关背景资料后完成规定的答卷，由主办单位对参与者给予奖励的促销方法。这种促销方法一般不以购买产品为获奖的前提条件，也不需要答题者特殊的学识和技能，通常人们只要看过背景资料，都能比较容易地回答出来。

答卷奖励促销方式集产品知识传播和市场调查为一体，其目的是通过宣传资料的散发和答卷的完成，普及餐饮门店以及餐饮门店产品的相关知识，提高餐饮门店的知名度，树立餐饮门店的社会形象，了解消费者对品牌和产品的认知情况，培育潜在的目标消费群。

餐饮门店可以围绕咖啡的品名、特性、性能、使用方法及相关常识等方面，设计出若干问题请消费者回答。

4. 竞技比赛

这种促销方式是以某种特殊技能为比赛主题，邀请消费者亲身参与，展示他们的才华和技能，最后由餐饮门店对比赛的优胜者进行奖励。竞技比赛能够有效地帮助餐饮门店推介新产品，提升餐饮门店的品牌形象。同时，举办这种形式的比赛活动，餐饮门店需要通过各种媒体进行广泛宣传，因此所造成的影响也比较大。

（二）游戏与竞赛的优点和局限

1. 游戏与竞赛的优点

游戏与竞赛的优点是：

（1）增加广告传播力

一个趣味横生的游戏主题，一个富有挑战性的提问，一个别致的竞技比赛，都能引起消费者的关注和好奇，鼓励人们去思索和参与。因此，以游戏或竞赛为主题的广告能够加深广大消费者对品牌的印象，帮助产品制造差异化，其广告也能从众多广告中脱颖而出。

（2）传达和提升品牌形象

餐饮门店通过具体的游戏或竞赛活动，创造了一个向消费者近距离传播品牌形象的机会，在愉快、激烈的活动中，更易于拉近品牌和消费者的距离，使消费者能够直观地认识和感受品牌。同时，餐饮门店为广大消费者举办了喜闻乐见的趣味游戏或竞赛，却大多不以购买产品为参与前提，更有利于扩大品牌的知名度，塑造品牌的亲和力，提升企业和品牌的社会形象。

（3）有利于对特定目标消费群进行广告宣传和产品促销

游戏与竞赛的活动主题，通常是针对产品的目标消费群，结合品牌或产品特性进行设计的，因此更能符合特定消费群心理层面的真正需求。

（4）强化现场的购买气氛

游戏与竞赛活动以其强烈的刺激性和趣味性满足了顾客的精神需求。通过活动的开展和顾客的热烈响应，烘托了购物现场的气氛，从而带动促销产品和其他产品销售量的增加。

2. 游戏与竞赛的局限

游戏与竞赛的局限是：

（1）参与率不高，较难引起普遍关注

一方面，游戏与竞赛活动通常限于针对那些具有一定能力和知识，对活动感兴趣并有时间参与的特定对象，这样就提高了参与的门槛；另一方面，如果活动规则过于简单无趣，人们会失去参与的兴趣，过于复杂，又很难引起人们的广泛关注。这些都是造成活动参与率不高的原因。

（2）广告宣传费用较高

在游戏或竞赛之前，餐饮门店需要投入一定的广告，以告知广大消费者并“教”会他们比赛规则，在活动的进行过程中，餐饮门店需要作一定的现场宣传，营造和渲染活动的热烈气氛，鼓励消费者踊跃参加，活动结束后，餐饮门店还需要进行宣传总结，为活动画上圆满的句号。要达到较好的活动效果，上述广告宣传都是不可少的，因此，餐饮门店花费一定的广告宣传费用来配合活动的实施。

（3）对活动方案设计和组织控制的要求较高

同有奖销售一样，多数消费者都是没有耐心仔细研究活动规则的，这就要求活动方案必须清晰、明确、可行，同时活动主题的创意还要求新颖独特，才能达到吸引消费者的目的，这对活动设计者创新思维的要求较高。由于活动还涉及众多消费者同时参与，每一个工作环节的疏忽都可能给公众带来一定的负面影响，因此对活动组织和控制的管理要求也非常高。

十、抽奖促销

抽奖促销就是利用人的侥幸和追求刺激“以小赢大”的心理，通过抽奖赢取现金或商品强化购买产品的欲望。抽奖活动不会受到参与对象的学历、能力、知识、素质等的限制，是一种完全凭借运气的活动，因此，抽奖活动的受众非常的广泛。同时，抽奖活动面对的消费者数目众多、范围广，在巨奖的诱惑下，会有众多的消费者参与其中，而参加抽奖活动一般都以在餐饮门店消费为前提，所以设计巧妙的抽奖促销能提升餐饮门店的营业额。此外，令人心动的“抽奖活动”会提升顾客对餐饮门店的关注甚至了解。因此，“抽奖活动”本身也是宣传餐饮门店的很好广告形式，有利于企业形象的传播与塑造。

（一）抽奖促销的常见形式

1. 回寄式抽奖

回寄式抽奖是指只要求顾客填写姓名、地址等资料，寄至指定地点，即可参加抽奖，有时举办者会要求消费者附寄产品的购买凭证作为参加条件。

回寄式抽奖的缺点是需要较长的促销周期，还需要顾客花时间和邮资邮寄，这已不太适应现代社会的快节奏和顾客日益喜欢便捷的心理，也不符合方便性的原则。更何况有些企业为吸引消费者参加活动，采用虚假手段，诱骗消费者，如许诺高档奖品等，所以对于这类的抽奖活动，顾客普遍抱有怀疑的心理，实施的效果较差。

但是回寄式抽奖可以获得宝贵的顾客资料，有利于以后开展促销工作；若奖品设置有足够的吸引力，许多顾客还是会尝试参加。

设计回寄式抽奖时要注意消费者资料的保密性，例如有些企业要求消费者将资料填写在信封的背面，这样餐饮门店操作起来是方便了，但会泄露消费者的资料，消费者的参与率肯定不高。此外，正是由于上面所提到的缺点，这种活动对消费者的吸引力较小，若想获得较好的成效，回寄式抽奖的奖品一定要具有较大的吸引力才行。

2. 即开即中式抽奖

即开即中式抽奖也叫立即兑奖式抽奖，顾客在抽奖后就能知道自己中奖与否，中奖者当时就能拿到奖品，符合顾客的心理。即开即中抽奖符合消费者的心理，即时可以获知结果，简单方便，对顾客吸引力大，刺激性强，是普遍使用的抽奖方式之一。但是这种方式最大的缺陷是，每运用一次即时开奖的促销方式，消费者的回应率将会逐渐下降。要使即时开奖继续下去，就得不断推出新的形式，同时又不改变其本质。

3. 多重连环抽奖

多重连环抽奖也称之为多重机会大抽奖，即参与者有多次参加抽奖的机会，如果第一次抽奖不中，将自然循环到后面的中奖环节中去。多重连环抽奖的持续时间会更长，一般抽奖分为多期，将未中奖的抽奖券滚入下一期抽奖。这样设计的目的是为了提高消费者中奖概率和消费积极性，吸引更多的人参与。

顾客对一般抽奖促销缺乏兴趣的主要原因在于，他们并不认为自己能有这么好的运气，能中大奖，而小奖又不足以吸引其参与。而连环抽奖则是依靠提高中奖概率来吸引消费者的广泛参与，并在一定程度上可以提高消费者的购买频率。

（二）抽奖促销实施要点

1. 成本费用预算

在策划抽奖促销活动时，必须在预算编制中考虑如下几个项目的费用投资：

（1）所有奖品的费用

需要注意的一点是，目前国家规定最高奖金不得超过人民币5000元。

（2）媒体花费

抽奖活动需要充分调动起消费者“以小赢大”的博彩心理，才能获得积极的反响，因此更需要媒体的支持，在这方面的花费是不能省的。有没有广告宣传、广告宣传的多寡是直接影响参与数量的重要因素。

一般来说，除了在活动开始前期需推出广告以作广泛告知外，在活动的进展过程中，还需每隔一周或十天时间再作一次广告宣传。

（3）辅助费用

包括活动处理费用、公证费、人员费用等支出。特别是对于回收的抽奖表格的检查（是否符合参加要求、手续是否齐备）、将参加人员汇编入消费者资料库、活动的跟踪、统计分析等，工作量大且烦琐，都需事先详尽规划好相应工作人员。

2. 活动规则设计

“抽奖活动”规则必须清晰易懂，切勿为了增加“抽奖”的趣味性而使活动的说明过分复杂，切记：消费者是没有耐心来研究应该怎样参加这个活动的。另外，应尽量简化抽奖活动的规则和要求，最好简单到消费者只要进店消费就可以参加活动。这样不但便于顾客参加，还可以节省活动的执行费用和降低顾客的参与成本。

一般来说，设计活动需包括下列几个事项：

（1）活动的开始和截止日期：应明确告知活动的开始与截止时间，若是回寄式“抽奖”，应说明截止日期以邮戳为准。一般来说，此类促销活动的期限以2个月为宜，如此方能有充足的时间来推动促销活动，并争取更多的消费者把握机会踊跃参加。

（2）活动的范围：抽奖活动的地域市场。

（3）抽奖的方法，抽奖的具体时间和地点，公布中奖者名单、号码的办法或通知中奖者的办法。

（4）抽奖资格：举办者通常会提出某种参加“抽奖”的条件，最基本的有购买数量要求、购买品种要求，需提供的参加凭证及个人资料、可参加抽奖的次数等。

（5）禁止参加抽奖人员：餐饮门店相关人员及直系亲属不准参加抽奖，以示公允等。

（6）其他参与条件：如规定在用户信息表上需详细填写个人资料、联系方式，连同对产品意见的简短反馈才可参与等。

（7）参加抽奖活动的具体手续和活动的方式：例如，如何取得抽奖券，把填好的抽奖券和购物凭证寄往何处，收件的截止日期等（通常以邮件上邮戳的日期为准）。

（8）奖励方法：包括具体的奖项与奖品数量、开奖次数、开奖时间、中奖公布方法及时间、兑奖方法等。

（9）参加次数：要明示顾客可参加的次数，如仅限每人一次、不限次数、循环参加等。

（10）标出评选机构，以确认最后决定的职权。

（11）由哪一家公证机关对抽奖活动进行监督公证。

（12）中奖者（一般是大奖得主）是否自理缴纳个人所得税。

（13）领奖时必须携带的证明材料及领奖时间和地点。

（14）发布告知中奖名单，通常以其所附的回邮信封通知。

（15）说明奖品的兑领赠送方式以及公布兑奖地点。

（16）奖励公证：说明活动会请公证处公证以示公允，举办者的相关人员不属本活动参加范围、所有参与者的资料将归举办者所有、举办者保留活动解释权等，这些说明会避免尴尬和被动的情况发生。

3. 奖品设置

抽奖促销是靠中奖去吸引顾客购买商品，因此，奖品的设置是抽奖促销活动的关键所在。

（1）选择的奖品应能体现餐饮门店的品牌形象、迎合时尚、别具一格、吸引力强。奖品最好可用同等价值的餐券替代。最重要的是奖品的设置要考虑到目标消费群体的需求。

（2）一定要有二三个大奖，而且大奖要非常具有吸引力。经调查显示，在奖品组合中，顾客最感兴趣的是头奖，价值不高的奖品再多，也比不上一个超级大奖吸引顾客，所以关键性的大奖设置非常重要。另外，国家规定最高奖金不得超过人民币5000元，在一定程度上限制了大奖的范围，所以更要在奖品的形式上突出创意，突破有形物质的限制，赋予奖品更深的内涵。

（3）中奖率必须高，小奖要多。奖品的设置一般都采用金字塔形结构，位于顶端的大奖数目少但极具价值，位于低端则是数目众多的、价值较小的

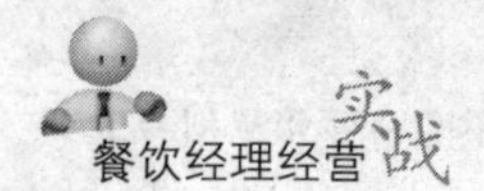

小奖。在设置几个超级大奖的同时，设置大量的中、低价位的小奖，甚至是100%中奖，扩大中奖者的范围。这样既可以刺激大众摘取大奖的野心，又可以使较多的人在得不到大奖时还有希望得到二等奖、三等奖等，减轻人们的挫败感，吸引更多的人参加抽奖，促销更多商品。

（4）奖品的形式最好选为餐饮门店的代金券、商品或旅游等服务而非现金，这样更有利于减少企业的促销成本。因为有的奖品是以折扣价或批发价买进的；有的奖品是奖品的生产餐饮门店无偿提供的，或以很低的价格卖给抽奖举办单位的，目的是借联合的抽奖活动和更强势的合作品牌提高奖品的知名度，作变相的广告宣传。

4. 及时公布中奖者的名单

通常要在预先确定的大众媒体（一般是报纸）公布中奖者名单（包括身份证号码），并及时地逐一电话或者信函通知中奖者本人，同时在餐饮门店现场，要将中奖者名单和所获得的奖品制作成展板进行展示，这是很有效的证言广告，可提高抽奖的可信度，若是多期开奖，可以直接刺激顾客购买和参与。

5. 抽奖趣味化

抽奖活动可以结合一些让顾客积极参与的游戏活动，并给游戏优胜者一定的奖励。这样既可以笼络人心，又达到了宣传造势、扩大影响的目的。如以幸运转盘、投飞镖、抓乒乓球等形式开展游戏抽奖促销，可以大大提高顾客的参与积极性。

（三）案例：五重联欢大抽奖

凡在店内消费的顾客，均可参加每星期天晚上18：00~20：00举行的红包抽奖活动。

1. 活动内容

（1）凡当日在店内消费满100元的顾客，均可获赠抽奖邀请卡一张。在发给顾客邀请卡的同时，请顾客留下自己的联系方式，以便于在抽奖的前一天通知顾客。

（2）活动当天，当顾客出示抽奖卡后，由外场干部将抽奖箱拿到顾客台上请顾客抽奖，并在顾客的抽奖卡上打钩证明今天已经抽过奖。

（3）顾客抽到红包后打开，根据红包中所写的奖品得到适当的奖励。

（4）如果在当次的奖项没有产生，可累计叠加在下周的抽奖活动中一并产生，比如，一等奖咖啡券1000元，如果在本星期的抽奖中没有产生，那么在下次抽奖中一等奖就是咖啡券2000元。

（5）每周日抽奖的奖项及产生的名额如下：

一等奖：一名　咖啡券1000元；

二等奖：二名　黑椒牛扒一份；

三等奖：三名　比利时咖啡一份；

四等奖：四名　马克杯一个；

五等奖：五名　咖啡券50元。

2. 注意事项

（1）第五次抽奖的奖品内容必须全部产生，否则会给顾客受骗的感觉；

（2）一张抽奖卡在活动当天只限抽一次奖，抽奖活动共计5天，共可抽5次奖；

（3）抽奖活动共计5天，分别是9月3日（周五）、9月10日（周五）、9月17日（周五）、9月24日（周五）和10月1日（国庆节）。

3. 促销思路

（1）利用抽奖为手段，聚集活动当天的人气，从而提高营业额；

（2）利用抽奖卡，对顾客进行有意识的宣传和聚集；

（3）消费100元获得一次抽奖机会，可以增加低消费顾客的消费金额。

4. 宣传策略

（1）悬挂横幅一条（根据实地尺寸来制作）；

（2）制作门口海报一张；

（3）制作小餐牌列出特价餐饮门店的具体项目与价格；

（4）外场人员口头传达促销信息。

5. 费用预算

100元（横幅）+50元（小餐牌）+70元（一个POP海报）=220元。

附录1：合作协议书1

甲方：北京××店

乙方：北京××旅行社

甲乙双方经协商，本着互相信任、互相合作、共同发展的目标和原则，决定签订独家代理协议书，具体事宜如下：

一、甲方为乙方的独家代理咖啡厅，乙方把甲方列为其旅游行程的消费场所之一，除甲方同意的其他加盟店或连锁店，甲方为乙方唯一指定的咖啡厅，并提前半天以上用传真形式向甲方确认旅游团队的原出发地、人数、性别、年龄等一系列情况。甲方得到传真信息之后，具体安排原料、场地、时间等事项。

二、乙方为甲方的独家代理旅行社，其他旅行社若想参与活动，必须经总代理即乙方的同意并与乙方签订加盟合同。若事情紧急，由甲方先行决定，事后甲、乙双方协商解决。乙方负责宣传甲方的产品及服务，力争做到完善而具体。

三、甲方有权以各种形式向进店消费者宣传及引导消费乙方所经营的产品和服务，同时乙方也有权向其所带团队、合作机构及宣传场所推广甲方的产品和服务，以求双方共同发展。

四、返现条款（一）：

甲乙双方协定吧台返款率为17%，厨房返款率为15%，啤酒、红酒、纯啤酒返款率为10%，香烟为5%（吧台、厨房产品另附产品清单）。

五、返现条款（二）：

起始点以万元为单位，参照上一条，每超出5000元，超出部分增加1个点返款率；最高不超过25%。

六、结账方式：现金结账。

七、返款方式：事后以现金方式。

八、双方未尽事宜另行协商，并与本协议具有同等效力。

甲方：北京××店　　乙方：北京××旅行社

签约人：　　签约人：

电话：　　电话：

地址：　　地址：

年　月　日　　年　月　日

附录2：合作协议书2

第一章：合作当事人

第一条：甲乙双方本着友好合作，共同发展的意向，为确保双方的权利义务，特签订此草拟协议；

第二条：甲方：××俱乐部　　乙方：北京××店

代表人：　　代表人：

住址：北京市××街××号　　住址：北京市××街××号

第二章：相关约定

第一条：为确保甲乙双方合作顺利开展，甲方将乙方作为会员的固定会所拟定开展固定的会员日，并将乙方作为唯一固定场所，每月举办大量活动；

第二条：甲乙方各自独立运作，双方各自范围内的事宜与另一方无法律连带关系；

第三条：甲方带来会员消费，乙方全力承接，乙方承诺给予甲方以折扣优惠和临时免费租用二楼包间作为甲方的临时办公室；

第四条：本协议系由××店与甲方签订与乙方所属咖啡总部无干系。

第三章：双方权利和义务

1. 折扣优惠

a. 甲方购买乙方饮品金卡，可享受5折优惠。

b. 甲方精英会员持卡在乙方店内可享受8.5折优惠；烟、酒、扑克除外。甲方VIP会员持卡在乙方店内可享受7.5折优惠；烟，酒，扑克可享受9折优惠。

c. 甲方如有集体活动，档次及费用双方需另行商定。

2. 广告宣传

a. 甲方可以在乙方收银台处悬挂标志牌；

b. 甲方可以在乙方门口口头宣传；

c. 乙方的服务员需为甲方口头宣传；

d. 乙方可在画报月刊上为甲方宣传；

e. 乙方可以在餐饮门店的网站上为甲方宣传；

f. 甲方需充分运用网络平台宣传乙方餐饮门店；

g. 甲方以乙方作为会员活动的固定会所，共同完成大量活动；

h. 甲方设定乙方为与各大媒体合作的宣传活动指定场所。

3. 办公室

a. 乙方提供二楼包间为甲方的办公地点；

b. 甲方放置电脑两台；

c. 甲方放置固定电话一部；

d. 工作人员消费已列详单，其相关产生的电费需双方另行商定。

第四章：其他相关事宜

第一条：甲乙方双方须共同维护协议；

第二条：其他未尽事宜另行协商；

第三条：本协议甲乙双方代理人签字方生效，并由甲乙各执一份，具有同等效力；

第四条：本合约未尽事宜，另立补充协议，与本协议具有同等效力。

甲方：××俱乐部	乙方：北京××店
代理人：	代理人：
住址：	住址：
签订日期：	签订日期：

第三节　广告媒体营销

一、内部宣传品

在店内推销中，使用各种宣传品、印刷品和小礼品等店内广告进行推销是必不可少的。常见的内部宣传品有：

1. 定期活动节目单

餐饮门店将本周、本月的各种餐饮门店活动、文娱活动印刷后放在餐饮门店门口、电梯口或接待台发送，传递信息。上述节目单要注意：

（1）印刷质量要与饭店的等级相一致，不能太差；

（2）一旦确定了活动，不能更改和变动。在节目单上一定要写清时间、地点、餐饮门店的电话号码，印上餐饮门店的标记，以强化推销效果。

2. 餐饮门店门口的告示牌

制作用以宣传咖啡特选、特别套餐、节日菜单和增加新的服务项目等内容的招贴。其制作同样要和餐饮门店的形象一致，经专业人员之手。另外，文词要考虑客人的感受。例如“本店转播世界杯足球赛实况”的告示，远没有“欢迎观赏大银幕世界杯足球赛实况转播，餐饮门店不加价”的推销效果佳。

3. 菜单的推销

固定菜单的推销作用是毋庸置疑的，很难想象没有菜单客人将如何点菜。除固定菜单外，还有其他类的推销菜单，如：

（1）特选菜单：特别推销一些时令菜，每周特选和新创品种等，可以丰富固定菜单，也使常客有新的感觉；

（2）情侣菜单：供应双份套餐，菜名较浪漫，菜肴也比较符合年轻人的口味；

（3）中年人菜单：根据中年人体力消耗的特点，提供满足他们需求的热量的食品，吸引讲究美容的这部分客人。这种菜单往往被客人带走的较多，应印上餐饮门店的地址、订座电话号码等，以便推销。另外房内用餐菜单和自助餐菜单等都具有同样的推销作用。

4. 帐篷式台卡

用于推销某种鸡尾酒、酒类、甜品等，印刷比较精美，也应印上店徽、地址、电话号码等资料。

5. 打火机

餐饮门店每张桌上都可放上印有餐厅名称、地址、标记、电话等信息的打火机，送给客人带出去做宣传。打火机可定制成各种规格、形状、档次，以供不同的餐厅使用。

6. 小礼品推销

餐饮门店常常在一些特别的节日和活动时间，甚至在日常经营中送一些小礼品给用餐的客人，这些小礼品要精心设计，根据不同的对象分别赠送，其效果会更为理想。常见的小礼品有：生肖卡、特制的口布、印有餐饮门店广告和菜单的折扇、小盒茶叶、卡片、巧克力、鲜花、口布套环、精致的筷子等。值得注意的是，小礼品要和餐厅的形象、价位相统一，要能取得好的、积极的推销、宣传效果。

二、店外广告

广告是餐饮门店宣传推广较常见的方法之一。它通过报纸杂志、广播电视等宣传媒介，把有关的餐饮门店经营和服务信息有计划地传递给顾客，直接或间接地促进餐饮门店产品的销售。

餐饮门店店外广告的目的主要有四种：

一是建立餐饮门店知名度，告知消费者餐饮门店的性质及所提供的产品与提供何种特色的服务。这种目的主要适用于餐饮门店建立初期。

二是强化餐饮门店形象，增加消费者由认知、肯定到指名消费。

三是针对单项产品或者咖啡加强广告宣传活动。

四是针对特定促销活动的宣传，例如店庆、圣诞节、情人节等重大的节日促销活动。

1. 进行店外广告的要点

（1）选择媒体

在选择媒体时，主要要考虑以下几个方面：

①媒体的受众：媒体的主要受众与餐饮门店的目标客户越一致越好，这是选择媒体时首要考虑的问题。

②媒体的覆盖范围：媒体的覆盖范围应该与餐饮门店所辐射到的目标客户的区域范围一致。例如，北京的餐饮门店只需要在北京本地的媒体上做广告，在全国范围内的媒体上做广告就是一种浪费。

③媒体的受众面以及费用：这也是选择一家媒体的重要参考因素，应该选择两者之间比例最高的。

总之，在选择媒体时，需要考虑到很多因素，餐饮门店在决策前，应该做好媒体调查，综合分析，选出最适合的媒体。

（2）创作广告

设计能打动、吸引人的广告词和广告提纲，突出餐饮门店的风格和特点。另外，要注意不要夸大广告的内容，同时，不能在广告中中伤同行业的竞争者。

（3）安排广告的推出时间

广告的播出时间要考虑总体营销战略，要与各营销工作以及店内各种宣传材料全面协调配合。

（4）核定广告的效果

广告发布后并非广告过程的终点，还需制定有关的控制、评价标准，随时了解协调广告活动的进行，检验广告活动的好坏，并及时进行反馈，以调整广告整体的策划。跟踪与反馈是新的循环的起点。

2. 店外广告的种类

各种广告媒介都有自己的特点，决策人员要根据自己制作广告的目的，选择适合自己需要的广告媒介。

（1）报纸广告

在报纸上做餐饮门店广告目前已很普遍，报纸的时效性强、迅速，便于剪下保存，费用也较电视广告等便宜。适于做节日促销广告，也适于登载优惠券、折价券，让客人剪下凭券给予优惠。要注意登载的频率、版面、广告词和大小、色彩等。

(2) 杂志广告

杂志广告的最大特点是针对性强，不同的人阅读不同的杂志，这便于店长根据就餐者对象选择其常读的杂志做广告，杂志的吸引力也较强，纸张、印刷质量高，对消费者心理影响显著。

(3) 电台广告

电台广告也是一种较好的餐饮门店广告形式。电台常常用主持人与来访者对答形式做广告，比较亲切，而且制作相对简单。不同节目拥有不同的听众，餐饮门店的主要消费人群为年轻的白领以及学生等，较为适合在音乐、娱乐类电台节目中播放。不同的时间其广告吸引的对象也不同，一般而言，白天上班时间只能吸引老年人和家庭主妇。

(4) 电视广告

电视广告的宣传范围广，表现手段丰富多彩，是唯一能同时使用文字、图画、声音、色彩和动作的广告，吸引力很强。但电视广告的费用高，属瞬时广告无法持久保存，电视广告适合做宣传餐饮门店形象的广告、特别活动的广告等。

(5) 直邮（DM）广告

直邮广告即通过将餐饮门店商业性的信件、宣传小册子、餐饮门店新闻稿件、明信片等直接邮寄给消费者的广告形式。它比较适合一些特殊餐饮门店活动、新咖啡及餐点的推出、新餐饮门店的开张，以及吸引本地的一些大公司、企事业单位以及老客户等活动。它具有针对性强、能使读者感到亲切、竞争少、灵活和便于衡量绩效等优点，但它手续繁杂、费用高，收信人的姓名、地址也不易收集。

(6) 户外广告

通过户外的道路指示牌、建筑物、交通工具、灯箱等所做的餐饮门店广告。如在商业中心区、主要交通路线两旁、车站、码头、机场、广场等行人聚集较多的地带所做的各种霓虹灯牌、灯箱广告、屋顶标牌、墙体广告、布告栏等；高速公路等道路两旁的广告标牌；汽车、火车等交通工具内外车身上的广告；设置在餐饮门店设施现场的广告等；甚至包括广告衫、打火机等都可以成为广告的载体。其特点是：费用低、广告持续时间长。这种方式很适合餐饮门店做形象广告，只是应注意其广告的侧重点应突出餐饮门店产品的特色、广告载体的地理位置以及形象，应给人以新奇独特的感觉。

(7) 其他印刷品、出版物上的广告

如可在电话号码本、旅游指南、市区地图、旅游景点门票等处所登载餐饮门店广告。

3. 案例集锦

案例1：杂志广宣策划案

某餐饮门店开业后还未进行大规模宣传，为了扩大餐饮门店的知名度，该餐饮门店决定在《魅力》上刊登广告，进行宣传。《魅力》杂志的发行量为7万份，发行量较大，而且定位于中高端，与餐饮门店的目标消费者一致。广告内容整版，一半为咖啡的介绍，另一半为餐饮门店的广宣，内容包括餐饮门店介绍、目前促销活动、店面图片以及可剪切的代金券。此次广告费用以抵值券的方式支付，包括金卡5000元，饮券1000元，咖啡券500元，折合成本为2000元。

案例2：DM广宣策划案

某餐饮门店为了扩大宣传范围，决定采用DM大范围的针对性发放。DM由专业的广告公司制作，在DM印制餐饮门店近期的促销活动，包括消费满60元全额返券等，并设置可撕代金券20元，当顾客消费满60元，20元代金券可抵。DM由员工在闲暇时间发放，为了提高发放效果，餐饮门店采取了对发放人员的奖励措施：员工在DM上签名，回收后，按1/4的比例奖励抵值券。计划印制1万份DM，含设计费和印刷费，费用预计为2200元。

案例3：直邮自助餐推广案

某餐饮门店根据店内空间，可以细分为包间区、散房区以及自助餐区。该餐饮门店的营业效果一直不太理想，为了提高餐饮门店的营业额，餐饮门店加大自助餐的推广力度。方法是：向餐饮门店周围的大型企业邮寄直邮广告，以期大型企业可以在餐饮门店举办自助餐聚会。广告的内容包括餐饮门店情况介绍、自助餐介绍、贵宾卡、50元礼券。初期扩展目标定位10家大型企业，费用共计550元，包括500元礼券和50元邮寄费。

案例4：周边小区客源开发案

某餐饮门店周边有很多小区，为了开发小区内的客源，该餐饮门店首先调查了周边小区的房屋售价和入住情况，锁定待开发的目标客户群，利用 DM 直投广告以及邮寄的方式进行针对性地宣传。广告中包含餐饮门店的介绍、相关图片以及免费的咖啡券。通过此种方法，该餐饮门店有效地进行了新客源的开发。

案例 5：的士车宣传案

某餐饮门店刚开业不久，在当地市场缺乏知名度，为此，该餐饮门店策划了的士宣传推广案。该餐饮门店联系当地的出租车客服中心，经协商，提出了以下两种宣传方案：

①通过协商在北京市内的出租车上打上有该餐饮门店名称和标志的温情广告语；

②也可以制作相关的小装饰品在车内悬挂。小装饰品如：有该餐饮门店名称和标志的平安符或小公仔等。

另外，还可以和一部分出租车司机（机场、港口、火车站的出租）联系，根据载客到本店消费的次数或人数给予司机一定的回馈（现金提成或免费餐饮等）。

通过此策划案，可以提升该店的品牌知名度。同时，利用司机为该店带来新的客源，从而增加该店的营业收入。

案例 6：短信宣传案

随着中国手机使用数量的上升，短信已经成为人们日常沟通交流的重要工具，短信宣传也是一种新兴的宣传方式。餐饮门店可以通过电信局查到当地市民的手机号码，以短信群发的方法引起顾客的注意。短信内容可以是告知餐饮门店已经进驻本地，欢迎消费者前来消费，也可以是店内一些比较有噱头的活动，比如，“喝咖啡，赢万元大奖”或“五重连环大抽奖，人人有奖等你拿”等活动。但是需要注意的是，这种方法一般适用于知名品牌的餐饮门店，因为，我国短信欺诈较为严重，消费者对短信广告的认知程度较低，只有知名品牌餐饮门店的广告才有可能让消费者相信广告的信息。

三、公关宣传

公关宣传，是指借助于各种媒介如报纸、电视台、电台等，提供信息，以引起公众对某件事的关注。与广告相比，公关宣传往往是以免费的新闻的形式出现的，因此比广告更能获得顾客的信任，更有利于餐饮门店形象的塑造。

1. 把握宣传的时机

店长应善于把握时机，捕捉一些具有新闻价值的活动，向媒体提供信息资料，以下时机是较好的公关宣传的时机：

（1）员工或本餐饮门店完成某一业绩；

（2）本员工参与的活动；

（3）周年纪念日；

（4）重点岗位人员的任命；

（5）本餐饮门店或员工荣获某一奖项；

（6）名人来访（征得其同意）；

（7）社区荣获奖项；

（8）本餐饮门店或员工向慈善事业或向当地社区捐助；

（9）各类展览活动；

（10）有文娱演出在本餐饮门店设施内举办；

（11）特殊兴趣活动——具有幽默感或创造性新意的；

（12）各种盛大的开幕活动；

（13）利益团体会见你或与你共同进餐；

（14）重要客人光顾（征得其同意）；

（15）有关本行业的盛事活动；

（16）公益活动或集会；

（17）受到表彰、奖励（证书、奖状）等；

（18）各种特别事件或活动。

2. 专人负责

有专人负责新闻稿的撰写、新闻照片的拍摄，加强与新闻界的沟通和联系，在与媒体打交道时，注意以下几点：

（1）明确餐饮门店的目标以及媒体的工作目标，并了解新闻出版界的立场；

（2）有针对性地做好准备工作；

（3）把握人之常情，与新闻媒体搞好关系。

此外，餐饮门店还可以寻找机会，与报纸、电台、电视台等联合举办有关咖啡、饮食的专辑和节目，既能提高餐饮门店的声誉，又能近水楼台，为自己的经营特色、各种销售活动进行宣传。

案例：××报是大连地区受众最广的三大报纸之一，定位中高端，与餐饮门店的目标消费者较为一致。经公关，该餐饮门店获得了该报某专版介绍宣传的机会。该报社的记者对餐饮门店进行了采访，并以采访、介绍的形式介绍了该餐饮门店。该报社未收取餐饮门店任何费用。为表示感谢，餐饮门店邀请编辑、记者吃饭，并赠送餐饮门店的金卡。此次公关活动餐饮门店共花费450元，费用较低，但是却取得了较好的宣传效果。此后，店长继续保持与编辑的良好个人关系，为再次报道打好基础。

四、广告制作要点

成功的广告必须能提供清新的信息和独特的视觉效果。此外，它还需有醒目的标题和令人难忘的精辟用语。下面各点将有助于制作成功的广告：

1. 使用简单的广告词

如果你要顾客记的信息太多，他们可能干脆不记。解决这个问题的一个办法是收集顾客知道的有关该餐饮门店的信息，并从这些信息中选择一个令人难忘的精辟用语，选择一个能吸引大部分顾客的用语。

2. 强调好处和利益

为了使广告收到好的效果，广告必须要告诉顾客该广告能给他们带来什么利益。其要点是将该餐饮门店最好的特点以一种能给顾客带来某种利益的口吻告知他们。顾客应是广告的积极参与者。将“友好和风趣的环境”改为“和你的朋友以家人一起享受我们的友好、风趣的氛围”。

3. 优于竞争对手，超过竞争对手

一个好的广告必须要表明该餐饮门店比竞争对手好在哪里。寻找竞争对手的广告，从中发现竞争对手没有而自己拥有的优势。如何发现自己餐饮门店拥有的优势呢？我们可询问自己的常客：为什么他们对自己的餐饮门店情有独钟？凡是对顾客有吸引力的东西都是广告要展示的重点。

4. 使用的语言和图片要相一致

读者首先看到图，继而看到标题，然后看到标志性的语言。广告画要与广告所要表达的思想相匹配。如果广告想表现的是餐饮门店拥有最好的服务，那么就可用一幅该餐饮门店服务员和顾客交谈的照片来说明，强调这一点。颜色也能使广告更有吸引力。研究显示受众看彩色广告的频率是看黑白广告的10倍。

5. 注意事项

广告所用的字体应符合广告的整体思想。如果广告强调的是该餐饮门店的食品价格便宜，那么其字体应给人以朴素的感觉。相反，食品价格昂贵的餐饮门店应用精美华丽的字体书写标题。然而，由于精美华丽的字体不便于顾客阅读，不要用这种字体书写广告内容。字体的大小也很重要。某个字应特别醒目。如果所有的字大小都一样的话，读者容易被搞糊涂。广告最重要的目的是将利益和好处告诉受众。最后，为了引导顾客作出购买决定，我们要注意使用有画龙点睛效果的重要广告用语。

附录：××杂志广告发布业务合同

广告客户或代理单位名称（以下简称甲方）：北京××店

广告发布单位名称（以下简称乙方）：北京××广告有限公司

甲、乙双方根据《中华人民共和国广告法》及有关规定，签订本合同，并共同遵守。

一、甲方委托乙方于××杂志总××期发布北京××店××广告。

二、单位广告规格为：1/2 版　高 256mm　宽 98mm，共发布______期。

三、甲方负责办理广告审批手续，乙方对广告内容具有终审权，对不符合法律法规的广告内容和表现形式，乙方有权要求甲方作出修改，甲方作出修改前，乙方有权拒绝发布。

四、广告样稿为合同附件，与本合同一并保存。甲方应在收到乙方打印样稿两日内，对乙方提供的广告样稿进行签字确认，如甲方延迟确认样稿，乙方有权按本媒体的发布周期顺延该广告的发布。

五、广告单价人民币__1万__元/P，优惠后价格人民币__6500__元/P，

实际广告费用总计：小写__6500 元__，大写__陆仟伍佰元整__。

六、付款方式：__订版后一次付清__，抵值方式______。

七、其他：未尽事宜，另立补充协议并与本协议具有同等法律效力。

八、违约责任：合同纠纷解决方式：__经济合同仲裁或法院起诉__。

九、__香烟不在抵值范围之内__。

本合同一式两份，甲乙双方各执一份。

甲方：北京××店	乙方：北京××广告有限公司
地址：	地址：
法定代表人：	法定代表人：
委托代理人：	委托代理人：
联系电话：	联系电话：
签订日期：	签订日期：

第五章 各方关系协调与管理

良好的人际关系处理能力是店长应该具备的技能之一，餐饮行业是个与人打交道的行业，接触的人多，关系复杂，要想很好地管理一家餐饮门店，店长必须处理好方方面面的人际关系，在日常工作中要照顾各方关系，恰当处理不同的关系。否则，工作开展起来就会很困难，就谈不上管理好一家店了。

第一节　顾客关系管理

一、建立顾客档案

顾客是“衣食父母”，可以说是整个餐饮门店经营的基础。没有顾客就没有销售，就没有赢利，那么企业也就失去了存在的意义。因此，店长对顾客有效把握及扩大是餐饮门店成长与发展的基本重点。

为了掌握顾客活动管理重要资料，与顾客建立长久关系，餐饮门店应建立顾客档案。顾客档案是餐饮门店宝贵的财富，它是餐饮门店掌握客人需求，为客人提供针对性服务的主要依据。餐饮门店诸多的营销活动都必须以顾客档案的信息为中心来进行设计与开展，若无完善的顾客档案，各店经营活动就无法走特色之路。因此店务管理工作中最基础的任务就是建立完善的信息统计系统，积累丰富的客户信息，加强服务出品和营销工作的针对性。

1. 顾客档案的内容

顾客档案通常包括以下内容：

（1）顾客基本信息：包括顾客的性别、年龄、学历、收入水平、所在区域、家庭状况、消费频率、消费金额、消费爱好等，据此提供给顾客满意的产品和服务；

（2）顾客的个性偏好：顾客的个性偏好即顾客的消费方式、性格脾气、兴趣爱好、特殊要求、爱好餐类、爱好饮品等；

（3）顾客需要什么：顾客对各种产品和服务的需求是经常变化的，在收入水平不断提高和消费者个性增强的情况下，这种变化的速度在增强。因此，店长要经常组织顾客需求调查，虚心听取顾客对餐饮门店的产品和服务的要求和意见。

2. 掌握顾客信息的方法

掌握顾客信息的方法包括：

（1）记录法：例如，顾客每次的消费金额、消费产品的名称、价格、消费时间都可以由 POS 机记录在案。

（2）观察法：消费者的部分相关信息可以直接通过观察获得，例如，顾客的性别、年龄段等，点餐人员在为顾客点餐时可以在收银机键入顾客的性别和年龄。

（3）会员法：餐饮门店可以成立顾客俱乐部或者实行会员制，顾客在申请成为餐饮门店的会员时，填写相关详细资料。

（4）调查法：例如，收银员在收款时，要求顾客说出居住地的邮政编码，就可以知道顾客的大概方位，而且也没有影响到顾客的隐私。另外，餐饮门店还可以设计完整的调查问卷，例如，满意度调查、意见调查等，要求顾客填写学历、住址、联系方式等具体信息，当然，餐饮门店应该为参加调查的顾客提供小礼物。在这个过程中，餐饮门店既了解到了顾客对餐饮门店的态度、意见、满意度等，又获得了详细的顾客信息。

（5）利益法：一般顾客不愿意向餐饮门店透露详细的个人信息，为此，餐饮门店可以这样解释要求顾客填写联系方式的原因："是为通知顾客本店举行的特惠促销活动或由本店寄予赠送免费券、折扣券及新产品介绍用的。"

3. 建立顾客档案的注意事项

建立顾客档案的注意事项包括：

（1）一年一次定期核对。一年一次向登记于顾客档案的顾客寄送本店的问卷调查表，恳求顾客的意见。该表应设有住址变更记录栏，以这样的方法定期把握顾客的迁移情况。同时可采用顾客只要凭填好的问卷调查表就能领取精美小礼品的方式，以保证餐饮门店能基本收回问卷调查表，以此重新确认顾客的档案资料。

（2）建立顾客管理制度。在建立顾客档案的基础上，需要进一步建立完善的餐饮门店管理制度，其目的是为了确立顾客的重点需求和重点顾客，以便及时进行产品和服务的调整，并把重点顾客逐步转变成餐饮门店的稳定顾客群。

4. 顾客档案的使用

顾客档案的使用包括：

（1）餐饮门店可根据客户档案中所显示的内容给顾客提供相关的服务，如招呼顾客、服务顾客、推销提供喜欢的咖啡产品等；

（2）可根据顾客档案中显示的内容来调整餐牌，调整厨房吧台的备货量和推出对口的新餐新饮品；

（3）可根据顾客档案的相关内容作有针对性的营销策划；

（4）外场部长可在每天上班时检查顾客档案中是否有顾客过生日，如果有应向顾客发短信或点歌祝贺，并询问顾客是否需要订台或订房服务；

（5）对于具有开发潜力的顾客，餐饮门店可根据顾客档案上的客史记录不定期做拜访沟通的工作。

另外，如遇某些顾客较长时间没有光临店内，店长或部长可根据顾客档案上的记录打电话联系或咨询顾客，以保证该顾客不会流失。

二、细分客户

谁善于分析市场，谁就是竞争的胜者。对于每一位跨进餐饮门店的食客，如果餐饮门店能准确判断出他们是哪种需求类型的消费者，并针对不同的消费需求，提供满意的服务，无疑这家餐饮门店就等于拿到了打开成功之门的钥匙。

下表是对7类餐饮门店消费者（以大中城市消费者为研究对象）喜好与选择的分析，供店长参考。

消费者喜好与选择分析表

	聚会型			商务应酬型		情侣	个人
	家庭聚会型	个体型	同学/朋友/同事聚会型	私营单位	公款单位		
消费时机	生日、子女高考中榜、婚宴、节假日	随机性强（如不愿意做饭）	生日、同学聚会、婚宴、节假日	事先安排好与随机性并存	事先安排好时间	随机性强	随机性强（不会做饭、下班晚了等）

续 表

	聚会型			商务应酬型		情侣	个人
	家庭聚会型	个体型	同学/朋友/同事聚会型	私营单位	公款单位		
参与群体特征	彼此熟悉，人数较多	自己家庭成员	熟悉，人数可多可少	熟悉与不熟悉并存	比较熟悉或不熟悉	熟悉	个人
消费特征	除婚宴之外均务实、不浪费（尤其是有老人在的时候）	务实，理性	务实和冲动均有（吃是次要，聊天续友情是重要）	理性但不失场面	最求场面	务实和冲动均有	务实、理性
对餐饮门店的选择	依据自身经济条件而定，中档或中高档	依据自身经济条件而定，家或单位周边消费场所中等或偏下	中档为主	中档或中高档	高档	中档、中高档	以家或单位附近消费场所
对环境要求	中等	中	中等	相对安静，适合交流	高	中、高，特殊时求高	中、中下
对服务要求	中	中	中等	中	高	高	中、中下
消费水平	20~40元	20~30元	20~40元（酒饮消费额可能会超产品）	中高等，人均40~80元	高档，人均100元以上	中等，人均30元左右	中低等，人均消费20~30元

续 表

	聚会型			商务应酬型		情侣	个人
	家庭聚会型	个体型	同学/朋友/同事聚会型	私营单位	公款单位		
对策	要处处以方便顾客为宗旨，提供便利、快捷、高效、质量上乘的服务。要求餐饮门店在网点建设、服务方式上很好地运用便利顾客的原则。餐饮门店经营中设便餐、快餐以及带料加工、回锅加热或设立外送、外卖等服务项目	在产品及服务上分开档次，并且要档次配套、合理，以中、低档的服务为主，既要有几十元、上百元的高档产品，又要有十几元的中档产品，这样才能满足顾客不同档次、不同价格的需求	餐饮门店产品的新奇、餐饮门店服务的标新立异、与众不同等都对这类消费者具有莫大吸引力。迎合他们求变、求新、求奇的消费心理，在产品上遏求创新，或在服务上力求与众不同	注重客户商务宴请环境要求高、层次要求高的特点，服务时要把握为埋单人不浪费的原则，以求得良好的心理感受	力求给客户豪华、上档次的感觉，服务要细致周到	比较注重物质生活的享受。注重环境、服务的档次，对价格不太关心。产品档次可适当提高，餐具一定要精致豪华	提供简单、价位不高的产品
对酒的选择	红酒：以中档为主（部分时机自带产品） 啤酒：以当地产大众主流酒为主	红酒：以当地品牌为主 啤酒：以当地产大众主流酒为主	红酒：以中档为主（部分时机自带产品） 啤酒：以当地产大众主流酒为主	以中档啤酒、红酒或红酒为主	高档酒，以高档知名品牌红酒、啤酒、红酒为主	以当地产大众主流啤酒、红酒为主	红酒：以当地品牌为主 啤酒：以当地产大众主流酒为主

续 表

	聚会型			商务应酬型		情侣	个人
	家庭聚会型	个体型	同学/朋友/同事聚会型	私营单位	公款单位		
对饮料的选择	以大瓶装果汁、咖啡为主，有钱家庭会消费鲜榨、乳品、罐装饮料	以大瓶装果汁、咖啡为主	女士和不喝酒男士专用，以咖啡、果汁、乳品为主	果汁、罐装饮料、鲜榨、乳品	鲜榨、乳品、罐装饮料	鲜榨、乳品、罐装饮料	不会点或以小瓶饮料为主

要赢得市场，必须赢得消费者，仔细研究和揣摩消费者的消费欲望、消费心理和消费情结，将员工消费动机加以条理化、模式化的细分才会有的放矢。作为餐饮门店经营者还应深入到市场中去摸透消费者的更正需求，对自己提供的产品和服务进行细分，从而满足不同层次消费者的需求。只有这样，餐饮门店才会真正得到更多顾客的青睐。

三、有效处理顾客投诉

如何处理好顾客投诉意见，是店长作业管理中的重要一环。处理得好，矛盾得到化解，餐饮门店的信誉和顾客利益得到维护；反之，往往会成为餐饮门店经营的危机。

顾客抱怨既是餐饮门店经营不良的直接反馈，同时又是改善餐饮门店销售服务十分重要的信息来源之一。事实上，并非所有的顾客有了抱怨都会向餐饮门店进行投诉，而是以“拒绝再次光临”的方式表达其不满的情绪，甚至会影响所有的亲朋好友来采取一致的对抗行动。反过来说，如果顾客是以投诉来表达其不满的话，至少可以给餐饮门店以解释与改进的机会。

（一）顾客抱怨的类型

通常，顾客的投诉意见主要包括对产品、服务、安全与环境等方面。

1. 对产品的抱怨

对产品的抱怨包括：

（1）食物质量：食物质量往往成为顾客投诉意见最集中的反映，例如，食物看起来不够新鲜、有异味等。

（2）品质差：例如，咖啡的味道不纯正、食物口感欠佳、咸淡不适宜或者原辅料重量不足、包装破损等。

（3）产品缺货：顾客对餐饮门店产品缺货的投诉，一般集中在热销产品和特价产品，或是餐饮门店没有销售而顾客想要品尝的产品，这往往导致顾客失望而归，更有甚者有些餐饮门店时常因为热销产品和特价产品卖完而来不及补货，从而造成经常性的产品缺货，致使顾客心怀疑窦，有被欺骗之感，造成顾客对该餐饮门店失去信心。这样不仅流失了老顾客，而且损害了整个餐饮门店的形象。

（4）餐饮门店并非独家经营，顾客对餐饮门店的价格易于作出比较，因此顾客对产品价格的敏感度高，顾客往往会因为产品的定价较商圈内其他竞争店的定价高而向餐饮门店提出意见，要求改进。

2. 对服务的投诉

对服务的投诉包括：

（1）餐饮门店工作人员态度不佳：餐饮门店人员不理会顾客的询问，或对顾客的询问表现出不耐烦、敷衍、出言不逊等；

（2）服务速度过慢：顾客在点完餐后，等餐时间太长，导致不满，这种情况在营业高峰期最为常见；

（3）服务项目不足：如餐饮门店不提供外卖服务、营业时间短、卫生条件太差等。

3. 对安全与环境的投诉

对安全与环境的投诉包括：

（1）顾客在餐饮门店内消费时，因为餐饮门店内安全管理上的不当，造成顾客受到意外伤害而引起顾客投诉；

（2）环境的影响：例如，餐饮门店走道内的包装箱或垃圾没有及时清理，影响产品品质卫生，原辅料卸货时影响行人的交通，餐饮门店内音响声音太大，餐饮门店内温度不适宜，餐饮门店内的公共卫生状态不佳，餐饮门店建筑及设施影响周围住户的正常生活等。

（二）处理投诉的方法和技巧

1. 保持和善的态度

一般顾客对餐饮门店有意见前来投诉，其情绪都是比较激动的，甚至有非理性的行为发生。面对这种不满的发泄或是毫无尊重的责骂，接待或处理该顾客投诉意见的工作人员也很容易被激怒而产生对抗性的态度与行为，甚至不再愿意处理顾客的投诉。事实上这是一种最不好的处理方式，因为这样只会导致彼此更多的情绪对抗与更加紧张的气氛。因此，为了减缓顾客气愤的情绪，让彼此可以客观地面对问题，在接到投诉时应心平气和地保持沉默，用和善的态度请顾客说明事情的经过。

2. 有效倾听

所谓有效倾听，就是诚恳地倾听顾客的诉说，并表示你完全相信顾客所说的一切，要让顾客先发泄完不满的情绪，使顾客心情得到平静，然后倾听顾客不满发生的细节，确认问题的所在。尽量从谈话中了解顾客所投诉事件的基本信息。其内容应主要包括 5W1H 原则——Who、When、Where、What、Why、How，即什么人来投诉、该投诉事件发生在什么时候、在什么地方、投诉的主要内容是什么、为什么、其结果如何。投诉处理人员应站在顾客的立场分析问题的所在，同时可以用温柔的声音及耐心的话语来表示对顾客不满情绪的支持。

3. 表示歉意和感谢

不论顾客提出的意见，其责任是否属于本餐饮门店，但如果店方能够诚心地向顾客表示道歉，并感谢顾客提出的问题，顾客就会认为自己得到了尊重。就餐饮门店而言，如果没有顾客提出投诉或意见，就不知道自己系统内的餐饮门店中存在的不足和需要改进的地方，应把顾客的投诉意见视作对本餐饮门店的关心和爱护。

对绝大多数顾客而言，他们对餐饮门店的投诉意见，是希望所提的问题能得到改善和解决，使他们能继续光临本店，并得到良好的服务。因此，顾客投诉从表面上看似乎是餐饮门店的危机，但若能将其处理得当，使这些投诉化为顾客对餐饮门店忠诚度与关系的建立，将使顾客再度光临，同时也促进餐饮门店因顾客投诉而更加进步，给餐饮门店带来更多有形和无形上的利益。所以，应向任何一个投诉的顾客道歉并表示感谢。

4. 分析顾客投诉

掌握顾客投诉问题的重心，仔细分析该投诉事件的严重性，要判断问题严重到何种程度。同时要有意识地充分试探和了解顾客的期望，这些都是负责人在提出解决方案前必须先评估的部分，这一点对于餐饮门店也是至关重要的。另外，顾客投诉意见的责任不一定是店方，可能是供应商或是顾客本人所造成的，因而餐饮门店应确认责任归属。如责任在于餐饮门店，餐饮门店应负责解决。责任在于供应商，餐饮门店应及时向总部反映，协助总部与供应商一起解决问题。如责任在于顾客，则要心平气和地做出令顾客信服的解释，并尽可能提供顾客其他建议等补救措施。随着责任归属的不同，餐饮门店提出的解决方案就会不同。

5. 提出解决方案

对所有的顾客投诉意见，都应有处理意见，都必须向对方提出解决问题的方案。在提出解决方案时，以下几点必须加以考虑：

（1）顾客投诉意见处理规定：一般餐饮门店对于顾客的投诉意见都有一定的处理政策，餐饮门店在提出解决顾客投诉的方案时，应事先考虑到总部的管理以及顾客投诉意见的有关处理规定，既要迅速，又不能轻率地承担责任。

（2）利用先例：处理顾客投诉最重要的事情之一，就是要让每一个投诉事件的处理质量具有一致性。如果同一类型的顾客投诉意见，因为处理人员的不同而有不同的态度与做法，势必会让顾客丧失对这家餐饮门店的信赖与信心。因此，负责人在处理顾客投诉时要注意适当地利用先例，和以前类似顾客投诉事件相比，了解是否有共通点，参照该投诉事件的解决方案，即处理同类抱怨问题的方式基本保持一致。

（3）让顾客同意提出的解决方案：要做到这一点，往往很不容易，所以负责人要对顾客作耐心的沟通，直至对方同意。负责人所提出的任何解决方案，都必须亲切诚恳地与顾客沟通，以期望获得顾客的同意，否则顾客的情绪还是无法回复。若是顾客对解决的方案仍然不满意，必须进一步了解对方的需求，以便作新的修正。有一点是相当重要的，即对顾客提出解决方案的同时，接待和处理人员必须尽力让顾客了解他们对解决这个问题所付出的诚心与努力。

6. 执行解决方案

如果是权限内可处理，应迅速利落、圆满解决。此时应向顾客陈述解决的具体方法并详细说明，以促使顾客愉快地接受。当双方都同意解决的方案之后，餐饮门店就应立即执行该解决方案。

若由于种种原因，餐饮门店不能当场处理该顾客的投诉，应告诉顾客原因，特别要详细说明处理的过程和手续，双方约定其他时间再做出处理。此时应将经办人的姓名、电话等告知顾客，并留下顾客的姓名与地址等联系方式，以便事后追踪处理，也是为了消除顾客有被店方打发或踢皮球的想法。在顾客等候期间，处理人员应随时了解该投诉意见的处理过程，有变动必须立即通知对方，直到事情全部处理结束为止。

7. 投诉存档

在解决顾客投诉的整个过程中，投诉负责人必须在餐饮门店设计的统一的顾客投诉意见处理记录表上进行书面记录，深入了解顾客的想法，这样顾客也会回以慎重的态度。而每一次顾客投诉意见记录，餐饮门店都将存档（见下表），以便日后查询，并应定期检讨投诉意见的原因，从而加以修正。

顾客投诉意见处理记录表

顾客姓名		受理日期	
地址		发生日期	
联系电话		最后联系日期	
投诉项目		结束日期	
发生地点		投诉日期	
投诉内容：			
处理原则：			
处理经过：			
处理结果：			
处理接待人员：			
意见备注：			

8. 通告与处罚

对所有顾客投诉意见，其产生的原因、处理结果、处理后顾客的满意情况以及餐饮门店今后的改进方法，应及时用各种固定的方式，如晨会、周会或者是餐饮门店的内部刊物等，告知餐饮门店的所有员工，使全体员工能迅速改进造成顾客投诉意见的种种因素。此外，还对责任负责人进行适当的处罚。

9. 检讨与改进

在检讨时有两点是需要店长注意的：一是许多投诉都是可以事先预防的，若一旦发现某些投诉意见是经常性发生的，具有普遍意义的，店长就应组织力量进行调查，追查问题的根源，明确此类事件的处理办法，并及时作出改进管理和作业的规定，以尽量避免今后此类事件再次发生；二是若属偶然发生或特殊情况的顾客投诉意见，店长也应明确的规定，作为再遇到此类事件的处理依据。

为了有效地处理顾客的投诉，店长最好建立顾客投诉意见处理系统，对处理顾客投诉的程序、原则、处理方法、权限等作出明确的规定，以免处理不当，给餐饮门店带来重大损失。

四、与顾客建立情感联系

顾客关系是餐饮门店最至关重要的外部公共关系，是餐饮门店赖以生存和发展的土壤，顾客关系处理的好坏，将直接关系到餐饮门店的命运。与顾客建立起良好的情感联系，店长通常可从以下几个方面开展工作：

1. 消费者意见访问

（1）操作方法：餐饮门店可以设置网址、意见箱，进行日访问和电话访问；

（2）顾客对象：本店的既有消费者以及商圈内潜在消费者；

（3）时间安排：网址与意见箱可以长期实施，人员及电话访问则可以根据需要而不定期实施；

（4）执行要点：要重视消费者提出的意见和建议，及时改正和采纳；网址和意见箱要定时察看，长期实施，否则就不要轻易设置；向消费者征求意见的访问要有明确的主题，以便于消费者有针对性地回答；对提供意见者要给予奖励，每月抽奖并公布姓名，以鼓励这些参与者。

2. 适时的祝贺

（1）操作方法：根据餐饮门店消费者资料卡上的信息，适时地向消费者寄发生日卡、节庆贺卡，代表餐饮门店向其表示祝贺；

（2）顾客对象：本餐饮门店消费者；

（3）时间安排：在特定日期前一日或当天寄到，如生日、父亲节、母亲节、“六一”儿童节、圣诞节等；

（4）执行要点：卡片一定要由店长亲笔具名，不可采用印刷方式；贺卡应在特定日期前一日或当天寄到，绝对不要逾期；卡片形式要每年更换；贺卡寄出后，最好在特定日期当天再由店长以电话方式恭贺，更显诚意。

3. 提供日常生活信息

（1）操作方法：在餐饮门店内特定产品的前方制作 POP，说明产品特色、用途或使用方法；在服务台免费派送消费信息印刷品；也可利用餐饮门店设置的固定公布栏来提供日常生活信息，如天气预报等。

（2）顾客对象：本店消费者。

（3）时间安排：以定期的方式，如每周或每月更新一次为宜。

（4）执行要点：餐饮门店所提供的信息要有知识性、科学性和趣味性；要注意控制好成本；餐饮门店还应有规划地长期实施，并不断更新，切不可虎头蛇尾。

4. 成立商圈顾问团，聘请消费者服务员

（1）操作方法：可由店长出面，邀请商圈内经常光顾的消费者，或公开

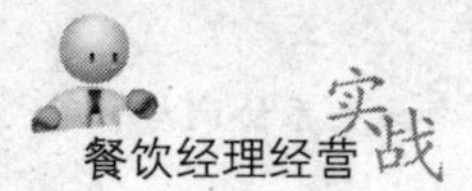

召集热心提供意见的顾客，来担任餐饮门店商圈顾问团的团员/消费者服务员，并由店长担任召集人，定期举行咨询会议；

（2）顾客对象：热心且常来餐饮门店光顾的消费者，一般6～16人为宜；

（3）时间安排：每月举办一次，每次最好不要超过2小时；

（4）执行要点：每次会议前要将主要议题事先告知到会者，以便其准备，以提高会议的效率，主持人要引导议论，并记录各成员的意见，不要轻易地下结论；每次会议前，应该公布上一次会议采纳意见的情况及实施成效，要向所有参与者赠送纪念品。

5. 举办公益活动

（1）操作方法：发起慈善公益活动，如献血、救济（商圈内的特困学生、老人）；关心社区环保公益活动，如认养动物、树木等；关心社会公益活动，如赞助当地消防队救火器材、赞助当地学校等。

（2）顾客对象：商圈内有待帮助的人、事或物。

（3）时间安排：随时把握社会动态，不定期实施或长期实施。

（4）执行要点：应选择与本餐饮门店理念相符合的项目来实施；可鼓励附近餐饮门店或其他公益团体共同举办，以新闻的方式加以宣传；掌握社会热门话题。

附录：某餐饮门店顾客档案

建档人：　　　　　　　　　　　　　　　　月份

姓名		性别		贵宾卡号	
年龄		出生日期		年　月　日	
职业		职务		公司地址	
住址		手机		电话	
性格					
兴趣		特殊要求			
喜欢食品					
喜欢咖啡					

续 表

消费记录						
次数	日期	时间	消费项目	消费金额	消费累计	特殊意见
1						
2						
3						
4						
5						
6						
7						
8						
9						
10						
11						
12						
13						
14						
15						

第二节 内部人际关系管理

一、与上司

在职场中，与自己的上司或者老板建立起融洽的关系非常重要，这不仅能保证自己每天开心的工作，同时，也能获得来自上司或者老板更多的关爱和支持，有利于工作的开展以及个人的职业发展。店长如何与上司或者老板建立起良好的关系呢？

1. 了解上司

要想与上司融洽相处，首先一点就是必须了解上司。例如，上司的人品、爱好、工作能力、工作风格是怎样，是喜欢授权还是喜欢“摆官架”，他当前的工作目标是什么，他面临怎样的压力，他的优点、缺点是什么？没有这些信息，你与上司的相处形同瞎子摸象，不得其所。

比如说，对于听取工作汇报，有的上司希望下属以书面报告的形式详细呈现，有的上司则更愿意在面对面的交流中了解下属的工作进展。如果你的上司属前者，而你每次汇报工作时坐在他办公室里大鼓其舌，对他而言，那可能是在浪费他的时间，当然你的汇报效果也就大打折扣了。

2. 调整自己

任何一种关系都是双方的，上下属关系也不例外。在充分了解上司之后，作为下属还应该仔细地分析自己的优缺点、工作风格等，在此基础上开始调整自己的工作目标使之与上司的工作目标相切合，并扬长避短适应上司的工作风格。

3. 尊重上司和老板

接受与老板或者上司事实上的不平等状态是店长的明智选择。店长与餐饮门店的所有者以及加盟总部事实上处于一种不平等的地位。另外，上司之所以能成为上司，至少有某些过人之处，他们丰富的工作经验和待人处事方略，都是值得学习借鉴的。所以，店长应该尊重自己的上司或者老板，并且听从老板以及上司的指示。如果与上司意见相左时，应以婉转、商量的语气提出不同的意见，最好能拿出详细的足以说服对方的资料，让上司心悦诚服地接纳你的观点。切忌与上司争论得面红耳赤，更不能与上司顶嘴。

4. 把老板当做第一顾客

店长作为打工者，老板就是其顾客，而且是最大的顾客，因为他在花钱购买店长的服务。如果店长把老板当做第一顾客，那么店长就要学会推销自己；同时想办法增加自身的价值。把老板当做第一顾客是以一种积极的态度来看待自己与老板的关系。如果按照“顾客是上帝”的营销理论，店长就不会责怪老板的严责和挑剔了。把老板当做第一顾客，店长就要认真仔细地研究老板合理合法的现实需求和潜在需求，进而发挥自己的能量去创造和满足这些需求。

5. 处理好与上司的私人关系

作为下属，在上司需要帮助的时候，要真诚地帮助他，但一定要处理好同上司的私人关系，同上司之间的距离既不能太远也不能太近，关系要适度。

总而言之，当和上司相处出现问题时，应首先谋求共识，努力趋同。

二、与同事

如果你是餐饮门店的店长，那么其他餐饮门店的店长就是你的同事了，和谐的同事关系对店长的工作不无裨益。在交往中店长需要注意以下几点：

1. 尊重和喜欢同事

喜欢、尊重并乐于帮助同事是职业经理人明智的选择。我们的工作生活中，经常出现这样一种现象，有人处处受欢迎，有人处处得罪人，这就是人与人之间、同事与同事之间的沟通出现了问题。

在与同事沟通和交流之前必须要搞清谈话内容和事实，要洞悉同事的脸色和行动，要尊重对方的意见，不要说些对方不爱听的话语，要给对方留有说话的余地，适当保持积极的心态，主动去接触同事，用自己的真情和爱心尽可能的去帮助别人，使同事关系尽快地亲近起来。

2. 口有遮拦

自古以来就有“祸从口出”的警策之言。同事之间交际，如果彼此比较信得过、合得来，可以多谈一些、谈深一些，但也不可信口雌黄。如果面对同事中某些关系较疏的人，交谈时就更应该谨慎一些。这是因为，同事当中确实存在着某些谗言、流言、毁言、诬言，你如果口无遮拦，就有可能被人利用而深受其害。所以，对某些还不很信任的同事，只能“逢人只讲三分话，不可全抛一片心”。与此同时，千万不要在背后议论同事，即使有人开头，也要尽量避免这种话题。同事之间应以友好、和谐为重。

3. 避免争吵

要避免同事间发生争吵。因为同事之间争吵之后仍然要在一起共事，甚至要相互竞争，这种特别的交际关系，使得同事间的交际情感裂缝比较难以弥合，情感创伤也较难以平复，它将使同事间的人际环境蒙上阴影。所以，与同事交际最忌讳争吵。同事之间倘若发生矛盾，要忍一忍、让一让，相互克制，尽量避免发生正面冲突。

4. 不伤害人

伤害人，是指蓄意制造矛盾、布控陷阱，坑害、中伤、打击同事。比如，有意披露同事的隐私，中伤贬损别人；到领导面前进谗言或离间同事间的关系，伤害同事间的感情等。这些行为，既坑了同事，也害了自己，它对融洽同事间的关系是有害无益的。

5. 交友有度，不过问隐私

新新人类的生活方式、思想观念大都较为前卫，许多的私事不喜欢让人知道，哪怕是最要好的朋友。他们比其他的群体更注意捍卫自己的隐私权，所以最好别轻易侵入对方的这个“领地”，除非对方自己主动说起。在多数人看来，过分关心别人隐私是无聊、没有修养的低素质行为。这就意味着你与同事在一起时，得掌握交友的尺度。

总之，诚信、欣赏、赞美、微笑、互助、沟通、尊重、热情、友好是处理同事关系的基本准则。同事之间友好和平、快乐相处不是件简单的事，也不是件复杂的事，但一定要用心。只有处理好同事之间的关系，才能为自己创造一个良好的事业发展环境。

三、与下属

员工是店长的绩效伙伴，也是店长职业价值保值升值的基础。获得员工的拥戴和支持，并充分调动员工的积极性，是一个成功店长的必备条件。店长在处理与下属的关系时，有以下几点需要注意：

1. 把员工当成最大财富

店长虽然是投资者或者是餐饮门店的管理者，但员工是执行者和生产者，种子是你播下的，但树是员工们齐心协力栽活的。正是由于他们的辛勤劳作才使小树长成大树，由独木繁衍成森林，所以你要把员工看成企业的最大财富。

2. 善待、尊重下属

在工作生活方面，只有职位上的差异，人格上却都是平等的。在员工面前，店长只是一个领头人而已，没有什么了不得的荣耀和得意之处。帮助下属，其实是帮助自己，因为员工们的积极性发挥得越好，工作就会完成得越出色，也让你自己获得了更多的尊重，树立了开明的形象。

3. 公平对待下属

人都会有情绪波动，有个人喜好，但作为领导不能偏袒一方，疏远另一方，否则形成“圈子”将不利于开展工作。

4. 信任、鼓励下属

在工作中，店长可以经常对下属提出批评和建议，但绝不可随意表现出不信任，店长的信任和激励，抑或是善意的批评，都是下属工作的最大动力；不论是店长出自何种角度的猜忌而流露出的不信任情绪，都会打击下属的士气，并造成下属之间的不信任和不团结，最终损于店长的事业。

5. 多沟通

与自己的下属多沟通、多交流，对待不合群的有识之士，以朋友的身份坦诚交换意见，做到知人善用，正确定位。与其让下属知道你是上司，惧怕你，不如让下属当你是朋友、父辈和师长，尊敬你。

此外，作为餐饮门店的领导者，店长应该关心下属，了解下属在工作和生活中的困难，帮助下属。

四、“空降兵”攻略

咖啡业“空降兵”，阵亡率高，而且大部分是在极短的时间内就“触雷”阵亡。那么，如果店长是“空降兵”，如何避开那些危险的“雷区”？

1. 勤勤恳恳地做事

作为新进入餐饮门店的“空降兵”，不了解的东西太多了，你所拿出的方案是你以前经验的积累，对于新的情况未必适用。因此，只有勤恳做事，熟练地掌握工作环境和岗位情况，才能更好地开展工作。

2. 敢于放手工作，但不要四处树敌

要放下架子，“贵以贱为本，高以下为基”，以柔弱胜刚强；要掌握赏罚主动权，并审时度势，把握时机，建立正面的价值观及其相关制度。

3. 依靠明星员工，但不要为其所制

要使自己在工作中游刃有余，就要正确定位，清晰掌握自己的角色。在职权范围内工作，尽量少出位；要与餐饮公司和股东保持合理的沟通，了解餐饮公司和股东的真正用心，在某些问题处理上要争取餐饮公司和股东的支持与理解；进入餐饮门店之前要多了解餐饮门店的基本问题点，了解餐饮门店的内部关系，找到合适自身生存的餐饮门店；要学会处理各方面的关系，在以餐饮门店利益为重的前提下，掌握好平衡的艺术，掌握好处理问题的时机与火候。

股东的性格不同，餐饮门店的发展阶段不同，需要的人才也是不一样的，创业、守业需要不同的干将，“空降兵”要明白自己周边的环境，做到进退适时；保持低调，不要过于张扬；要以业绩说话，树立威信。

第三节 团队关系管理

一、团队冲突的处理步骤

任何一个团队在其存在过程中均不可避免地会遇到冲突，如果冲突双方具有解决问题的诚意，冲突则是健康的。面对团队的冲突，店长做了什么样的准备，店长与团队要如何妥善处理冲突呢？通过以下步骤和策略，有助于提高店长冲突管理的技能：

1. 判断是否需要处理

首先店长必须明白一个问题，并不是所有的冲突都是有害的。美国通用汽车公司的总裁史隆曾经说过：“意见相左，甚至冲突，是必要的，也是非常受欢迎的事。如果没有意见纷争与冲突，组织就无法相互了解；没有理解，只会作出错误的决定。”所以，一些冲突的存在，可能会对整个餐饮门店有益，店长不需要干涉太多。另外，一些冲突虽然表现为问题，但可能并不值得店长花费时间和精力去解决。此时，应采取回避冲突的做法，通过回避琐碎的冲突，可以提高总体的管理成效，以免徒劳无功或者得不偿失。总之，店长应谨慎地选择所要处理的冲突，不要试图去解决每一个冲突。

2. 仔细倾听

当团队的冲突确实比较严重，影响团队绩效的发挥时，店长就应该慎重地对待冲突了。当店长处理冲突时，店长需要仔细地了解冲突事件。通常冲突的源头就是意见的不同，而意见相左的原因却大都来自没有清楚地理解对方的意思。所以店长一定要有耐心去倾听冲突双方的声音，不可过度投入以免因自己的偏听与偏信，只听到自己所关心、想听到的讯息，而主观地去解读双方的话意。这不但容易发生曲解的情形，反而会让团队沟通变得更加复杂。

3. 研究冲突当事人

这可以从以下问题着手：有哪些人卷入了冲突，冲突双方各自的兴趣所在是什么，双方各自的价值观、性格特点以及情感因素如何，他们基本的冲突处理风格怎样，各方最有可能采取何种行动？店长应设法保持客观性和把握全局的态度，开诚布公，而不能用想当然或带偏见的方式来解决冲突，要避免人为操纵、强行遏止的行为。

4. 分析冲突原因和根源

冲突不会凭空产生，它出现总是有理由的。选择什么样的策略来解决冲突在很大程度上取决于对冲突发生原因的判断，因而店长需要很好地了解冲突的根源。餐饮门店团队中产生冲突的原因总体上可以分为三类：

（1）沟通差异：团队成员都是相对独立的个体，他们的工作能力、知识经验、个人素质等存在很大的差异，正是这些差异使他们在团队工作中对待同一项工作会持不同的态度和观点。如果他们不能进行及时而有效的沟通，就很容易造成双方的误解，从而引发冲突。

（2）结构差异：许多冲突情形不一定是因为缺乏有效沟通而引起的，往往是由于不同主体因团队中的角色要求、决策目标、绩效标准和资源分配等不同而产生的立场和观点的差异，这些差异往往是因为团队中的纵向层次划分和横向职务分化造成的。因此，结构差异往往是冲突更重要的根源。

（3）人格差异：团队成员在各自的背景、教育、经历及培训中会形成独特的个性特点和价值观，其结果是致使有些成员表现出尖刻、隔离、不可信任、不易合作，这些人格上的差异也会导致冲突。

5. 处理团队冲突

处理团队冲突应注意：

（1）以开放的心态处理冲突：冲突是一种成员互动相处的真实状况之一，

无所谓好与不好，重要的是大家的心态如何，尤其是领导者的态度。当餐饮门店冲突发生时，店长要持开放的心态，让团队了解适当的冲突是被接受的，要勇于提出意见才能够有效地化解冲突，只要正确的心态来处理冲突，对团队和个人而言，不但可以拓展视野，也是自我成长和增进智慧的机会。

（2）先处理队员情绪：经验告诉我们，在冲突的内容中“情绪”的不舒服往往大于“事实”的不兼容。由于情绪的作用让沟通产生了障碍，只要人一有了情绪，他的耳朵自然就会变成精密的过滤器，理性的争辩变成了刺耳的声音，对自己不想听的声音都变得听不见，永远只听到对自己不利的话。所以在处理团队中的冲突时，一定要记住“先处理情绪，再处理事情”。若是忘了这重要的步骤，你将会发现自己的努力是事倍功半。

（3）引导团队对话、沟通：组织内的冲突本质上就是双方对于达成目标的方法诠释不同所致，每个人都认为自己是在为目标而努力，只有自己的方法才可有效达成目标，当别人有不同的想法与做法时，常会被视为侵犯的行为，会影响自己达成目标，所以会采取排斥、不合作的方式。若是再碰上资源有限必须费心调配时，就容易引发冲突对抗的情形，而阻碍团队目标的达成。此时，店长必定要亲身投入，引导队员的对话沟通，厘清双方的认知差异，进行双向讨论让彼此的立场可以清晰地表达，相互的认知与了解，从组织的最大利益着手，找出双赢的战略。

二、团队冲突的处理策略

当冲突过于激烈时，店长应该采取一定的措施和方法来减缓和削弱冲突。具体有四种策略可供选择：

1. 回避

如果冲突双方情绪过于激动而暂时无法理性思考时，或者当采取行动后所带来的负面影响超过冲突解决后获得的利益时，回避就是最好的对策。

2. 合作

合作是一种理想的解决冲突策略，但并不是在任何条件下都可适用。一般而言当没有时间限制时，当冲突双方都希望互利时，当问题十分重要而不宜回避或妥协时，合作是最佳策略。

3. 妥协

这种策略要求冲突的每一方都作出一定的让步，取得各方都有所赢、有所输的效果。当冲突双方势均力敌时，当双方都愿意放弃一些观点以求保全大局时，当双方希望对一项复杂问题暂时放弃解决办法时，或者当时间要求过紧而需要一个权宜之计时，妥协能给团队带来更多利益。

4. 强制

当管理者需要对冲突作出迅速的处理时，或者当冲突一方或双方存在严重错误时，强制不失为解决冲突的方法。

第四节 外事关系管理

店长除了与上下级、同事、顾客打交道外，还需要与政府、供应商、合作单位等外部利益相关者保持良好的关系，在处理这些外事关系时，店长应该注意以下事项：

1. 政府机关

在餐饮门店的经营过程中，店长需要涉及的政府机关主要包括工商管理、地方税务管理局、卫生与环保局、派出所、消防、交通警察等。处理与政府机关关系时需要注意的要点有：

（1）了解负责本店区域的政府机关相关负责人，并对其进行档案记录；

（2）与相关人员进行沟通和感情交流，巧妙运用股东在本地的关系网；

（3）熟知相关政府单位关注点及其要求解决办法；

（4）与政府机关保持良好的沟通，以便于调整餐饮门店经营情况，适应政府政策；

（5）店内若有新品或重大活动可邀请政府机关工作人员参加。

2. 供应商

与关键商品或者附加服务的供应商保持良好的关系对于餐饮门店的日常经营和发展有着非常重要的作用。

（1）根据供应商供应物料的金额实施分类管理；

（2）制定供应商管理表格以便加强对供应商的全面管理；

（3）定期拜访供应商以便了解价格浮动及其是否有新产品上市；

（4）与供应商保持良性互动以便保证物料的及时供应和物料质量。

3. 异业结盟单位

（1）积极寻找可以合作的异业结盟单位；

（2）找到与异业结盟单位良好的利益结合点；

（3）与异业结盟单位负责人保持良好的个人关系；

（4）积极展开与异业结盟单位的合作活动。

4. 广告合作单位

（1）与媒体要保持良好的关系，无论合作与否；

（2）与媒体的相关负责人保持良好的互动；

（3）如有合作事宜应全面分析该媒体的受众是否是我们的目标客户群；

（4）结账方面可以考虑抵用券以便减少店铺支出，同时和相关责任人沟通好。

第五节　股东关系处理

如何处理与股东的关系，关键在于店长应树立老板的心态，把股东的目标当做自己的目标，把股东的利益当做自己的利益，像老板那样思考、像老板那样追求、像老板那样执著、像老板那样奉献、像老板那样行动。树立老板的心态不仅能处理好与股东的关系，而且店长会更加积极地投入餐饮门店的事业中，进而取得更好的经营成果。

以老板的心态对待餐饮门店，你就会成为一个值得信赖的人、一个老板乐于雇用的人、一个可能成为老板得力助手的人。更重要的是，你能心安理得地沉稳入眠，因为你清楚自己已全力以赴，已完成了自己所设定的目标。什么是老板心态呢？

1. 把老板的钱当成自己的钱

（1）做事讲品质：做对的事情，严格按标准和程序工作，一点也不马虎，第一次就把事情做对；考虑到下道工序是顾客，人品就是工作品质。

（2）做事讲成本：做事之前要先进行成本分析——如何做更省钱，如何做才有利润，如何才能用最少的投入获得最大的产出。

（3）做事讲效率：快速反馈，雷厉风行，重视期限，拒绝拖延。

（4）做事讲责任：成果导向，团队合作，大局观念，积极进取和创新，勇担责任，实事求是。

2. 像老板一样思考和行动

你具备了老板的心态，你就会去考虑餐饮门店的成长，考虑餐饮门店的费用，你会感觉到餐饮门店的事情就是自己的事情。你知道什么是自己应该去做的，什么是自己不应该做的。反之，你就会得过且过，不负责任，认为自己永远是打工者，餐饮门店的命运与自己无关。你不会得到老板的认同，不会得到重用，低级打工仔将是你永远的职业。

3. 为自己打工

只要你把餐饮门店当做自己实现抱负的平台，你就已经是餐饮门店的老板。因为你已经和餐饮门店融为一体了，你的每一分努力都不会白费。

4. 换位思考——理解老板

老板顶着风险开餐饮门店，招聘员工为消费者提供产品和服务，当然是要赚钱的。这是一种利益驱动，正是有了这种利益驱动，才有了老板的辛苦和创新的努力。

老板不仅要花钱租店面，购置机器设备，买物料，还要招聘员工，开拓市场，销售产品和服务，再加上到银行借贷，到工商、税务和各类政府主管部门登记审批。这些不仅辛苦，不胜其烦，还需要特殊的能力，譬如，组织能力、公关能力、企划能力、融资能力、管理能力等。

5. 把老板的事业当成自己的事业

以老板的心态对待工作，就要像老板一样，把餐饮门店当成自己的事业。如果你是老板，你一定会希望员工能和自己一样，更加努力、更加勤奋、更加积极主动。因此，当你的老板提出这样的要求时，你就应当积极努力去做、用心去做、创造性地去做。

6. 抛弃打工心态

从某种意义上来说，打工心态真是害人不浅，长期的打工心态固化了人的思维，淡化了人的责任感，扼杀了人的创新思维，没有成本概念，缺乏长远规划。最为关键的是，打工打得越久，看问题的视角就越悲观，自己也就越自卑。一群老板聚在一起，大家所交流的话题往往是商业环境，以及如何更好地发展生意和自己创业的经验等。向对方展示的往往也是自己光彩照人的一面。而一群打工者聚在一起的话，牢骚往往占了多数，骂老板刻薄，埋怨工作量大且与收入不成正比等，很少有打工者对自己目前的状况比较满意的。他们向对方展示的往往也是自己没有得到重用、没有得到发挥的一面。

第六章 店长管理技能提升

环境的变化和人员的流动，必然会导致餐饮门店管理工作充满不可预知性，也决定了管理工作永无止境。店长只有不断提升自己的管理技能，娴熟地掌握领导、沟通、时间管理、团队管理等相关技能，才能妥善、快捷地处理店务工作，为餐饮门店的发展营造一个健康向上的运营环境。

第一节　领导与驾驭

一、让员工接受指示

身为店长，是否在日常处事中，感觉运用部属及表达指示时会有困难呢，为何指示无法顺利达成呢？只要深思一下，其实不难发现问题关键所在。自己若不以身作则，将引起部属的反感。而采用高效的管理方法，则往往能收到事半功倍的效果。

1. 严谨认真

当一个店长必须严谨认真。应该把工作很清楚地告诉对方，并非为了个人虚荣心及好奇。以严谨的态度，认真到底，使对方很自然地融入自己的气势中。

2. 充满勇气

勇气十足意味着发指示时必要的心理准备。如果你在主持会议时，初次上台讲话不知所云，甚至觉得前面一片朦胧，此时喉咙无法发出清楚的声音。这是因为缺乏勇气的缘故。你必须觉悟到这是自己的职责所在，然后环顾四周，再以宏亮的声音说："希望各位以饱满的精神，齐声回答。"这种勇气十足的样子，是不可缺少的。站在讲台上，不可出现嘶哑的声音、羞怯及提心吊胆的样子。必须自始至终不失严肃的态度，如果不能给人以正直感，则表现的指示将无法贯彻到底。

3. 持亲切关怀之心

当我们下命令时，有时态度过于严肃，无视对方的感情，将造成下属表面服从、背后不满的现象，因此不可忽视此现象。

4. 不可发出不能完成的指示

身为店长不能发出明知下属不能做或做不到的指示。即使自己明白，也不可以发出下属无法完成的指示，再质问下属为何做不到。下属对这样的指示，虽接受，但口服心不服，只会增加对方的反抗心理而已。

5. 奖罚分明

所谓奖罚分明，就是做得好时有赏，做得不好时有罚。由此，可激发下属工作的干劲。假如做得成功或失败都一视同仁的话，下属的工作干劲将消失得无影无踪。所以为了保持下属高涨的工作情绪，赏罚分明是非常必要的。

6. 店长必须以身作则，凡事能亲力亲为

如果自己未曾做过或自己不会做的，是无法去影响他人的。假如说出“我不会做，所以由你做”的无权威性的话，是无法带领下属的。若对下属说“为何迟到”而自己却迟到，当部属回以“店长为什么也迟到”时，店长却说“我和你是不同的”，此时解释是行不通的。所以店长在表达信息时，必须以身作则，才具有权威性。

7. 店长必须有谦让的态度

虽然下命令时，态度严肃，毫不让步，但是，平日必须谦虚处事。假如整日里紧绷着脸，虚张声势，那么此人发出的命令，一定不会令人心服。只有平时谦虚，才能与对方做良好的沟通。

8. 店长必须随机应变

世上的事物，不可能一成不变，所以店长必须随时做好随机应变的准备。尤其在餐饮门店经营当中遇到突发事件时，店长必须镇定，沉着应对。

二、适时辅导员工

店长身为餐饮门店的最高指挥官，对店员的错误进行辅导是店长的职责之一。辅导是时刻发生在身边的训练，当下属出现工作偏差时，店长应立即给予纠正，以提高下属工作能力。

1. 员工冲突辅导

员工在外场发生冲突时，需要进行辅导。具体辅导技巧如下：

（1）控制你的自然反馈，避免现场冲突；

（2）保持镇静、友善和积极的态度；

（3）让有关人员平静下来，尽量减少对顾客和其他员工的负面影响；

（4）通情达理，找到员工不悦的原因及解决方法；

（5）建议稍后与有关人员谈话，进行辅导；

（6）避免将来再次出现类似的情况。

2. 员工失误辅导

员工在工作中连续出现问题时，需要进行辅导。具体辅导技巧如下：

（1）检查员工是否遵循正确的工作程序；

（2）如属于程序性或技术性错误，就采用修正性回馈。如无效，说明员工不是不懂，而是另有原因，找出原因和相应的解决方法。

3. 员工抱怨辅导

当员工在外场上发脾气时，需要进行辅导。具体的辅导技巧如下：

（1）表明你愿意聆听并帮助他解决问题。

（2）了解问题的原因。

（3）让员工有机会发泄他的怒气和沮丧。在很多情况下，这种做法可以让员工平静下来。

（4）如员工还不能平静下来，则建议他先到员工休息室，等你与他见面；或者约好明天与他谈话，然后建议其回家休息，这样便可以有24小时的冷静期，这对你自己和抱怨的员工都有好处。

（5）见面谈话，进行辅导，要采取一定的辅导技巧，避免事情再次发生。

在对员工进行辅导时，店长要注意选择远离顾客和员工的地点。另外如果要对员工提出批评，最好在私下进行面对面的批评，不宜在公众场合进行。

附录：店长领导技巧的测评

测评内容	是	否
1. 每次值班，我都要求自己达到最佳的工作表现		
2. 当我发觉自己的工作表现在某些方面不尽如人意时，就会不断练习那方面的技巧，直到完全掌握为止		
3. 我上班从不迟到		
4. 我总是遵循正确的工作程序		

续表

测评内容	是	否
5. 我用要求员工对待顾客的态度去接待顾客，我总是微笑欢迎顾客，并尽可能地称呼他们的名字		
6. 我经常征询他人的意见		
7. 我当天表扬了员工良好的工作表现		
8. 我让员工知道他们对餐饮门店的重要性		
9. 我不会重犯相同的错误		
10. 我会征询其他店长对我所作决定的意见		
11. 当员工遇到困难时，我会尽力去帮助他们		
12. 别人都相信我会履行自己所作的承诺		

注：做到 1 ~2 条表明你很希望了解自己的工作，并把它们做好。
做到 3 ~5 条表明你为员工和其他店长树立了一个好榜样。
做到 6 ~8 条表明你在努力信任他人。
做到 9 ~10 条表明你正在提高自己做决定的能力。
做到 11 ~12 条与信任有关，表明你正在努力地以诚恳的态度去赢得别人的信任。
答案最好都是“是”。

第二节　人际沟通

一、五种沟通原则

餐饮门店是一个小社会，能满足顾客在餐饮门店、休闲、聊天环境等方面的基本需求，而这些需要餐饮门店各个专业部门相互通力合作与配合，店长是这个合作机制中的协调者，店长的沟通是否及时、准确、到位势必影响到餐饮门店的正常运作。店长在与餐饮门店内外部沟通时，必须遵循以下原则：

1. 准确

当店长在进行沟通时所用的语言和传递方式能被员工理解时，这个沟通才具有价值。这是沟通中最为重要的，也是首要的原则。坚持这一原则，店长应做到：

（1）使用沟通对象常用的语言。也就是说，店长要熟悉自己的上级、下级、平级所使用的语言，把信息转变成他们各自的语言再传递给他们，使沟通不致产生理解上的偏差。

（2）信息量要控制得当。人的注意力是有限的，店长应避免一次沟通信息太多，确需传递较多信息时，最好记录信息要点。

（3）信息要明确。店长在向下级传达工作指令的时候，应当将任务是什么、完成时间、配备什么资源、要达到的效果等明确地告诉下级。在执行制度时，不仅要讲明其然，还要讲明其所以然。

2. 及时

在沟通的过程中，店长还应注意及时原则，尤其是重要信息的沟通更要及时，要在第一时间进行，以使工作的进度、程度等及时被掌握，为快速反应赢得时间。同时，及时的沟通可以使店长及时掌握员工的思想、情感和态度，从而提高管理水平。在实际工作中，常因店长重视程度不够或其他原因，没有及时与员工进行沟通，导致员工积极性下降。

3. 开放

始终保持开放的沟通气氛也有利于打消沟通者的顾虑。店长在沟通中不仅应始终保持友善、礼貌的态度，专心、耐心地倾听，还必须认识到不同的观点也是有益的，并避免过早地对接收的信息作出评价。

4. 完整

当店长为了达到餐饮门店的经营目标，要实现和维持与员工的良好合作时，店长就要与员工进行沟通，以促进彼此间的相互了解。在管理中进行沟通只是手段而不是目的。这项原则一个特别需要注意的地方，即沟通的完整性部分取决于店长对员工工作的支持。店长位于信息交流的中心，应充分利用这个中心职位和权力，提供员工需要的信息并向员工传递有关餐饮门店发展的相关信息，让员工能在一个信息通畅的氛围内工作。

5. 非正式

当餐饮门店内出现一些信息不适于由店长向下传达时，应该鼓励非正式组织传达并接收信息，以辅助店长做好组织的协调工作，共同为达到组织目标作出努力。

一般来说，非正式沟通对完成组织目标有不利的一面。但是，小道消息盛行，却反映了正式沟通渠道的不畅通。因而加强和疏通正式渠道，在不违背组织原则的前提下，尽可能通过各种渠道把信息传递给员工，是防止那些不利于或有碍于餐饮门店目标实现的小道消息传播的有效措施。

此外，店长还应该注意的是，不要在情绪不稳定时进行沟通，这样很有可能导致沟通的失败以及沟通对象的抱怨。

二、克服沟通障碍

沟通随时随地都可能发生，也可能随时发生各种不同的障碍，但要获得有效的信息沟通，提高沟通效果，就必须克服沟通中所产生的障碍。

1. 表达不清

语言是人们赖以交流的基本工具，也是信息传递的一种基本方式。若店长在沟通过程中不分对象，语言晦涩难懂，或者措辞不当，或者语序紊乱，中心思想表达不清楚，思想表达不严密，很容易让人产生误解。由于表达不清楚，店长往往需要花许多时间与精力去解释和纠正。

2. 沟通双方知识水平差异

由于店长与员工的之间可能存在较大的个性及知识经验差异，一些店长认为很简单的、不需多加以说明的信息，员工有可能会认为很复杂、需要加以解释才能理解。注意到了沟通双方在知识经验的差距之后，店长就应更多地从员工实际知识经验水平的角度考虑，选择最适合员工知识经验的语言、文字及表达风格，从而增强沟通效果。

3. 时间、地点选择不当

有些沟通障碍的产生是由于沟通的时间或者地点不当而造成的。例如，在时间方面，如果接收者由于某种原因心情不好或正在从事某项重要而又急需完成的工作时，这时一般的信息不容易引起他的注意，此时与他沟通效果会很差；在地点方面，对一个很要面子的员工来讲，店长当着大家批评他并限期改正错误与私下与他交谈、指出他的缺点的效果是截然不同的。

4. 缺乏尊重

店长在沟通中不专心、不耐心、态度不友善、不真诚或者总是以领导者自居等是对沟通对象缺乏尊重的表现，这些做法往往容易引起沟通对象对管理者的对抗情绪，增加沟通难度。

5. 组织障碍

层次越多，沟通中信息失真的可能性就越大；机构重叠，沟通过程缓慢，影响沟通的时效性，信息具有很强的时效性，时机已过，信息就失去了价值；条块分割，条条和块块各为自己的利益而层层设卡，封锁信息；渠道单一，造成信息不足，影响沟通效果。这种沟通障碍可能出现在店长向加盟总部沟通的过程中，向下沟通一般不会出现这种状况。

6. 顾虑太多

这种情况容易出现在店长与平级或与上级沟通的时候。沟通时，店长往往会生出许多顾虑，如沟通对象会不会生气、自己会不会挨批评、沟通对象会不会对自己有看法等。在这样的重重顾虑中，往往导致信息被粉饰后才传递，或者本应平级间沟通的信息有意推给上级，或者干脆将信息故意搁置起来不传递出去。

另外，有效的信息沟通要以相互信任为前提，这样，才能使向上反映的情况得到重视，向下传达的决策迅速实施。如果店长信誉不佳，沟通效果也会大受影响。如果信任成为餐饮门店内部的一种默契，那么从店长到员工的工作一定会轻松得多，沟通也会顺畅得多。

三、与下属沟通的技巧

在餐饮门店内部的沟通中，店长沟通的目的更多是为了分配或完成某项工作任务，从这个角度，店长应该掌握哪些技巧呢？

1. 讲清全局

安排工作时要讲清目的和全局，而不是只告诉他“你现在该做什么”。有些店长认为“下属干好当前的工作就行了，没有必要了解事情的全局，因为我才是整体调度者”，这种观念是错误的。如果你的下属不了解事情的全局，他只能完全按照你的表面意图工作，不敢越雷池一步。工作中遇到的任何问题，他都要向你汇报，因为他不知道如何处理是正确的。这样长此以往，你的下属会成为你的“跟屁虫”，工作能力不会有任何长进。

让下属了解事情的全局，并且了解其他员工是如何配合的，这非常有利于工作效率的提高。了解了全局，下属就会明白这些事情的做事原则，在一些细节上就会灵活处理。久而久之，下属就会认真地去思考自己的工作，并且会将自己的一些建议和想法告诉你，你不但多了一个好参谋，他的工作劲头也会很足。

2. 命令明确

在给下属布置工作时，还要把工作命令讲得明确，比如"这件工作要求什么时候完成""完成的标准是什么""实现目标应采取的行动"等，都要讲清楚。命令明确为分清职责提供了条件，当工作中出现了问题时，很容易分清是店长的责任，还是下属的责任。这样可以防止相互推诿，减少工作中的管理矛盾。另外，它为客观评价下属的工作提供了前提条件。

3. 指出可利用的资源

店长还应该指出下属完成某项任务时，可以利用的资源，这样有助于提高下属的办事效率和能力。同时，也能让员工感受到来自上级的支持，从而办事积极性更高。

4. 赞美

每个人都希望得到别人的重视，每个人都希望得到别人的赞扬。赞扬是最低廉、最神奇的激励方式。有些店长认为：我已经为下属的劳动付出了工资，没有必要去做这些事情。如果你这样对待下属，你的下属也会这样对待你：公司为我支付了工资，我为公司付出了劳动，所以我没有必要关心公司的前途。如果店长和员工形成这样的局面，就很难有愉快合作的工作气氛了。

5. 诚实和值得尊敬

要想使下属心悦诚服地听从命令，店长必须诚实并且值得下属尊敬。诚实首先表现在要勇于承认自己的错误，承认错误不但不会降低你在下属心目中的威信，反而会增强下属的信赖感。

此外，责备下属也是店长有时不得而为之的，但是店长要注意责备下属的艺术，例如，要明确地指出责骂的原因，不要任意责骂；不可当众责骂；只能就事论事，不能攻击人身等，此外，店长在爆怒时，最好不要责备下属。

第三节 时间管理

一、分析时间日志

餐饮门店经营者所要面对的压力无疑是巨大的，根据有关的研究报告，大约有75%餐饮门店经营者的周工作时间达到50小时，其中大约有10%的人周工作时间超过80小时——这个数字相当于正常工作量的两倍。虽然成功的餐饮门店经营者必须长时间地付出努力，但他们还是应该懂得如何保持平衡，以免他们的家庭生活和个人健康受到影响。因此他们必须懂得如何管理时间，否则种种责任和义务会让他们喘不过气来。

时间是人生最宝贵的资源，干任何事情都需要它。时间无替代品，它的供给又是个常量。所以，合理地利用有效的时间资源，争取更高的效率，对每一个人都是至关重要的。

学会时间管理的第一步，是分析自己目前的时间是如何耗用的。店长可以利用每日日志法来分析哪些时间是可以节省的，哪段时间的工作效率是最高的，时间流失的原因？通过分析进而知道如何有效地利用时间。根据自己的生活规律，把自己精神状态最好的时间集中起来，专心去处理最重要的、关系餐饮门店发展的工作。

1. 记录时间日志

店长可采用每日日志的形式来分析时间的具体分配。具体做法是，店长可以把一天的工作分为每半小时的计算单位。记录每半小时内的活动，并且每项活动都应附有具体说明解释，如果工作超时，也应注明原因。

2. 仔细分析记录信息

在每周结束时，要仔细研究所记录的事况信息，包括：

（1）在你的工作中，有多少是不必要从事或与你的目的无关的活动；

（2）什么人、为什么经常打断你的工作，你应如何控制或消除这些工作中的干扰；

（3）投入于有效工作的时间百分比是多少，这个数字是否使你感到惊奇；

（4）哪些是最耗时解决的问题，如何加以解决，是否真正委派了任务；

（5）何时是一天中最具效率及最不具效率的时间段；

（6）你是否经常避免做某类工作。

3. 找出时间流失原因

在创建和分析每日日志时，店长很有可能发现几项“时间流失”的原因。时间流失是指从事耗时但与工作目的无关的事情。它由两部分构成：源于店长本人或源于他人。

（1）源于店长本人的时间流失原因：显而易见，店长完全可以控制自己制造出来的时间流失因素。许多店长可罗列出一系列自我派生的时间流失因素，包括拖延、好高骛远、缺乏灵活性、杂乱无章的工作区域（包括办公桌和文档）、缺乏规划性、毫无目的或目的不明确、不懂得轻重缓急、不切实际的时间估计等。

（2）源于他人的时间流失因素，包括打扰、会议、要求帮助，意外事件、他人的错误、模糊的指令、信息的缺乏、等待他人（员工、上司、与会人员等）和垃圾信件。店长难以控制或去除这类时间流失的因素，但可谋求有效的解决策略。

二、时间管理工具

时间管理的工具包括日备忘录、周规划和日历记事录以及相关软件。初次使用这些工具，可能使人感到不便。但通过不断地使用，店长会发现，规划安排好自己的时间，能帮助店长避开时间的浪费，使你能完成首要的任务，并有足够时间去完成有重要意义的事情。

1. 日备忘录

日备忘录是行之有效的记录工作细节的手段。店长可以使用小型笔记本、活页本、提前印制好的表格或电脑提示文件。总之，日备忘录不拘泥于严谨的固定格式，可以根据自己的喜好选择不同的模式。备忘录可以在一天工作开始时书写，也可在一天的工作结束后开始书写，为第二天做准备。

在制定每日的备忘录时，应把所有能考虑到的任务都包括在内，要仔细审视各项工作的完成顺序、最后完成期限、工作流程、所需人数和其他相关事项。最后，删除不必在当日完成的工作任务。

日备忘录上的工作项目不可罗列过长，否则使人感到力不从心。另外，用词要具体，不能过于笼统，例如，不应使用“做好组织工作”，而应使用“把桌上的凌乱文件分类归档”。

制定并分清任务主次之后，店长应自问：“我本人需要做什么？哪些工作可以委派给他人？”在委派他人的工作旁，应具体注明接受委派人的姓名。

2. 周规划

周规划是店长时间管理的工具之一，不仅如此，使用周规划还能避免偏离既定的目标。店长每周可以抽出固定的时间来制订周规划，这个过程通常只需要几分钟的时间。然后店长可以根据每周的规划来安排本周的活动项目时间及要会见的人员。

随着时间的推移，店长可能还要做出不断的更新调整。如重新调整工作的主次关系、加入新的工作任务和重新安排各种活动的顺序。

3. 日历记事录

许多店长都使用日历来记录当年或本月重要的日期、会议时间和各项活动。这能帮助店长记住重要事件的总体安排和长期的任务职责。在制作每日的备忘录时，应首先查阅日历记事录，并尽早通知员工未来任务的最后完成期限。

4. 软件的应用

许多普遍流行使用的软件都有时间管理程序。例如，微软公司制作的前景软件具有诸如电子邮件等多种功能。当输入新的工作任务时，往往包括以下信息：题目、完成日期、状态、等级等。

软件的特点是能为店长设置（以分钟、小时或天为间隔）一种自功的“提示窗”，显示出工作任务的完成情况。随着工作的完成，完成情况的百分比也相应自动更新。软件的另一特点是能确认工作任务的“所有者”，它要求店长确定出委派的对象，使店长能跟踪本人的工作情况和委派给他人的工作完成情况。

三、提高时间利用率

店长要很好地完成工作就必须善于利用自己的工作时间。工作是很多的，时间却是有限的。时间是最宝贵的财富。时间是如此宝贵，但它又是最有伸缩性的——它可以一瞬即逝，也可以发挥最大的效力。所以，店长必须学会利用时间，提高时间的利用率，以下几种方法是有助于店长提高时间利用率：

1. 特定时间处理法

店长的时间和精力有限，但其日常活动中的琐事是无休止的。当店长分析每日日志时，就会发现，每日中有相当一部分时间被打扰所侵占，包括电话、未经预约的来访者、临时会议、意外事件和个人的规划外活动等。

在管理控制打扰前，应首先分清各种打扰的轻重缓急。与上司之间的临时会议就是非常重要的一种工作上的打扰。面对这种工作上的打扰，店长应放下手中的工作，立即着手处理它。可幸的是，这类重要的打扰并不多见。在实际工作中，大多数的打扰都是毫无意义的，店长只有把这种毫无意义的琐事打扰压缩到最低限度，才能挤出更多的时间和精力用于重大决策和活动。

如果员工们可能要在一个工作日中反复来打扰你，你应以一个短会的方式处理所有可能的打扰。对于其他的来访者，你可以抽出具体时间进行面谈，如下午 1 点到 1 点 30 分。如果来访者在其他时间段到来，你可以说“对不起，我要马上去完成一项工作。你能否在 1 点钟来”或“我们能否换个时间谈”。规定专门时间来对付特殊类型的工作不仅可使店长的日常工作自在轻松，而且能使管理者最大限度地集中精力完成工作目标。

2. ABC 分类法

把一天需要处理而又无法处理完的事物全部写出来，然后按轻重缓急分成 A、B、C 三类。A 类重要，B 类次之，C 类可以缓一缓。店长应设法完成 A 类和 B 类的工作，如果能完成，也就完成了当天工作的 80%。当然，任何事情是动态的，排定的工作日程也会有所变动。如有人打电话催办 C 类的事情，就要把这件事归到 B 类里去；如有人亲自登门交涉 C 类的事情，就应该将这件事列为 A 类办理。这些变化，往往使一些原规划中的 B 类工作被挤压 C 类中去。采用这种方法，可以使工作做到有条不紊。

3. 最佳时机法

对于每一个人来说，在不同的时间段里，在不同的工作和活动中可能表现出不同的结果。店长应尽量使时间的使用价值优化，最大限度发挥时间的作用。

（1）利用最佳时间

把最重要、最艰苦的任务安排在一天里最有效率的时间去做，店长就能花较少的力气做完较多的工作。应确定每天的目标，有规划地工作，养成每天把应做的工作排列起来的习惯。这样做能利用有限的时间和精力创造最多的效益。另外，在精力状况较差的时候，店长可以安排比较轻松的工作。

（2）把握最佳时机

对店长而言，把握最佳时机是完善时间的有利手段。餐饮门店内人际关系的处理，各种信息的分析把握，生产决策方案的具体实施，都有一个最佳时机。抓住时机，当机立断，很多问题就会迎刃而解。

4. 授权借时法

如果店长能够将一定的任务授权给领班或者部长自主处理，店长便可以把自己从繁杂的事务中解脱出来，集中精力考虑更重大的事情，解决更紧要的问题。当然，授权一定要熟悉所要处理的事情，并有能力处理好，所以选择授权的对象很重要。

5. 会议节时法

不参加没有准备的会议，规定员工养成开会必须准备、发言必须简短、内容必须充实、会议必作“结论”的习惯。一方面减短会议的时间，另一方面使会议不流于形式。除此之外店长应该重视会议的性质，尽量减少参加会议，有些会议未必要参加，只要在会议后批阅一下会议记录即可了解会议概要。

6. 集中精力法

用一个小时集中精力去办事，要比花两个小时而被打断10分钟、20分钟的效率还要高。店长要努力清除外部及内部分散注意力的因素，创造一个易于集中精力干工作的环境，必要时可关上门，拔掉电话线，拒绝不必要的来访等。如果店长经常出现想放松或拖延工作的心态，就应迫使自己集中注意力，要给自己定下完成工作的最短时间标准，同时，店长要努力争取超时，增加集中注意力的时间长度。

此外，对于繁忙的店长来说，一定的放松或者娱乐时间也是必要的。店长为了有效地使用时间，很容易成为每日每时都疲于应付的人。这种情况发生，会有受挫感并会为之感到苦恼。这时，可以通过有规划或无规划地寻找时间来放松，使自己的心灵和身体更加充满活力。即使在时间压力很大的情况下，掌握至少一种自己喜欢的放松技巧，它能提高自己的工作动力、注意力和忍耐力，有助于工作更好的完成。

第四节 团队管理

一、团队管理要点

团队一般是指由若干名成员组成，按照某种分工负责的方式，各就各位，一起工作或讨论研究，为达到既定目标而共同努力的群体。餐饮门店就是一个正式的团队。在餐饮门店范围内各部门员工一般进行的是重复性任务，但也要求每位员工熟悉工作，如餐饮门店部就有保安员、外场服务员等，他们必须能独立完成本职工作，同时和其他岗位相配合，共同完成顾客的接待工作。而店长作为这个团队的最高领导者，怎样才能正确理解团队，如何有效管理团队、提高团队绩效，这是很重要的。

店长作为一个团队的管理者，常会困惑于什么是一个团队，对管理一个团队没有明确的概念，常常沉溺于日常工作当中，见到什么就干什么，上级安排什么或要求如何做就如何做，缺乏一种作为管理者的主动性。其实，店长在团队管理中所做的事情不外乎就是：

1. 设定目标

好的团队领导会向他的团队成员指出明确的方向，他会和团队成员一起确立团队的目标，并竭尽所能设法使每位成员都清楚了解、认同，进而获得他们的承诺、坚持和献身于共同目标之上。

（1）要设立具体的可衡量的目标。例如，店长应该制订具体的营业性目标，然后领班、主管可以依其部门的总体目标来拟订更为细致的目标，如员工日常推销目标、行为规范标准目标等。

（2）设立目标完成的最后期限，并兼顾挑战性和现实性。

（3）设定目标时，考虑团队各成员自己的目标（允许队员决定达到目标的方法）。

（4）不要让某个项目部分因失败而危害整个项目的成功。

2. 信息支援

员工在工作当中会遇到信息不充分或不对称的现象，这就要求店长能及时提供相应的信息，以便更好地服务顾客；或者在平时多了解一些其他部门的运作程序，以便员工在工作中遇到需要其他部门协助事宜时能知晓应如何做。总之店长所掌握的资讯比普通员工多，给员工信息支援有利于工作的高效与优质。

3. 发挥领导的激励作用

在工作过程中，由于严格的目标约束及多变的外部环境，领导必须运用各种激励理论对团队成员进行适时的激励。对于团队的所有成就，店长都应该予以公开承认和祝贺，以鼓励和激发团队成员的积极性、主动性，充分发挥团队成员的创造力。

4. 灵活授权

领导要通过授权让团队成员分担责任，使团队成员更多地参与项目的决策过程，允许个人或小组以自己的更灵活的方式开展工作。

5. 协调团队冲突

在团队的管理过程中，肯定会遇到一些问题，店长应正确地去处理，遵守对员工公平、公正、公开处理的原则，例如：

（1）平等对待每个成员，避免怨恨；

（2）在没有得到确实证明之前，不能断定与团队意见不一致的成员有错；

（3）对团队成员要以礼相待，哪怕他们可能会给你制造问题；

（4）避免和成员直接发生冲突（要分析根源、解决方法、多少人涉及、是否需要私下交流、拉帮结派，目的是改进而非责备、批评）；

（5）处理问题对事不对人。

6. 跟踪团队活动进程

团队领导者要对整个活动的进程进行监控，设立时间日程表，利于团队会议或非正式会议进行交流反馈与控制。

此外，作为一名团队的领导还应该积极的培养和辅导下属，设立有效方式来训练队员，如吧台技术大比赛、优质服务满意比赛、服务创意大赛等。

二、提高团队凝聚力

团队凝聚力是无形的精神力量，是将团队成员紧密地联系在一起的纽带。它包括“向心力”和“内部团结”两层含义。高凝聚力团队具有以下特征：团队成员归属感强，愿意参加团队活动并承担团队工作中的相关责任，维护团队利益和荣誉；成员之间信息沟通快，互相了解比较深刻，关系和谐，并具有民主气氛。

团队凝聚力是维持团队存在的必要条件。如果一个团队丧失了凝聚力，团队就像一盘散沙，呈现出低效率状态，而凝聚力较强的团队，其成员工作热情高，做事认真，并会不断有创新行为。因此，团队凝聚力也是实现团队目标的重要条件。

究竟该怎样提高团队的凝聚力，使团队合作顺利地开展呢？

1. 每个人分担任务与共享成果

团队合作如同群体郊游一样。搬运行李的是男性，女性烹饪做饭，男性寻找木柴等，虽然分担的任务不同，但是大家却可吃到一顿共同完成的午饭，餐饮门店的团队合作是相同的道理，因此，评价分配任务中的达成度，并且经常让全体员工认知成果，彼此分享成效是很有必要的。

自己的工作与他人有什么关系，或者是他人的工作对自己的工作有什么影响等问题若能理解，并且能妥善安排与相关人员任务，那么即可达成团队合作；相反地，无法确认相关人的任务，中途随意安插职务，则无法发挥团队的互助作用。

2. 团队内的平衡与协作

对方不相干的团队很难培育出合作的精神。若店长与店员之间彼此有共识的话比较容易相处。若彼此只顾个人责任的话，那么就会出现彼此扯后腿的情况。

在协作中，必须决定任务并且由谁来担当此责任。其中可能会有较令人讨厌的职务或者是较困难的任务，但是若每个人有“不要轮到我就好”的想法，是完不成任务的。

对团队领导人而言，应给予每位成员自我发挥的空间，更重要的是要消除个人英雄主义，搞好团队的整体搭配，形成协调一致的团队默契，并努力使团队成员懂得彼此之间相互了解、取长补短的重要性。如果能做到这些，团队就能凝聚出高于个人力量的团队智慧，随时都能造就出非凡的绩效。

3. 促进工作场所内的交流

和一个陌生人或者不熟悉的人合作，相信任何人的意愿都不会太高，为什么呢？因为对方不熟悉，警戒心比较强。要解除这份警戒心，建立起彼此的合作，一定要充分理解对方的立场与想法。

互相理解，可以通过交流来完成，促进交流是最重要的工作。这种交流包括，工作岗位上的工作命令、上下纵向的交流、讨论工作和开会之类横向的交流，在工作场所内的谈话，每天招呼等非正式的交流活动，其种类非常多。这对促进理解、建立良好的团队默契，帮助都很大。

尤其是每日寒暄、聊天谈话，效果最大。另外，像一起进餐、旅行、休闲等对促进交流的帮助也很大。这是因为处于休闲状态下的沟通，多半是真心的交流，而且这份共同的经验将成为共同话题，增加交流的机会。

4. 意识到大家的共同目标

如果双方的利益是对立的，即便互相理解，还是很难合作。

为了产生合作的意愿，大家要调整一致双方的利益。比如，在工作岗位上，让他们拥有一个达成后双方都能满意的目标。

以餐饮门店为例，如果从业人员同心协力达成销售额增加的目标，即增加奖赏的比例，这对建立完整的团队合作，帮助很大。

决定工作目标时，最好召集工作岗位上的人们，共同讨论决定。因为，由大家商讨后决定，可以说是他们之间自行决定的目标，比较容易把那个目标当做自己的事。

5. 遵守工作场所的规则

像这样通过交流促进双方的理解，由大家达成共同的目标，人们自然地结合为一体，建立起合作体制；若是还有一些自私的人存在，好不容易建立起来的团队合作将轻易地崩溃。

因此，为防止这种情况的发生，店长一定要牢牢地控制住那些喜欢破坏规划的人，换言之，必须要求那些人切切实实地遵守规则。

6. 提高管理人员的指导能力

领导者的指导能力一旦下降，团队合作将变差。店长作为团队的最高领导者，必须受到餐饮门店所有员工的尊重才行。为使自己成为下属所依赖的对象，店长在工作上的能力、对事物的判断力、本身的人品等方面都必须非常卓越。由此可见，店长本身努力自我启发，对提高团队合作帮助很大。

7. 提高能力较差者的能力

登山或步行时，只要有一个人比大家差，那个人就会成为拖累全体的人。同样地，工作岗位上如果有一个能力比大家差的人，由于那个人无法把工作顺利完成，就成了众人的负担，因此如果不能避免那种人的存在，团队合作终究不好。解决之道是，教育那个能力较差的人，以众人之力提高他的能力。

总之，团队的凝聚力决定团队的战斗力，作为领导多注意沟通，店长多以身作则，统一思想，信任下属，保持良好的人际关系，这样带出来的团队就更有凝聚力、更富战斗力。

三、避开团队管理误区

误区1：团队利益高于一切

团队首先是一个集体，由“集体利益高于一切”这个被普遍认可的价值取向自然而然地可以衍生出“团队利益高于一切”这个论断。但是，在一个团队里过分推崇和强调“团队利益高于一切”，可能会导致两方面的弊端。

一方面，是极易滋生小团体主义。团队利益对其成员而言是整体利益，而对整个餐饮门店来说，又是局部利益。过分强调团队利益，处处从维护团队自身利益的角度出发常常会打破餐饮门店内部固有的利益均衡，侵害其他团队乃至餐饮门店整体的利益，从而造成团队与团队、团队与餐饮门店之间的价值目标错位，最终影响到餐饮门店战略目标的实现。

另一方面，过分强调团队利益容易导致个体的应得利益被忽视和践踏。如果一味只强调团队利益，就会出现“假维护团队利益之名，行损害个体利益之实”的情况。作为团队的组成部分，如果个体的应得利益长期被漠视甚至侵害，那么他们的积极性和创造性无疑会遭受重创，从而影响到整个团队的竞争力和战斗力的发挥，团队的总体利益也会因此受损。团队的价值是由团队全体成员共同创造的，团队个体的应得利益应该也必须得到维护，否则团队原有的团队精神就会分化成离心力。所以，过分强调团队利益，反而会导致团队利益的完全丧失。

误区2：团队内部不要“内斗”

团队精神在很大程度上是为了适应竞争的需要而出现并不断强化的。在团队内部引入竞争机制，实行赏勤罚懒、赏优罚劣的机制，打破看似平等实为压制的利益格局，团队成员的主动性、创造性才会得到充分的发挥，团队才能长期保持活力。

误区3：团队内部皆兄弟

不少餐饮门店在团队建设过程中，过于追求团队的亲和力和人情味，认为“团队之内皆兄弟”，而严明的团队纪律是有碍团结的。这就直接导致了管理制度的不完善或虽有制度但执行不力，形同虚设的局面。

纪律是胜利的保证，只有做到令行禁止，团队才会战无不胜，否则充其量只是一群乌合之众，稍有挫折就会作鸟兽散。

误区4：牺牲“小我”，才能换取“大我”

虽然团队精神的核心在于协同合作，强调团队合力，注重整体优势，远离个人英雄主义，但追求趋同的结果必然导致团队成员的个性创造和个性发挥被扭曲和湮没。而没有个性，就意味着没有创造，这样的团队只有简单复制功能，而不具备持续创新能力。团队不仅仅是人的集合，更是能量的结合。团队精神的实质不是要团队成员牺牲自我去完成一项工作，而是要充分利用和发挥团队所有成员的个体优势去做好这一项工作。

附录：优秀团队领导自检表

你是不是一个优秀的团队领导者，以下是一张优秀团队领导自检表，你可以在平时的管理工作当中对照：

1. 鼓励员工诚实地设定他们自己的任务范围与目标
2. 和餐饮门店内部及外部的顾客经常见面，沟通意见并满足其需求
3. 让员工相信，我对他是信任的，但如果犯了错误，我也会毫不犹豫给予批评
4. 允许并欢迎员工发表个人意见，但在必要时，我会向其解释为何按那样做的理由，尽管不一定会说服员工，但我会坚持说明，并在必要时否定某位员工的意见
5. 我会时不时征求员工对本团队的看法或建议
6. 我会有意识地根据员工的不同性格或背景变换管理方式以适应变化的情况
7. 采用任何可用的方式和员工交流，包括吃宵夜或户外集体活动等
8. 经常召开集体讨论会，包括如何给顾客提供更细微和个性化的服务，甚至包括讨论时事
9. 我相信只有不断发现问题，且不断采取积极的态度，团队才有可能不断进步
10. 处理事情时，对事不对人

第五节　纪律实施

一、纪律的错误理解

如果没有严明的纪律，餐饮门店只会是一盘散沙，人心涣散，缺乏市场竞争力。严明的纪律是餐饮门店塑造完美形象的根本保证。

实行纪律中出现的问题大多都是因为店长不了解实行纪律的目的，或根本不清楚如何实际操作。店长在实行纪律是要力避以下的错误理解，原则纪律实行就成为一纸空文，甚至产生相反的结果：

错误理解 1：纪律是一种惩罚形式

认为纪律是对员工的一种惩罚措施，这是对纪律最为普遍的错误理解。如果如此理解纪律，那么受到惩罚的员工可能会千方百计地掩盖错误或持敌对态度，在工作时间偷懒。而且在多数情况下，员工根本不会再努力工作。最重要的是，惩罚可能根本不能解决关键的问题。

因此，店长要清楚的认识到，对员工采取纪律措施的目的不是惩罚他们，而是要把纪律视为改善员工不良行为、达到餐饮门店工作标准的手段。在对员工实行纪律时，店长的角色不是法官、陪审团和法律的执行者，而是采取教练方式的辅导，以充分激励员工发挥最大的潜能。本着这种态度，实行纪律就成为积极的措施；而且本着这种积极态度，店长不必恐惧来自员工的敌对情绪，因为有效的纪律措施可防止敌对情绪的产生。

错误理解2：员工都要听从上司的指派

许多店长认为员工会执行也必须执行他们发出的任何指令。事实上，一些店长试图威胁并强迫员工按自己的旨意办事，这必然会导致两败俱伤的力量争斗。员工试图显示自己的力量，而店长会使用更大的力量。双方会持续僵持争斗的局面。直到店长和员工都穷途末路。店长的最后手段是辞退，但你不可能辞退全体员工。如果员工不畏惧辞退的恐吓或没有被辞退，他就赢得了胜利，店长也因而丧失了所有威信和权力。

这种“控制权”争斗所产生的问题与使用惩罚所产生的问题是一样的。最终结果是问题的原因得不到探查，员工的情绪变得十分敌对，缺乏沟通，易于冲撞，情绪低落，敌视并固执。

身为店长并不意味着你比员工“强”，合格的店长必须有高尚的职业道德，尊重员工的人格和员工的权力。不可救药的员工和工作奴隶型的员工数量越来越少了。面对格外严厉的店长，员工会觉得不开心而另谋出路。如果店长持续使用权力来控制走投无路的员工，员工的敌对情绪可能会导致效率降低、工作瘫痪，甚至演变成仇视和暴力。

错误理解3：如果对员工和颜悦色，就没有必要使用纪律措施

有些店长恐惧对员工实行纪律，他们对员工表现得过于宽容。在他们看来，如果对员工的错误和违纪现象表示宽容或听从员工的要求，就能得到员工的忠诚、友谊和有效的生产率。其实，员工非常渴望得到这种待遇，但他们会失去对店长的尊敬和对部门的忠诚。最终员工的士气和生产率会直接受到影响。员工可能会认为规章制度与他们无关。

过分纵容员工的店长可能会讨厌那些得寸进尺的员工。如果这种讨厌的情绪达到了不可收拾的地步，店长可能会严厉惩罚冒犯他的员工，甚至惩罚部门全体员工。员工会对这种做法感到迷惑而产生出更大的问题。他们感到受到了不公正的待遇，因为觉得自己的表现举止与以前没有什么不同。导致这一问题的原因是店长的行为举止缺乏一致性和延续性。

错误理解4：应使用同一方式来实行纪律

有些店长认为在任何情况下都应使用同一方式来对待所有的员工。事实上，店长的确需要理解如何使用不同方式来处理同类的违规问题。有时，虽然两种问题的表现形式可能相似，但原因可能截然不同，这意味着解决方式也要随之改变。在执行餐饮门店的纪律政策时应保持一致性和灵活性，要根据特定情况的不同因素而随时调整。

例如：一名忠实的长期员工因为配偶重病而迟到了两次，而另一名在试用期的新员工因为闹钟失灵也迟到了两次，采用同样的纪律措施对待他们显然是不公正的。

二、纪律实施要点

实行纪律的过程应能为餐饮门店业运营产生积极的回报，否则将导致紧张的人际关系、低下的工作表现、潜在的诉讼，并使店长和员工双方备感不快。如果没有相应的工作表现标准，没有向员工清楚地申明你的期望值，没有始终如一并公正地执行规章制度，员工则把纪律视为一种惩罚。优秀的店长应设法向员工展示自己的期望值，使员工参与问题的讨论与员工共同制订可行的行动规划。

1. 确保制度的合理性

在按照餐饮门店的规章制度或者纪律对员工进行管理时，最基本的前提是确保制度的合理性。如果一个餐饮门店存在过多的也许并不合理的制度，员工们常感觉到餐饮门店的管理理念是："员工不够聪明，不十分成熟，不会自我控制自己。我们必须制定规章制度去约束他们的举止。"这种管理态度能产生很大问题。例如，员工可能会认为他们不被理解或无信誉度。因此，他们对管理层会变得不信任甚至反感。

基于这些，店长应强调对规章制度和各种程序准则进行审核，特别是审核那些常被违反的规章制度，以确保其存在的合理性。如果店长自身没有能力决定餐饮门店的规章制度，也应该向规章制度的制定者反映相关问题。

一旦管理层确认规章制度的合理存在性，就应向员工解释并强调其权威性。如果你能改变员工对规章制度的态度，违反纪律的问题就会减少。

2. 收集事实

不管出现何种问题，都应留有充分时间来分析情况。店长应时时保持冷静并不断自问，在决策之前还应了解的情况和事实。除非遇到紧急事态，否则店长不应仓促作出决策。在决定是否有必要采取纪律之前，店长应收集相关事态的情况和事实。

本着对员工公正和负责的态度，应遵奉的原则是：未经证实的违纪者都是清白的。根据这一原则，作为店长的责任不是要证实错误的存在，而是要全面考虑情况，自问以下的问题：

（1）员工是否明知故犯；

（2）行为将导致的结果是什么；

（3）该员工的违纪记录如何；

（4）员工临时的个人问题是否是导致违纪的原因；

（5）不良的行为或违纪是否完全是员工的责任；

（6）你是否忽视过这名员工或其他员工在过去发生的类似违纪行为。

对于这类问题，应仔细审视确定自己掌握或需要掌握的事实，还应通过回顾以往的事例得出可视性的规律。认清问题是经常性的，还是最近出现的，你是否掌握足够的信息，是否需要与他人交流，该员工的行为如何与本部门或其他部门的员工相比，你的上司和餐饮门店办公室是否应清楚你的规划，你是否应征求他们的意见？

3. 探讨可能的原因

采取纪律措施之前首先探讨事况的起因，这能使你收集到相关的信息，并使你做好与员工面谈的准备。根据自我想象往往很难于得出真正事由。而探查则能揭示很多重要事实，并有助于你采取纪律措施。通过回答以下问题，你能探查出问题出现的可能原因：

（1）相关的人员都是谁；

（2）哪些规章制度被违反；

（3）问题是否有规律性；

（4）问题是否有其特定时间性或班次性；

（5）问题是否与年度中某一特定时间有关，如假日；

（6）问题持续的时间有多久，何时出现；

（7）问题在何地出现；

（8）是否有某些变革而导致了问题的出现；

（9）问题出现所伴随的现象是什么；

（10）是否向员工公布或清晰地宣布过各种规章制度。

你所核查的问题原因往往只是表面现象。只有亲自与员工交流才能收集到较为全面的信息。在采取纪律措施的过程中所选用的提问技巧应有助于员工了解问题的实质，查明问题的原因并制订行动规划以圆满地解决问题。

4. 判断是否需要采取纪律

在分析了事情的起因后，店长应该根据以下标准去判断是否应该采取纪律措施：当员工有能力做而不去做时，店长则需要采取纪律措施；而员工不清楚自己是低于标准或未达到店长的期望值时，则不应受到纪律的惩罚。

在采取纪律时，店长应该仔细考虑引起问题的原因是否超出员工的控制范围。员工的不良行为可分为两大类：员工故意所为（如偷窃、故意损坏设备或编造谎言）和超出员工的控制范围（由于缺乏培训、工具不当、缺少监督或其他原因）。如员工的不良行为属于员工自我控制范围之内，则应采取相应有效的纪律措施加以解决。例如，习惯性迟到或休息时间过长会给店长带来麻烦，并影响员工的士气和劳动效率，违纪员工对此十分了解，造成问题的原因不属于缺乏对政策和规章制度的了解，因此不可能通过培训来解决问题，只能通过纪律措施来改正。相反，如果超出员工的自我控制范围，则是管理者的问题。在这种情况下，管理者必须帮助员工达到工作标准。

另外，店长还应该考虑，发生的事情是否重要到花宝贵的时间去更改，以免浪费时间。

5. 表达工作的期望

一旦发现员工的不良行为，并且员工不良行为属于自我可以控制范围的，店长应该采取相应的纪律措施，与员工面谈应尽量在私下的场合。但是，店长应时刻牢记：采取纪律措施的目的是改变员工的行为，而并非惩罚员工。整个实行纪律的过程应投放在查找问题的症结和制订最佳解决方案上。因此，店长首先应该与员工讨论他的实际工作表现与你的期望的差距。员工必须意识到自己工作的缺点或偏差。

（1）具体描述差距。在描述员工工作表现与你预期的差距时应尽量具体，避免使用类似下列的提示："你的工作表现极差""你需要好好干"或"你应改变自己的态度"等笼统评价。此外这种评价只是在指责员工。

（2）解释政策、制度的重要性。如果员工的行为不符合餐饮门店的政策和规章制度——应向员工解释相关的政策和规章制度。同时，应向员工解释政策的重要性和与工作的关系性。如果员工感到低于标准的工作表现对于餐饮门店的经营无关紧要，他就会对纪律措施不屑一顾。

6. 要求员工解释其行为

在员工作自我解释的过程中，应仔细并客观地聆听。使用聆听技巧来鼓励员工，如"对""继续讲""我明白"或频频点头。最后员工总结错误所在，双方应对问题的起因达成共识。

（1）找到最根本的原因。店长应该真诚地倾听任何可能与问题有关的情况解释，而且要透过现象看本质。鼓励员工进一步提供情况，如"请继续告诉我""问题是怎样发生的"或"你还有什么看法"。不论听到何种信息，都应在适当时积极地点头并表示"我明白了"或"对"。

（2）使用启发性的提问。可以通过提问的方式来澄清员工的陈述："你能否具体些"或"你能否举个例子"或"你感觉如何"。最不可取的提问方式是："你为什么这样做"。使用"为什么"和"你"这两个词时常导致员工的戒备感，因为这时你所强调的是个人动机。而"他们为什么那样做"或"事情为什么那样发生"，一般不会为难员工，因为这只是在征求对方的意见。

（3）避免采用指令性的提问。店长应该避免使用类似于"你难道不""你难道没做过""你不是吗""你不该吗"的提问，这样的提问方式并不是在征求员工的见解，只是在以提问的方式阐述自己的看法，所以不宜使用类似的提问式。

7. 共同找出解决方案

员工的不良行为是导致采取纪律措施的原因，员工必须对自己的行为负责，店长应牢记员工负有解决问题的责任。店长的工作是：

（1）征求员工改善自己行为的见解。店长在与员工面谈时应询问："你认为我们如何解决问题"或"我们还可以如何做"如果员工只是简单地回答："我要努力"这并不是解决问题的方案。店长应进一步要求员工具体回答如何

“努力”，帮助员工尽量具体地描述未来要采取的措施。目标设置得越具体，就越能使员工改善自己的工作。

（2）提出你自己的建议。店长应该根据具体情况来分别处理各类员工所出现的各种问题。如果可能，可向员工提供可行的选择：“你是否愿意试试其他班次”或“你认为是否需要接受顾客服务的培训”。提供选择能避免抵触情绪。

（3）达成具体共识。显然，店长对员工如何纠正错误有强烈的主见。但你不妨在征询员工看法的同时，又不放弃自己的解决方法，找到双方都满意的方法。

（4）制订改善工作的具体目标和时间。

8. 陈述纪律

确切地向员工宣布将要采取的纪律措施并解释措施立即生效。然后进一步解释如果问题得不到解决会产生的后果及随后而至的纪律措施。如果员工表现出不安或怨恨，应同情地倾听其意见。向员工解释表示理解其心情，但要坚定自己的立场。告诉员工你是在改善工作表现而并非是惩罚个人。

清楚地向员工陈述如果没有实质性的工作改观，则要采取进一步的纪律措施，并具体解释进一步的纪律措施的构成。避免使用“如果你不改善，你会有大麻烦”的词语，而应具体解释要采取的行动和时间。这样做，员工会感到你不是在威胁他，而只是申明工作没有改观会引起的后果。

9. 制定跟进规划

一旦决意采取纪律措施，就应制订跟进规划。制订跟进规划能清晰地向员工展示你的关注之心。并使你按规划行事——不断跟进。在跟进的日期前，你应不断地观察员工的行为。切记：你应随时向员工提供积极的反馈。

第六节 会议管理

会议是店长传达餐饮门店旨意，与下属沟通了解下情，鼓舞士气，分析店务，制订规划，研讨对策的最佳途径之一。有效的会议管理是有用的管理工具：它能达成高效沟通意见，作出好的决议，使执行者认同，共同努力达成餐饮门店的经营目标，它的重要性，呈现在行动管理、技术管理及目标管理之上。

一、会议规划

成功的会议需要提前做功课，在开会前，店长至少要做好以下几项工作：

（1）会议流程：良好的会议流程安排，能保证会议按照进度，有条不紊进行；

（2）会议主题内容：会议应该紧紧围绕会议的主题展开，中心意思明确，这样有助于提高会议的效率；

（3）会议的目的：明确会议所要达到的目的，有助于日后效果的评估和检测；

（4）会议时间与地点选定：餐饮门店的会议一般在营业清淡时期进行，避开营业高峰，这样不影响餐饮门店的正常营业；

（5）参会人员：参会人员根据会议的内容和目的来定；

（6）会前与各部门沟通事项：会前应该告知参会人员会议的主题、时间、地点等。

二、会议主持要点

会议主持要点包括：

（1）每次会议前务必明确会议的目标和意义，并使之贯穿于会议始终；

（2）加强对会议的控制力，会议中可适当穿插提问或引导性的提示；

（3）用幽默的方式保持会议纪律，并阻止与会者私下交谈；

（4）要有序安排发言的次序；

（5）认真作好有说服力的会议总结；

（6）会议观点表达清楚，避免发言冗长；

（7）创造气氛，引导与会者集中精力倾听；

（8）避免会议离题；

（9）尽量利用视觉化技术，用必要的图、表、标记等来直观表示；

（10）安排好会议进程表，不拖延会议时间；

（11）会议要有结果，对于必须得出结论性的东西，切忌下一次再“研究研究”。

三、会议禁忌事项

会议禁忌事项包括：

（1）发言时不可长篇大论，滔滔不绝（原则上以3分钟为限）；

（2）不可从头到尾沉默到底；

（3）不可引用不正确的资料；

（4）不要尽谈些期待性的预测；

（5）不可作人身攻击；

（6）不可打断他人的发言；

（7）不可不懂装懂，胡言乱语；

（8）不要谈到抽象论或观念论；

（9）不可对发言者吹毛求疵；

（10）不要中途离席。

四、案例

案例1：某餐饮门店会议规划

1. 会议前资料准备

会议前资料准备包括：

（1）2006年1月份营业状况分析表；

（2）营销的分类与持续执行；

（3）店务分析与营业状况；

（4）提前通知各部门会议内容。

2. 会议流程

会议流程包括：

（1）14：30会议准时；

（2）14：30～15：00 各部汇报及点评；

（3）15：00～15：30 光碟学习与教育及其启动下一步工作；

（4）15：30～16：00 店铺总体规划讲解；

（5）16：00～16：30 各部门评选优秀部门，并明确领奖时日期、地点。

3. 会议主题内容

会议主题内容包括：

（1）顾客在哪里；

（2）服务优秀吗（心理学、身体语言学、语言学）；

（3）产品是精品吗；

（4）人力战力最大发挥；

（5）过度品评吗；

（6）后勤是服务机构，客户是谁，态度如何；

（7）以沟通的方式来评价店务；

（8）评价干部，并且给予批评和指正；

（9）营销的意义与变革。

4. 会议达到目的

会议达到目的包括：

（1）外场服务改进

①打扫卫生注意事项（检测表）；

②肢体动作学习；

③微笑与语言服务。

（2）采购设备管理制表（周期）

（3）办公室

①出纳工作流程及现金日记账；

②会计工作流，各种账本；

③采购工作流程；

④吧台厨房产品改进本，外场每天签名，自建一本，店长每天检查。

5. 会议时间及地点

会议时间及地点是：

（1）会议时间选在不太忙及人力集中的下午；

（2）会议地点在××房。

6. 参会人员

参会人员包括：

（1）全部干部；

（2）后勤：会计、出纳、采购。

7. 会前各部门沟通事项

会前各部门沟通事项包括：

（1）后勤参会；

（2）外场服务提升工作；

（3）吧台增加红酒和洋酒及相应培训；

（4）厨房新产品创新；

（5）吧台、厨房根据季节产品考虑。

8. 执行列表及检查

执行列表及检查包括：

（1）采购、设备、工作流程，3 天，周检查；

（2）会计、出纳，2 天；

（3）外场，2 天；

（4）吧台，2 天；

（5）厨房，2 天。

案例 2：某次餐饮门店会议内容

1. 各部门汇报工作情况

各部门汇报工作情况包括：

外场、吧台和厨房依次汇报自己的工作状况。

2. 人事异动及先知

人事异动及先知包括：

（1）外场实习领班，外场领班升任为实习部长；

（2）相关实习人员考核情况协商完成；

（3）相关实习人员进行备案；

（4）薪资将依据根据餐饮门店规定实行。

3. 成立干部管理小组

成立干部管理小组包括：

（1）每日七项品质管理；

（2）管理经验分享及探讨提升；

（3）营销活动策划与执行，营销业绩提升。

4. 员工福利及激励机制

员工福利及激励机制包括：

（1）节日适当加餐，圣诞、元旦、春节等。

（2）回馈员工活动半月行，吃多少送多少。

（3）员工生日纳入福利机制。

（4）评选优秀干部2名，选举办法：一干部选举，二店长选举。奖励办法：优秀部门评选。

（5）座谈会：每个部门每半个月进行一次座谈会，开展室内游戏，将提升配合度寄于娱乐之中。

5. 培训规划

各部门自我设定目标，上司跟下属设定目标，培训规划：

（1）培训规划要与工作规划相协调；

（2）培训规划要每月做出两次，每月一次。

第七节　目标管理

一、经营目标及设定要点

“目标管理”的概念是管理专家彼得·德鲁克（Peter Drucker）1954年在其名著《管理实践》中最先提出的。所谓目标管理乃是一种程序或过程，它使组织中的上级和下级一起协商，根据组织的使命确定一定时期内组织的总目标，由此决定上、下级的责任和分目标，并把这些目标作为组织经营、评估和奖励每个单位和个人贡献的标准。

德鲁克认为，并不是有了工作才有目标，而是相反，有了目标才能确定每个人的工作。所以“企业的使命和任务，必须转化为目标”，如果一个领域没有目标，这个领域的工作必然被忽视。因此管理者应该通过目标对下级进行管理，当组织最高层管理者确定了组织目标后，必须对其进行有效分解，转变成各个部门以及各个人的分目标，管理者根据分目标的完成情况对下级进行考核、评价和奖惩。“目标管理”的理念提出后，立即在美国、欧洲、日本等地流行起来。现在“目标管理”已经成为企业最重要的管理工具之一。

设定目标是目标管理中的关键环节和首要环节。一旦目标确定，它就成为引导餐饮门店行为的一个重要激励和方向。同时，有了明确清晰的经营目标，才会有详细的达成目标的措施和方案，也为日后的目标实施评估提供依据。

1. 餐饮门店主要目标内容

（1）营业额目标

营业额是一家餐饮门店经营好坏的一个最基本的指标。所以对于营业额的预测，必须有一个详细的规划，如每月营业额、每周营业额以及每日的营业额，都需要参照各项影响因素，分别去制定。此外，每年营业额的增长率也需依照竞争对手的情形及经济指标来制定。

在设定营业额目标时，店长通常考虑的重点有餐饮门店以往同期的业绩、现行市场状况、经济、竞争状况等。

（2）成本目标

有开源也必须要节流。因此，如何规划各项费用、制定预算，进而将费用控制在预算之内，也是一项重要的工作。设定大项的目标值区域，如人工工资、水电费用、食物成本、饮料成本，然后分解到厨房、吧台等部门。

（3）人力目标

员工是推动餐饮门店运转的主要动力，因此，如何有效、合理运用人力资源，进而配合公司长期发展以及有规划地实施人员培训及教育训练规划，是当今店长所必须重视的问题，即使是员工不多的餐饮门店，也必须有员工福利及相关的培训规划，以留住员工，能为餐饮门店一直拼搏下去。

（4）服务品质目标

在讲求服务的今天，如何为顾客提供面面俱到的各项服务，的确是需要店长去用脑筋思考一番的。“服务”包含范围广泛，比如，餐饮门店环境设计及装修、餐饮门店的便利性、店员的服务态度和速度、店员的礼仪礼节及精神面貌等都是服务项目。

（5）产品目标

即如何开发出受消费者欢迎的咖啡以及其他餐点，如何提高某种特定产品的销量。

（6）促销目标

在目前竞争激烈的餐饮门店市场，开店等待客人进门的方式已不适合现代潮流，为增加利润，餐饮门店不能被动等待顾客上门，而应必须主动地吸引顾客来店。因此，促销与宣传是缺一不可的。所以这时必须开展销售促进规划，首先要确定促销所要达到的目标是提升知名度还是提高产品销售，根据目标设定具体的促销方法。餐饮门店最常使用的促销方式就是“折扣”“返券”“特价”等，每一种都具有特色，顾客也乐此不疲。

2. 目标设定的要点

（1）设定时限

做任何事都必须考虑时效性，如果不是如此，可能永远不知道完成的时间，也许造成推、拖、敷衍了事的不良习惯，最后一事无成。因此，时间的考虑极为重要。如果目标设立很大，不能在短时间内完成，就必须将目标加以分段，分为短、中、长，照着目标、计划去执行。

（2）数字化

数字化的意思就是将目标具体化加以设定，一切结果都用数字表达，如设定当月营业额目标为20万元，将成本率控制在40%。千万不要用差不多或不知道的模糊概念来表示。

（3）实际可达成

设定的目标必须是在餐饮门店全体员工付出努力与时间后能获得的，千万不要设定一个餐饮门店不可能达成的目标，必须设立一个比较实际，而对本身有帮助的目标。

（4）挑战性

顾名思义，设定的目标必须能够发挥员工潜能，激励员工全力以赴。同时，在这样的情况下，餐饮门店的员工也能够获得锻炼与成长的机会。

一个没有具体目标的餐饮门店，不仅无法团结内部，还会造成许多不必要的资源浪费和无谓的损失。完整且考虑周详的目标，将会大大提高经营的效率。尤其是中小型餐饮门店，由于资源有限，特别要避免不必要的时间、精力和金钱方面的浪费。

二、达成目标的相关对策

有了目标之后必须要有执行达成目标的策略。下面将针对餐饮门店经营目标的6项主要内容，分别提出相关对策，以便能使规划顺利执行。

1. 营业额目标对策

营业额目标对策包括：

（1）依据竞争模式以及营业额订立营业预算；

（2）加强人员素质培训，以达成预算为第一目标。

2. 成本目标对策

成本目标对策包括：

（1）制定经费预算，按照能省则省的原则进行预算制定；

（2）要容忍预算中缺憾之处；

（3）区分变动及固定成本，特别要针对变动成本加以控制；

（4）求出损益平衡点，用数据来管理餐饮门店。

3. 人力目标对策

人力目标对策包括：

（1）严格进行员工选拔，遣退不合格员工；

（2）任人唯贤，使人尽其才；

（3）加强员工教育训练，制订全年的培训规划；

（4）注重员工福利，提高其工作效率。

4. 服务品质目标对策

服务品质目标对策包括：

（1）强化员工服务观念；

（2）以休闲、舒适为原则，规划餐饮门店内布局；

（3）规定并执行服务用语、服务礼仪；

（4）支持顾客永远是对的；

（5）提供给顾客各项信息，以供参考。

5. 产品目标对策

产品目标对策包括：

（1）提高咖啡以及餐饮门店的质量，重新选择供应商等；

（2）根据消费者的喜好，调整产品结构，如多开发一些具有本土特色的产品；

（3）推出独具特色的餐饮门店创新餐饮门店。

6. 促销目标对策

促销目标对策包括：

（1）选定促销媒体，并适时提供各类信息给顾客；

（2）制定促销费用预算并有效运用费用；

（3）选择促销方式、促销手段。

上述各项对策上是一般的应对策略。由于每一家店并不相同，所以，店长必须依据自己餐饮门店的特性，拟出一套妥善的经营目标与执行对策。

三、目标管理的五大要点

目标管理是一种系统的管理工具，并不是简单的设定目标即可，在实施目标管理时，要掌握以下要点，这样才能保证目标管理的效果：

1. 要准确地传达给全体员工

目标的设定通常由店长以及四大部门的干部来完成，然而实现目标的具体方案和措施要通过全员努力来完成。因此，餐饮门店在确立了自己的使命愿景、中长期发展战略和年度经营目标以后，应首先通过各种沟通渠道向全体员工明确的传达餐饮门店的目标。目标的沟通传达过程也是一次对全体员工的激励鼓舞过程。让全体员工了解餐饮门店的各层次目标，并认同这些目标，有利于激发全体员工朝着相同的目标去努力，形成团队凝聚力。

2. 将餐饮门店总目标与员工个人目标结合起来

目标管理是一种全面提高业绩的管理体系，其理论依据在于提高组织的业绩，组织中的人起着至关重要的作用。而人都是自我的，自我意识下的人对自我目标的关注胜过对组织目标的关心。因此，管理者的责任就是如何将组织的目标变成组织中每个人的目标，在目标分解过程中，要明确权、责、利三者，而且要相互对称。这些目标方向一致，环环相扣，相互配合，形成协调统一的目标体系。只有每个人完成了自己的分目标，整个企业的总目标才有完成的希望。

3. 注重目标实施过程管理

目标管理重视结果，强调自主、自治和自觉，并不等于领导可以放手不管，相反由于形成了目标体系，一环失误，就会牵动全局。因此领导在目标实施过程中的管理是不可缺少的。首先进行定期检查，利用双方经常接触的机会和信息反馈渠道自然地进行；其次要向下级通报进度，便于互相协调；再次要帮助下级解决工作中出现的困难问题，当出现意外、不可测事件严重影响组织目标实现时，也可以通过一定的手续，修改原定的目标。

4. 将目标的达成状况与员工的绩效考评结合起来

目标管理中另一个必须解决的问题是目标实施的激励和评估系统。目标管理的激励制度主要根据岗位的职责、岗位目标、部门目标及组织整体经营目标的完成情况来确定薪酬。在目标管理制度下，每一位员工都清楚地知道餐饮门店的总经营目标、本部门的工作目标以及自己的岗位目标。同时员工清楚各层次目标的完成将怎样影响到切身的利益。每一个岗位、每一个部门如果都在目标体系的指引下完成了各自的目标任务，则餐饮门店的总经营目标完成，员工也按其对整体目标实现的贡献获得了相应的报酬。实际上，目标管理的良好实施是可以达到餐饮门店与员工双赢的结果的。

5. 不忘事后总结与改进

达到预定的期限后，下级首先进行自我评估，提交书面报告；然后上、下级一起考核目标完成情况，决定奖惩。同时仔细分析在目标实现过程中的得失，总结经验教训，为更好地实现下一阶段目标做准备。如果目标没有完成，切忌相互指责，以保持相互信任的气氛。

附录：某餐饮门店收入目标控制表

吧台收入控制表

序号	科目	月份							
		上旬				中旬（累计）		下旬（累计）	
		月目标（元）	占总比率（%）	实绩（元）	伸张率（%）	实绩（元）	伸张率（%）	实绩（元）	伸张率（%）
1	吧台收入	50000	55.90	16335	32.70	34786	69.60	54629	109.30
2	咖啡类	17000	34.00	5174	30.40	10794	63.50	17700	104.10
3	茶类	19000	38.00	6252	32.90	12420	65.40	19204	101.10
4	奶茶类	3500	7.00	1256	35.90	2759	78.80	4369	124.80
5	果汁类	4000	8.00	1301	32.50	3158	79	4867	121.70
6	小吃类	2500	5.00	1111	44.40	2281	91.20	3381	135.20
7	冰品类	2000	4.00	599	30	1704	85.20	2692	134.60
8	新品类	300	0.60	70	23.30	270	90	375	125
9	其他	1700	3.40	572	33.60	1400	82.40	2041	120.10
10	外场收入	9000	10.10	3064	34	5792	64.40	9126	101.40
11	营业外其他收入	400	0.40	131	32.80	246	61.50	378	94.50
备注		1. 奶茶类、果汁类呈上升趋势与3月份营销活动送券有关 2. 小吃类、冰品类、新品类与坚持的产品差异化战略有关，同时由于气温转暖							

厨房目标收入控制表

序号	科目	月份							
		上旬				中旬（累计）		下旬（累计）	
		月目标（元）	占总比率（%）	实绩（元）	伸张率（%）	实绩（元）	伸张率（%）	实绩（元）	伸张率（%）
1	厨房收入	30000	33.60	10716	35.70	19083	63.60	30319	101.10
2	铁板类	800	2.70	344	43	500	62.50	837	104.60
3	其他	3150	10.50	1151	36.50	1814	57.60	3182	101
4	比萨类	700	2.30	260	37.10	382	54.60	678	96.90
5	粥类	900	3.00	356	39.60	512	56.90	936	104
6	木桶、竹桶	1000	3.30	455	45.50	592	59.20	1057	105.70
7	特色小食、小吃	1690	5.60	582	34.40	1000	59.20	1692	100.10
8	荷香、意式	4500	15.00	1689	37.50	2959	65.80	4556	101.20
9	煲仔饭	7200	7.30	875	39.80	1403	63.80	2249	102.20
10	套餐类、炒饭	9700	32.30	3252	33.50	6269	64.60	9703	100
11	扒类	3560	12.00	1131	31.80	2350	66	3580	100.60
12	新品	1800	6.00	621	34.50	1302	72.30	1849	102.70
备注		1. 厨房收入无太大变化，从总体上升看，实属有所下降 2. 厨房将通过商务套餐吸引更多商务客人，扒类、比萨等特色重点推荐，并推出适合本地新品							

第七章
店员招募与考核

餐饮门店要制订中长期的人力资源需求规划。如果餐饮门店实施的是无计划地招聘行为，到人员短缺时，再去急急忙忙地招聘，必定会使餐饮门店的日常经营陷入忙乱之中，影响餐饮门店的正常运营。因此，制订一个中长期人力资源规划，能让一切尽在店长的掌握之中。

第一节　店员招募

一、店员需求规划

餐饮业是一个人员流动性比较大的行业，尤其外场服务人员流动性最大，这在某种程度上给外场的乃至餐饮门店的整个运营带来较大的影响，人员不够会导致服务下降，顾客投诉增加，严重的情况会影响到营业状况。

1. 人力需求预测

店长应从长远的角度考虑餐饮门店人员的需求问题，从而有利于提前制订招聘计划，及时补充人力，这样可以避免服务下降和保证产品的品质，从而实现餐饮门店的稳定经营。

人力需求考虑的因素有：

（1）营业状况的季节性差别；

（2）节日的影响，比如，春节会对餐饮门店的经营产生较大的影响，北方大城市一般生意下降，南方生意较好；

（3）人员离职率，及其现有人员离职意向；

（4）特别活动的推出，或者新产品的上市，以及营销计划的影响；

（5）薪资标准和同行业竞争状况等综合因素的考量。

例如，根据市场需求，餐饮门店计划明年增加就餐位 50 个，估算上座率为 80%，而服务人员的平均接待能力是 8 人，那么预测外场的人员需求数为：$50 \times 80\% \div 8 = 5$（人）。

2. 人力供给分析

人员招聘一般分为两个部分，一为内部提升或转介绍；二为外部招聘。

当餐饮门店出现空缺的岗位时，一般情况下，应该首先考虑内部调动或者晋升。店长应该对现有员工进行调查分析，主要内容包括人力资源的数量、质量、结构及分布状况。这一部分工作需要结合人力资源管理信息系统和职务分析的有关信息来进行。一个良好的人事管理信息系统，应尽量输入与员工个人和工作情况的资料，以备管理分析适用，而外部招聘可以考虑中专院校。

3. 供需对比，编制筛选录用规划

对餐饮门店的人力需求和供给情况进行分析之后，店长就可以了解到餐饮门店是缺少劳动力还是剩余劳动力，如果是剩余劳动力可以采用解聘的方式来达到人力均衡，如果是缺少劳动力，就可以从内部提拔或者外部招聘的方式来吸收新员工。同时，店长还应该在人力规划基础上编制员工筛选录用规划，其主要内容包括：

（1）录用人数：确定规划期年度应录用的员工人数，录用人数的确定，还要兼顾到录用后员工的配置、晋升以及支付等问题；

（2）录用基准：确定录用什么样的人才，其主要标准包括：年龄、性别、学历、工作经验、工作能力、个性品质等；

（3）录用经费预算：除参与录用活动的有关人员的工资外，还包括广告费、考核费、电话费、文具费和杂费等。

4. 招聘规划评估

招聘规划评估包括：

（1）招聘规划的评估就是检查招聘是否在数量上、质量上以及效率方面达到了标准；

（2）判断招聘效果的一个最主要的方法，是看空缺的职位是否得到了填补，聘用率是否真正准确地符合招聘规划的设计；

（3）招聘的效率问题。招聘效率衡量的是招聘成本的多少。招聘成本取决于招聘的工作岗位的类型、招聘活动的细致程序、使用的申请人来源的种类和数目以及所招聘的人员数量的多少。

5. 人力规划注意的问题

在制订和实施人员录用规划时，必须注意以下问题：

（1）人员筛选录用规划不仅要规划未来，还应反映目前现有员工的情况，如员工的调入、调出、升迁等。

（2）从录用方式看，包括定期录用、临时录用、个别录用等。对录用规划讲，应明确区分，分类规划安排。

（3）餐饮门店处于多变的经济环境中，人员筛选录用规划应不断地根据实际情况的变化，调整规划，绝不能一劳永逸。

（4）编制和实施人员筛选录用规划，还必须注意到社会成员价值观念的取向、政府的就业政策和有关劳动法规。如在录用员工时，不要出现性别歧视。

人力资源规划属于管理职能中的计划层次的工作，可能很多人认为比较“虚”，做不做无所谓。但是实际工作经验证明：“有计划才能不忙，有原则就能不乱！”严谨的人力资源规划工作对于店长开展人力资源工作起到提纲挈领的作用，有利于店长开展一系列工作。

二、店员招聘流程

人员招聘从规划到最后录用是一个系统的流程，每一步都关系到整个招聘是否能够达到预期的效果，良好的人员招聘规划可以避免许多遗漏，使整个招聘过程能够顺利的进行，下面是从招聘规划到录用的整个过程说明：

1. 制订招聘规划

制订招聘规划包括：

（1）人员招聘和录用工作，开始于四大部门各种工作岗位产生职位空缺由此而提出人员的增补需求。店长汇总各主管递交的申请表，在进一步核对查证的基础上确定本餐饮门店的人力资源规划。

（2）要对各主管提交的申请表进行进一步的核对查证：

①查证各部门的管理机构在实际运作中是否增加人力；

②核查出现职位空缺的原因，是由于工作人员的失职、不称职或其他与工作人员有关的原因引起的，还是由于主管的管理不善，不能妥善处理与下属人员的关系等。

2. 确认招聘

确认招聘包括以下内容：

由店长与各部门确认人员招聘工作，各部门须根据招聘工作的具体要求作出相应的实施规划，并将每一项工作逐步推行，直至人员招聘工作的最后完成。

3. 选择招聘渠道

选择招聘渠道包括：

（1）店长根据待招聘职位的具体情况选择招聘渠道和方法。一般来说，人员的招聘可以同时在内部与外部开展，一是在店内部门进行人员调整，最大限度地发挥餐饮门店现有人力资源的潜力；二是从店外吸收适合餐饮门店需要的人才。

（2）如果需要对外招聘，餐饮门店应建立几个比较固定的招聘渠道。

4. 简历筛选及面试

简历筛选及面试包括：

（1）选择了招聘渠道和方法后，通过发布招聘信息或参加各种招聘活动等，获得比需要招聘的人数多的职位候选人；

（2）店长和主管需要对候选人的简历进行初步筛选，根据工作岗位的要求，把比较符合要求的求职者挑选出来；

（3）通知符合条件的人来面试，从知识、技能、从业经验、家庭背景等多方面了解面试者，此外，厨房工作人员还可进行现场考核。

5. 核查有关证件及履历

核查有关证件及履历包括：

对应聘者提供的有关证件和履历，应仔细审查，以证实其真实性。店长在雇用一名员工前进行核查的内容一般包括以下几点：名字、身份证、现在及以前的住址、过去工作表现、教育、培训情况等。必要时可经应聘者同意后，向相关单位或他人查询，以确定证件或履历的真实程度。

6. 决定初步录用

决定初步录用包括：

（1）参加面试过程的店长和主管对候选人的表现进行讨论和评价，店长向主管提出建议，而由用人部门作出录用决定；

（2）参加评估过程的主管和店长将分别提供对每个候选人的评价报告，主管的评价报告的重点在于专业知识技能方面，店长提供的评价报告的重点在于核心能力方面的评价；

（3）要求被初步录用的人员参加身体健康检查，目的是保证候选人不会由于健康的原因而影响工作。

7. 岗前试用及培训

岗前试用及培训包括：

（1）岗前试用的主要目的是为了通过工作实践考察试用员工对工作的适宜性，同时，也为试用员工提供了进一步了解餐饮门店及工作的机会。事实上，这一阶段是餐饮门店与员工的双向选择，彼此双方不受任何契约的影响。

（2）在试用阶段，餐饮门店需要对试用员工进行相关基础培训，包括咖啡知识、餐饮门店制度等。

8. 正式录用

正式录用程序包括：

（1）对试用期满的员工的工作绩效和工作适宜性进行考核评价，经考核合格者正式录用为员工；

（2）签订劳动协议、劳动协议可以约定双方的劳动关系、责任、权利和义务，并对双方进行法律约束和保护；

（3）新进员工上岗任用、至此完成人员选聘与录用工作的全部操作，为餐饮门店挑选出所需要的人才；

（4）正式录用的员工的档案应该转移到餐饮门店指定的档案管理室。

三、店员招募途径

选择恰当的招聘途径也是一门学问，因为它关系到招聘的成本以及有效性的问题，如果渠道适当，餐饮门店能够以较少的成本招聘到合适的人选，反之则事倍功半。餐饮门店的招募途径一般可以分为内部招聘和外部招募两种，各有长短处。

（一）内部招聘

内部员工既可自行申请适当位置，又可推荐其他候选人。这种招聘方式的优点是，员工的工作情绪可以由此改善，同时也可降低招募的成本费用。

但是内部来源如处理不当，容易引起各种纠纷。所以店长在进行内部招募时一定要有固定的严格的标准。

1. 员工推荐法

员工推荐法是指员工推荐其亲戚、朋友、熟人、同乡、校友到餐饮门店工作。这种方法是最奏效的，但是要保证让员工认真负责地将自己周围值得信任的合适人员介绍过来，店长和主管平时就应该注意加强与员工的交流，培养信任感。

（1）优点：用人较为可靠，成功率较大，应聘者就职后稳定性强，招募费用较低；

（2）缺点：容易掺杂人情关系，时效性差；容易形成小团体和裙带关系，而且录用后难以辞退。

2. 内部提升

当餐饮门店中有些比较重要的岗位需要招聘人员时，例如，领班、部长等，让餐饮门店内部符合条件的员工升任，就是内部提升。

（1）优点：有利于激励员工奋发向上；

（2）缺点：自我封闭，不易吸收到优秀人才，可能使餐饮门店缺少活力。

与内部提升相匹配，餐饮门店应该建立一套完善的职位升迁体系，指明哪些职位可以晋升到哪些职位，并注明各个职位的任职资格，为员工晋升提供任职资格依据。

（二）外部招聘

外部招聘是餐饮门店普遍采用的招聘方式，其优势在于应聘者来源广泛，选择的余地大。但是外部招聘也存在一些缺点，例如，应聘者的条件不一定能代表其实际水平和能力，因此不称职者会占有一定或相当比例。此外，相对于内部招聘，外部“空降兵”需要一个熟悉的过程，不能迅速进入角色，开展工作。

餐饮门店外部招聘的途径有很多种，概括起来主要有以下几种：

1. 刊登招聘广告

通过报纸、电台、电视、专业杂志、互联网络、马路张贴广告等。餐饮门店一般在店门口张贴招聘广告即可，也可在当地一些比较大众化的报纸刊登广告。

（1）优点：传播范围大，挑选余地大；招聘广告留存时间较长；可附带餐饮门店形象、产品宣传。

（2）缺点：除在门口张贴广告这种方法外，其他广告费用支出较大，录取成功率低。

2. 人才招聘会

各地每年都要组织几次大型的人才交流洽谈会。餐饮门店可花一定的费用在交流会上摆摊设点，应征者前来咨询应聘。一般来说，餐饮门店较少采用这种方法进行招聘，除非是部长、领班级员工的招聘可以考虑采用这种方法，而且最好选择餐饮门店企业的专场招聘会。

（1）优点：双方直接见面，可信程度较高；当时可确定初选意向，时间短、见效快；费用低廉。

（2）缺点：应聘者众多，洽谈环境差；挑选面受限。

3. 职业介绍所与就业服务中心

一般由职业中介机构撮合或检索其人才资源库，实行单向（或双向）收费。

（1）优点：介绍速度较快，费用较低；

（2）缺点：中介服务普遍质量不高。

4. 大专院校

这是招收应届毕业人才的主要途径，用于招募发展潜力大的优秀新人才。餐饮门店可以派人到大专院校招聘应届生，与求职者面谈。

（1）优点：双方了解较充分；挑选范围和方向集中，效率较高；

（2）缺点：应聘者流动性过大，有时需支付其旅费和实习费。

为了让学生增进对企业的了解，鼓励学生毕业后到餐饮门店工作，征募主持人应当向学生详细介绍企业情况及工作性质与要求，最好印发公司简介小册子，或制成录像带、印刷介绍图片。

究竟哪一种方式对餐饮门店更适合，这就要根据餐饮门店人力所需人力的特点、招聘途径的优缺点、招聘的成本等综合分析。

四、面试与筛选

要塑造优秀人才，首先必须选择具有良好素质、有培养前途的人才。不断录用好的人才，可以让员工有一种危机感，有利于提高员工的整体素质。

1. 筛选申请表

筛选申请表包括：

(1) 根据岗位要求筛选申请表。餐饮门店应该根据岗位的需要来制定面试与筛选的标准。由餐饮门店的经营特点所定，餐饮门店在招聘服务人员时最重要的参考因素是应聘者的服务意识，而应当适当忽略学历、地区来源等次要因素。而厨房部门最看重的要素是应聘者的厨艺。

(2) 餐饮门店应保证所有参加筛选审查的工作人员使用同样的标准，并在进行“要求”评价时寻求相同的审查指标，检查个人履历表审查程序的可靠性。

(3) 为了保证求职申请表所提供的信息源的规范性，餐饮门店在人员招募活动开展时，都预先设计求职申请表，供求职者填写。

(4) 对于合格者，通过 E－mail 发面试通知（见附录 2）或者打电话直接通知。

(5) 为了招聘到合格的员工，餐饮门店应扩大选择范围，尽量多面试一些应征人员。

2. 面试准备事项

面试准备事项包括：

(1) 确定面试考官。餐饮门店面试考官主要由两部分人员组成：店长、用人部门主管，要求能够独立、公正、客观地对每位面试者作出准确的评价。

(2) 选择面试方法。面试方法有许多种类，面试考官应根据具体情况选择最合适的面试方法。

(3) 设计评价表和面试问话提纲。面试重点在于对每位参加面试的应聘者作出评价，因此，应根据岗位要求和每位应聘者的实际情况设计评价量表和有针对性的面试问话提纲。

(4) 面试场所的布置与环境控制。要选择安静、雅洁、舒适场所，不适当的面试场所及环境会直接影响面试的效果。

3. 面试实施

这一阶段是面试工作程序中最主要的环节，它依靠考官的面试技巧有效地控制面试的实际操作。

（1）主管或店长要仔细审视应征者的外观，掌握应征者的第一印象。

（2）为了能够让应征者消除紧张感，可以先进行一些闲谈，可以选择一些能够让应征者产生亲近感的日常话题。

（3）向应聘者提问是这一阶段的主要任务，提问的问题要有的放矢，击中要害。提问的要点应该包括应聘者的家庭背景、工作经验、求职动机、应聘者的优缺点、业余爱好以及待遇要求，等等。通过提问，确认应征者对工作是否有积极进取的精神，是否具有适应性。

（4）店长需要向应聘者澄清或者说明的事项包括：待遇和福利、录用条件、加班要求、报到日期以及其他特殊工作要求等。

（5）在与应聘者交流时，要注意营造坦诚、轻松、融洽的气氛。

（6）店长与部门主管应该随时记录面试的重要事项（见附录3），并注意控制面试时间以及场面。

4. 录用

店长以及部门主管对所有面试者作出评价，提出录用或不录用意见，对录用者，发送录用通知书，附注报到须知。对不录用者，最好发函通知，并致谢。

5. 资料存档

将所有面试资料存档备案，以备查询，录用人员接受岗前培训。至此面试招聘与评价工作全部完成，重新回到人员选聘与录用的主程序之中。

6. 建立员工档案

所有餐饮门店新入职人员均须建立个人档案袋。档案袋的内容包括：员工个人资料表（含身份证复印件、照片）、个人薪资表、健康证原件及副本、员工月考核表等。此外，凡出纳员职务的个人档案袋须含带担保书复印件，收银员职务的个人档案袋须含带担保书原件。人员调动时，调离职员须带个人档案袋至新任单位报到。

附录1：人员需求预测表

需要理由		管理人员				技术人员	其他人员		合计
项目	说明	部长	领班					小计	
因业务扩展									
因餐饮门店变更									
因技术变更									
合计									

附录2：面试通知单

________先生（女士）：

一、谢谢您应征本餐饮门店________职位，您的资历给我们留下了良好的印象，为了进一步地了解起见，请您于____月____日（星期____）________时亲临本餐饮门店参加：□笔试□面试，所需时间约________小时。

二、希望您准时到达本餐饮门店，并携带以下有关资料：本单、□身份证、□学历证、□职称证、其他________。

三、如果您时间不方便，请来电与本餐饮门店用人部门招聘组×××联系，电话：999999 转 123。

此致敬礼！

××店　××部门

附录3：面试记录表

<table>
<tr><td>姓名</td><td colspan="3"></td><td colspan="2">应聘职位</td><td colspan="2"></td></tr>
<tr><td colspan="3" rowspan="2">评分项目</td><td>5</td><td>4</td><td>3</td><td>2</td><td>1</td></tr>
<tr><td>极佳</td><td>佳</td><td>一般</td><td>略差</td><td>极差</td></tr>
<tr><td colspan="3">仪容　礼貌　精神　态度</td><td></td><td></td><td></td><td></td><td></td></tr>
<tr><td colspan="3">体格健康</td><td></td><td></td><td></td><td></td><td></td></tr>
<tr><td colspan="3">领悟反应</td><td></td><td></td><td></td><td></td><td></td></tr>
<tr><td colspan="3">工作作风与稳重性</td><td></td><td></td><td></td><td></td><td></td></tr>
<tr><td colspan="3">对其工作各方面及有关事项的了解</td><td></td><td></td><td></td><td></td><td></td></tr>
<tr><td colspan="3">所具经历与本餐饮门店的配合度</td><td></td><td></td><td></td><td></td><td></td></tr>
<tr><td colspan="3">前来本餐饮门店服务的意志</td><td></td><td></td><td></td><td></td><td></td></tr>
<tr><td colspan="2" rowspan="3">外语水平</td><td>英语</td><td></td><td></td><td></td><td></td><td></td></tr>
<tr><td>日语</td><td></td><td></td><td></td><td></td><td></td></tr>
<tr><td>其他</td><td></td><td></td><td></td><td></td><td></td></tr>
<tr><td>总评</td><td colspan="7">□拟予试用
□列入考虑
□不予考虑</td></tr>
</table>

面试人________ 日期________

第二节　店员考核

一、考评步骤

考核是根据餐饮门店人力资源管理的需要，对员工的素质、工作能力和绩效进行的考察、评估活动。从店长的角度讲，考核为员工任用、晋升、培训和工资等决策提供了客观依据，它是店长合理用人的前提条件；从员工的角度讲，考核可以保证员工在适应的岗位上发挥其爱好兴趣。

为了做好员工的绩效评估工作，店长可以请绩效考评的技术专家帮助进行绩效规划、设计考评和建立反馈体系，但由于他们需要直接与员工进行沟通，因此店长至少需要一系列与人际有关的技能，例如，教导、激励、解释、倾听、提问、说服等。如果店长不具备这些基本的人际沟通技能，绩效考评就无法进行。

餐饮门店绩效考评主要包括三个步骤：界定工作本身的要求，并确定评价的标准以及内容；实施评价；向员工反馈评价结果。

1. 制定考评标准

制定考评标准通常有编写考评题目和制定考评标准两个步骤：

（1）编写考评题目

在编写考评题目时，要注意几个问题：首先，题目内容要客观明确，语句要通顺流畅、简单明了，不会产生歧义；其次，每个题目都要有准确的定位，题目与题目之间内容不要有交叉，同时也不应该有遗漏；最后，题目数量不宜过多。

（2）制定考评标准

考评标准就是对员工绩效进行考评的标准和尺度。对员工进行绩效考评，需要依据一定标准对每一指标进行衡量，因此需要制定绩效考评标准。在编制考评标准时应遵循以下几项原则：首先定量要准确；其次标准能用数量表示时应尽可能使用数量；再次内容要先进合理，并且要针对不同的职位及职位承担者的特点而制定；最后文字应简洁、通俗。

2. 收集考评资料

在实施考评时，为了保证资料的全面性、准确性，资料的收集应注重长期收集和随时收集。具体来说，有以下几种方法：

（1）考勤记录法

考勤记录法如用打卡的方式，记录员工的出勤率，并将缺勤、请假的原因分别记录下来。

（2）工作记录法

工作记录法是指对员工在工作过程中，产品销售数量、服务速度、工作态度、顾客投诉等，按事先规定的标准现场记录。

(3) 抽查法

抽查法是指定期或不定期地对员工的服务现场等各项情况，进行巡视、抽查，记下巡视情况，作为考评依据的方法。

(4) 扣分法

扣分法是按照绩效考评的标准，对违反规定者，定出扣分细则，并登记在案的方法。

(5) 指导记录法

指导记录法是不仅记录员工的行为，而且将其管理者的意见及员工的反应也记录下来，从而既能考察了员工，又能考察了管理者的管理工作的方法。

3. 分析评价

这一阶段的任务是对员工个人的品质、能力、态度、绩效等作出综合性的评价。

(1) 划分等级

对员工每一个评价项目，如工作数量、工作质量、服务态度、出勤率、协作精神等评定等级一般可分至3~5等。

(2) 量化评价项目

为了便于将不同性质的项目进行计算，就必须分别予以量化，即赋予不同评价等级以不同数值。

(3) 综合考评结果

有时由若干考评者对某一员工同一考评项目同时进行考评，但得出的结果不一定相同，为综合这些考评意见，可采用算术平均法或加权平均法综合。

(4) 能力综合评价

总体评价一个人的能力时，就要将其知识、推理判断能力、社会交际能力、语言表达能力等综合起来，在要决定一个员工是否提薪时，要将其工作成绩、工作态度及能力综合起来。

4. 反馈绩效考评

绩效考评结果出来以后，人力资源部门要将其反馈给员工个人，其表达方式主要有三种：

(1) 评语式

评语式考评是由考评者依据考评结果及其他有关材料用语言文字对被考评者作出结论性评定。这种以定量为基础的定性描述，具有形象化特征，有助于对被考评者总体印象的形成。

(2) 表格式

表格式考评是以统计表的形式表示被考评人员的考评结果。统计表的形式可以多样化，既可以是反映局部考评成绩的单项表，也可以制成反映总体考评成绩的复合表。

(3) 图示式

图示式考评是以几何图形来表示被考评者的考核结果，具体可以分为柱状图、圆形图、分布次数图和曲线图等。

二、考核标准

餐饮门店应该按照什么样的标准以及内容来评价员工，这是决定考评效果的关键因素。一个好的考核程序，必须要有合理的、客观的、令人信服的考核标准和内容。餐饮门店要按照每个员工的日常担任工作、执行情况和完成工作的具体情况进行考核。

员工考核的目的是为了保证餐饮门店机构精简和高效，保证员工充分发挥自己才能。为了达到这一目的，在制定考核标准，进行员工考核时，要遵守以下几点：

1. 标准要适度

适度就是说制定的考核标准既不能过高，也不能过低。标准制定得过低，员工不费吹灰之力就能够达到，这就失去了考核本身的意义；标准过高，员工无论怎么努力都不能达到，容易使员工产生“破罐子破摔”的想法。只有那些经过一定的努力才可以达到的标准，才能对员工产生激励作用。

2. 标准要具体、量化

标准是考核中用来衡量员工的尺度，它表示员工完成工作时需达到的状况。因此，标准必须具体明确，不能让员工感到模棱两可。此外，评价的标准要容易衡量，最好可以量化。

3. 协商确定

它是指考核的标准不能由餐饮门店管理方单独制定，而应由考核者和被考核者协商制定，这样的标准才是公正、合理的，也才能得到员工的认可。此外，标准也不是一成不变的，必要时，店长可以对标准进行修改。

4. 标准制定方法

确定评价标准可以按照以下的思路来进行：

（1）确定各部门工作一览表。如餐饮门店的厨房、外场究竟有哪些工作、哪些任务，逐一地写出来，就成了工作一览表。

（2）确定完成各项工作所需的技能、知识、经验、资格等，包括确定个人的工作量、主要工作和重要工作等。

（3）确定每份工作的评价标准，尽可能书面化、表格化。

三、考核内容

考核内容主要是以岗位的工作职责为基础来确定的，但需要注意的是，有效的考核内容是与餐饮门店的文化以及经营目标紧密联系在一起的，这样的考核内容有助于经营目标额的完成。另外，考核内容应该有所侧重，例如，服务人员就侧重于服务态度、技能等的考核。

通常，考核的内容有：

1. 工作态度

工作态度是影响员工工作效率和质量的最根本的因素，良好的工作态度是所有优秀的工作人员应具备的基本素质。员工的工作态度可以从考勤记录、工作积极性、责任心以及遵守纪律的情况来判断。

2. 工作技能

工作技能需要根据岗位来划分。例如，餐饮门店的外场服务人员每天的工作就是为客人提供服务，其服务技能就是最重要的评价内容。考评人员可以通过观察服务人员的仪表、语言、行动、态度和礼节等来考核，另外，顾客的投诉是一个非常重要的量化的衡量指标。再如，厨房工作人员的主要职责就是提供美味可口的食品，其工作技能的评价内容就是食品的口味、色泽，以及食品的销售数量。

3. 工作绩效

工作绩效主要是指员工的工作时间、工作量、成本控制数额、顾客满意度以及餐饮门店的营业额等可以量化的指标。一个人工作绩效的高低与其工作态度和工作技能息息相关。

4. 品质考核

对员工进行品质考核，就是观察日常工作中员工品质的具体表现，即员工在日常工作过程中，是否尊重顾客；与其他同事合作是否尊重事实，知错必改；是否遵纪守法，维护公共利益；是否能够保守餐饮门店的商业秘密；是否言行一致，说和做一样；是否两袖清风，洁身自爱；是否在任何场合都有一样的表现。

5. 日常考核

日常考核是检查员工绩效和促进员工学习业务技术的一个行之有效的手段和方法，也是使各项质量和数量标准得以实施的可靠保证。因此，店长对此必须予以足够的重视。应在每个月的工作规划中，提出业务技术日常考核要求，可以按工种特点进行组织日常考核；也可以通过召开会议，责成餐饮门店、吧台、厨房主管领导汇报工作，加强日常考核。

四、考评方法

对员工的评价一定要科学、公平，要达到这些要求，绩效评价的方法很重要。店长要根据考评的目的、内容等选择合适的方法。以下是几种常见的考评方法：

1. 事实记录法

这种方法是指考评人员通过观察，记录员工的工作情况，并以此作为员工考评的依据。记录的内容可以包括员工的能力、态度、业绩以及关键事迹等。事实记录法的优点是直观、可靠，但是这种方法工作量较大，若观察的项目较多时，容易出现较大的失误。

2. 目标考评法

目标考评法是根据员工完成工作目标的情况来进行考评的一种绩效考评方式。在开始工作之前，管理人员和员工应该对需要完成的工作内容、时间期限、考评的标准达成一致。在时间期限结束时，考评人员根据员工的工作状况及原先制定的考评标准来进行考评。目标考评法适合于餐饮门店中试行目标管理的项目。

3. 序列比较法

序列比较法是对相同职务员工进行考评的一种方法。在考评之前，首先要确定考评的模块，但是不确定要达到的工作标准。将相同职务的所有员工在同一考评模块中进行比较，根据他们的工作状况排列顺序，工作较好的排名在前，工作较差的排名在后。最后，将每位员工几个模块的排序数字相加，就是该员工的考评结果。总数越小，绩效考评成绩越好。

4. 相对比较法

与序列比较法相仿，它也是对相同职务员工进行考评的一种方法。所不同的是，它是对员工进行两两比较，任何两名员工都要进行一次比较。两名员工比较之后，工作较好的员工记“1”，工作较差的员工记“0”。所有的员工相互比较完毕后，将每个人的成绩进行相加，总数越大，绩效考评的成绩越好。与序列比较法相比，相对比较法每次比较的员工不宜过多，范围在5~10名即可。

5. 强制分布法

强制分布法可以有效地避免由于考评人的个人因素而产生的考评误差。根据正态分布原理，优秀的员工和不合格的员工的比例应该基本相同，大部分员工应该属于工作表现一般的员工。所以，在考评分布中，可以强制规定优秀人员的人数和不合格人员的人数。比如，优秀员工和不合格员工的比例均占20%，其他60%属于普通员工。强制比例法适合相同职务员工较多的情况。

6. 重要事件法

考评人员应在平时注意被考评人的“重要事件”。这里的“重要事件”是指员工的优秀表现和不良表现，对这些表现要形成书面记录。对普通的工作行为则不必进行记录。根据这些书面记录进行整理和分析，最终形成考评结果。此考评方法一般不单独使用。

7. 情境模拟法

情境模拟法是一种模拟工作考评方法。它要求员工在店长或者考评小组人员面前完成类似于实际工作中可能遇到的活动，评价小组根据完成的情况对被考评人的工作能力进行考评，它是一种针对员工工作潜力进行考评的方法。

五、考评障碍

实行有效的工作表现评估过程中产生的障碍有各种原因。下面主要探讨常见障碍：

1. 店长缺乏技巧

由于餐饮门店工作的繁忙性，店长可能本身没有正式接受过进行工作表现评估的培训。有时连店长自己都没有被评估过。

如果餐饮公司要求店长进行工作表现的评估，但又不培训他们如何去做，这意味着餐饮门店对员工发出评估属于无效信息，但是，不可否认的事实是，有效的工作表现评估的确对员工的生产率有积极的影响。因此，餐饮门店应把重点放在店长培训上，以训练他们掌握实行有效的工作评估技巧。

2. 低效的评估表

低效的评估表指的是评估表格的内容与工作无关或非常复杂冗长，不仅如此，有些评估者都不知如何去完成表格，被评估者就更不知道如何使用评估中得到的信息去改进自身工作表现。

3. 程序不当

一些餐饮门店运营中缺乏条理性的程序去进行评估：店长只是在对员工实行纪律时才想起工作表现评估，而不是把它作为一种常规性的工作内容。

4. 偶然的评估

有些餐饮门店对员工实行评估带有很大的偶然性，而不是有规律并经常性地开展工作表现评估。事实上，即使餐饮门店对员工的正式工作评估每年只能做一两次，也应经常性地开展非正式评估。这可以使员工得到不断的反馈来改进他们的工作。

5. 唯恐激怒员工

祝贺员工有突出的工作表现是一件让人惬意的事情。然而，指出员工工作中的不足就不容易了。考评人员在评估工作表现不佳的员工中唯恐激怒他们，或违心地不愿接受实际情况来进行评估，结果反而损害了工作表现评估的目的，失去了提交生产率的机会。

6. 没有跟进

有些餐饮门店只是单纯地评估员工的表现，没有后续的跟进措施。对于成绩表现优异的员工，管理人员应该给予一定的奖励，对于绩效较差的员工，应该跟进辅导，提高员工的技能或改正员工的工作态度。

六、考评反馈

很多餐饮门店在实际绩效考评过程中，大多忽视了考评面谈这一环节。大多数店长的做法要么是在考评结束，将考评结果公布后，执行强制的“机械式”的奖惩、提薪，不计后果；要么就是考评时轰轰烈烈，考评完后相安无事，结果谁也不知道，考评纯粹成了走过场。殊不知，考评面谈是考评结果反馈和营造考评氛围十分重要的一种方式。

一般而言，绩效考评面谈包括三个步骤：面谈准备、面谈实施和面谈效果评价。

1. 面谈准备

要想达到绩效反馈面谈的目的，就必须做好充分的准备。面谈准备有三个要项：

（1）明确面谈目的，并根据面谈目的编写面谈提纲，提纲主要内容有：如何开场，怎样谈员工的优缺点，怎样提出改进规划，如何表达管理者的希望，员工有不同看法时怎么办；

（2）确定恰当的面谈时间，面谈时间应尽量安排在被考评者方便的时候；

（3）选择一个适宜的场所，面谈的场所最好是一个相对封闭的能够让被考评者感觉轻松，并便于双方自由沟通交流的地方。

2. 面谈实施

按照考评要素（说明具体分值和评分标准），肯定优点和成绩，指出缺点和不足，谈话的重点应放在员工的工作表现与结果上而不是人格上。首先对无异议之处进行交谈，然后对有异议之处加以讨论。应留有时间让对方表述申辩，并熟练地运用聆听和引导技巧以达到面谈预期效果；要注重的是未来要做的而不是以往已做的。

（1）明确面谈的目的、程序。

（2）为使双方顺利地实现交流和沟通，应营造一个融洽的面谈气氛。

（3）根据考评已确定的标准和目标，说明评分的结果和理由。

（4）双方商讨绩效中潜在的可改进之处，如确定改善绩效所需要的知识、技能，确定所有需要改善的行为。

（5）行动规划。确认双方同意绩效改善的行动（包括培训、辅导、新的经验等）；互相理解以达成一致；听取员工建议，增强其参与感；对所规划的行动表现出兴趣、责任。

（6）讨论并澄清员工发展的需要及期望。

（7）该结束的时候（比如被考评者出现了倦意或谈话陷入僵局）应立即停止，用鼓励的口吻结束谈话。

3. 面谈效果评价

面谈结束以后，必须对面谈效果加以评价，作为将来改善绩效的依据。

（1）评价：面谈是否达到目的，此次面谈对被考评者有何帮助，有哪些遗漏须加以补充，面谈中被考评者充分发言了吗，面谈是否增进了双方的了解，如果没有达到目的怎样办，下次面谈应怎样改进面谈方式。

（2）认真阅读“员工绩效考评表”中被考评者“自我评分”栏和“被考评者意见”栏，对持有强烈不同意见的员工进行客观分析，制定具体协调对策。

（3）填写“绩效面谈反馈表”连同“员工绩效考评表”报送归档。

需要补充强调的是，绩效考评本身不是目的，而是一种手段，因此应当重视考评面谈后考评结果的应用。考评结果只有与加薪、表彰等奖励措施联系在一起才有效，如果无论员工绩效好坏，所获待遇一个样，会引起难以估量的副作用。因此，绩效考评结果的应用是考评目标达成的过程，同时也是检验考评活动有效性的一块试金石。

良好的考评系统能够正确的评估员工，使大家明白自己的优点与缺点，便于改善和提高，同时，一个公平、公开的考核氛围能够使大家坦诚相待，营造良好的工作环境，对于全体员工的工作的心态和积极性都有极大的提高，这样的考评系统能够使管理更加透明化，在调薪和升迁方面不会对员工造成波动，因为有凭有据。所以，良好的考评系统是店长管理的重要组成部分，可以使其他方面的管理减少人为的障碍，促进餐饮门店的良好发展。

附录1：员工评估表

1. 100%顾客满意——预见顾客之需求，为顾客着想，提供超期望服务	超标	达标	未达标
（1）提供热而新鲜的产品			
（2）提供给顾客100%正确的产品			
（3）有效快速地处理顾客的投诉			
（4）以个人的影响使每个顾客有宾至如归之感			
（5）提供快速的服务			
（6）提供印象深刻的服务			
2. 团队合作——与其他工作伙伴一道积极工作达成目标，采取考虑他人感受和需求的行为，注意自己的行为对他人的影响	超标	达标	未达标
（1）以团队的分子参与工作，积极作出贡献			
（2）支持工作伙伴反馈和满足顾客的需求			
（3）当需要时帮助团队伙伴完成工作			

续 表

3. 工作目标——为自己和其他伙伴设定高的工作目标和标准，从工作的各方面考虑未完成任务，以达到顾客满意	超标	达标	未达标
（1）仔细、正确地遵循餐饮门店工作程序（现金、煎肉、食品安全、消毒）			
（2）在任何工作站为不断提高工作表现而努力			
（3）持续准时上班			

附录2：各部门考核项目评估表

考核项目 \ 部门 \ 得分（分）	吧台	厨房	外场
干部管理	7.4	7.4	7
干部工作态度及责任感	7	6.9	7.2
系统管理能力	7.3	7.3	7.2
部门执行力	7.8	7.8	7.8
纪律	7	7.1	6.6
卫生	7.3	6.8	7.1
专业技能	7.1	7	6.9
设备运作	7.7	7.5	7.8
成本控制	7.6	7.2	7.3
人力安排	7.5	7.4	7.2
培训	6.6	6.7	7.3
管理方案	7.3	7.1	6.9
重大事件评估	7.2	6.8	6.8

第三节 店员激励

一、店员激励原则

员工激励是餐饮门店管理中一个重要部分。餐饮门店为了实现既定目标，需要充分调动员工的积极性和创造性，激励全体员工共同奋斗。对店长来说，进行员工激励，就是要采取正确的方法，激发员工的工作热情，使其产生完成餐饮门店经营目标的行为。

店长在激励员工时，要注意以下原则：

1. 公平对待

应当让员工感到自己的付出与所得是对等的。具体而言，员工的工作时间、经验、能力、努力程度等明显的付出项目应当在员工的收入、职位和其他所得方面得到体现。同时，员工不仅关心由于自己的工作努力所得到的报酬，而且还关心自己的报酬与他人报酬的关系，如果员工发现自己的付出与所得和其他人相比不平衡，他们便会产生紧张感，可能最终导致工作绩效降低。所以，应在餐饮门店内部营造公平合理的气氛，制定公平合理的激励措施，以相同的标准衡量每位员工，并相应给予合适的奖励。

2. 因人而异

由于不同员工的需求不同，所以，相同的激励政策起到的激励效果也会不尽相同。即便是同一位员工，在不同的时间或环境下，也会有不同的需求。马斯洛的“需求层次理论”将人的需求共分为五个层次：生理需要、安全需要、交往需要、尊重需要和自我实现需要。在制定和实施激励政策时，首先要调查清楚每个员工真正需要的是什么。将这些需要整理、归类，然后来制定相应的激励政策帮助员工满足这些需求。

3. 物质激励与精神激励相结合

人的需求是多层次的，员工同样存在着物质需要和精神需要，相应地，激励方式也应该是物质激励与精神激励相结合的。物质需要是员工最基础的需要，比如给予奖金，增加福利，提供保险等，其作用非常重要，但激励深度有限。因此，随着餐饮门店生产水平和员工素质的提高，店长要把重心转移到满足员工较高层次的需要，如成就感、归属感，自我实现需要的精神激励上去。对店长而言，应该坚持物质激励和精神激励相结合的激励原则。

4. 目标合理

在激励机制中，设置目标是一个关键环节。首先，目标设置必须体现餐饮门店经营目标的要求，否则激励将偏离实现目标的方向。其次，目标设置还必须满足员工个人的需要，否则无法提高员工的工作效益，达不到满意的激励强度。也就是说，只有将餐饮门店整体目标与员工个人目标结合好，才能收到良好的激励效果。

5. 奖惩适度

奖励和惩罚不适度都会影响激励效果，同时增加激励成本。奖励过重会使员工产生骄傲和满足的情绪，失去进一步提高自己的欲望，同时提高经营成本；奖励过轻则起不到激励效果，或者让员工产生不被重视的感觉。惩罚过重会让员工感到不公平，或者失去对公司的认同，甚至产生怠工或破坏的情绪；惩罚过轻会让员工轻视错误的严重性，从而可能还会犯同样的错误。

此外，激励要体现差异性原则，即表现优异的员工要获得更多的奖励，而一般性员工则获得平均水平的奖励。餐饮门店应该通过考核发现员工在行为及绩效方面的差别，奖优罚劣、拉开工资奖金的差距，以促使员工在竞争中创造出好的业绩。

二、满足店员需求

要提高激励政策的有效性，就要使激励政策能够满足员工的需求。要做到这一点，首先就要了解员工的需求，然后在此基础之上选择合适的激励方法。

1. 马斯洛需求层次理论

在需求理论中，最著名的要数美国心理学家马斯洛提出的“需求层次理论”。“需求层次理论”将人的需求共分为五个层次：

（1）生理需求；

（2）安定和安全的需求；

（3）归属和交友的需求；

（4）尊重或地位的需求；

（5）自我实现的需求。

另外，从人的日常生活这个角度出发，将人的需求可以分为三个方面：

（1）生活需要（包括物质的和精神的）；

（2）工作需要（包括学习和创造）；

（3）休息需要（包括娱乐和消遣）。

从纵向上看，不同层次的员工（知识层次、薪酬层次等）处于不同的需求状态，如对于薪酬较低的员工，则要侧重满足他们的生理需求和安全需求（即提高他们的生存水平）；对薪酬较高的员工，更需满足他们的尊重需求和自我实现需求。

从横向看，对于同等层次的员工，由于他们的个性和生活环境不同，他们的需求侧重也就不同，如有些员工很看重物质待遇（生活需求强烈），有些员工则喜欢娱乐和消遣（侧重休息需求），还有些员工以钻研某项技术为乐（工作需求强烈）。

员工的需求是复杂和多样的，了解了员工的这些需求，就为选择有效的激励方法提供了实施的依据。

2. 员工具体需求

在具体工作中，员工的实际需求通常表现在如下一些方面：

（1）薪金和待遇，如保险，有薪假期等；

（2）作业安全，劳动保护，医疗保险，医疗报销；

（3）工作条件，生活质量、休闲乐趣；

（4）餐饮门店政策和行政管理，如定期和不定期沟通政策、作息时间；

（5）工作监督权力，参与管理机会；

（6）人际关系、归属感、与人为善；

（7）权力、地位，是否被尊重；

（8）赏识、认可，及时的表扬；

（9）晋升的机会，上升的空间等；

（10）责任感、归属感，工作的愉悦程度；

（11）工作中的成长、培训，学习的机会；

（12）成就感、自豪感，个人的事业发展的机会和目标实现。

只有了解到员工的需求、利益和目的，才能制定出激励的基本策略。根据员工的需求来制定激励策略，能增加激励的效果。

三、店员激励方法

在制定激励政策之前，要对员工的所有需求做认真的调查，并制定一份详细的清单。然后将公司可以满足和不能满足的部分分开，划掉那些不能满足的部分。对可以满足的部分进行认真研究，找出满足的途径，并将这些途径流程化（可操作化），同时计算出公司需为此付出的成本。根据成本的高低不同，将各类需求进行等级划分，成本越高的需求，等级越高。

餐饮门店常见的员工激励手段有：

1. 物质激励

物质激励是指餐饮门店为了满足员工合理、正当的物质生活需要，采用建立合理的工资、奖金分配制度来调动员工积极性的一种方法。这是餐饮门店最主要的员工激励措施。很多员工都将在餐饮门店的工作视为一项过渡性的工作，他们一般都是年轻人，最需要的就是钱，因此物质激励是最有效的激励手段。餐饮门店的物质激励方法合理、得当，能迅速调动其员工的工作及劳动积极性，起到立竿见影的作用。这种作用是别的手段所不能取代的。

2. 培训激励

培训激励是指餐饮门店采取加强员工业务和技术培训的方式来满足员工的求知、自我成长、自我完善的需要，从而激发员工的工作积极性。绝大多数员工都有求取知识、自我成长、自我完善的需要，以便能接受新的挑战或获得晋升发展的机会。餐饮门店通过对员工加强业务和技能等方面的培训教育，可以使员工提高个人知识技术素质和承担更重要工作的能力，适应新的工作要求，这增强员工实现个人进步和发展的信心，从而较大程度地调动起他们的积极性。

3. 晋升激励

提拔是对员工的一种有效激励方式，但是在实际工作中，有很多餐饮门店都凭资历提拔员工，这种方法不但不能鼓励员工争创优绩，还会养成他们坐等观望的态度。要想使晋升真正起到激励作用，就要以服务水平和个人能力以及管理能力等综合因素为标准而不是以资历为标准。

4. 参与激励

现代人力资源管理的实践经验和研究表明，现代的员工都有参与管理的要求和愿望，创造和提供一切机会让员工参与管理是调动他们积极性的有效方法。毫无疑问，员工会因为参与商讨和自己有关的行为而受到激励。因此，店长应邀请员工参与制定与其工作相关的决策，此外，店长在与员工的接触过程中，要鼓励他们发表意见，聆听他们的想法。让员工恰当地参与管理，既能激励职工，又能为企业的成功获得有价值的知识。通过参与，形成员工对企业的归属感、认同感，可以进一步满足自尊和自我实现的需要。

5. 荣誉激励

荣誉是众人或组织对个体或群体的崇高评价，是满足人们自尊需要，激发人们奋力进取的重要手段。从人的动机看，人人都具有自我肯定、光荣、争取荣誉的需要。对于一些工作表现比较突出、具有代表性的先进员工，给予必要的荣誉奖励，是很好的精神激励方法。荣誉激励成本低廉，但效果很好。

6. 信息激励

给员工提供必要的信息，这些信息包括餐饮门店的整体目标及任务。坦诚交流不仅能使员工感到他们是参与餐饮门店经营决策的一分子，还能让他们明了经营策略，从而提高工作积极性。这些信息店长要源源不断地提供给他们，并且在提供信息交流之后，店长还必须定期进行反馈。

7. 关怀激励

店长要在日常生活中重视、关心员工，与员工建立感情。具体的关怀措施有：

(1) 店长应该多跟员工闲聊，表明店长很关心员工的工作和生活，也会使员工一有重要问题就找店长汇报交流，向其寻求帮助；

(2) 如果员工有困难，店长应该为他们提供必要的帮助；

(3) 重大节日与员工同过，以缓解员工思家之情，增进感情，并为员工服务，如敬酒、倒酒、夹菜；

(4) 与员工一起吃员工餐，自己动手，观察每一个人是否没座位而站着或蹲着；

（5）员工餐是否让员工较为满意，设法让员工吃得好一点；

（6）对身体不适的员工要关怀备至，而且关怀要发自内心；

（7）对有病或情绪低落的员工加以问候，并进行抚慰；

（8）当员工获得荣誉时，店长也应表示祝贺，这种祝贺要来得及时，也要说得具体；

（9）宽容对待员工，有多宽广胸怀做多大事。

8. 举办集体娱乐活动

定期举办一些全体员工参与的娱乐活动，例如，店长可以组织员工去郊游、举行体育项目比赛、卡拉 OK 大赛或大家聚在一起去吃饭，形式多种多样。这样不仅能够为员工单调的生活增添乐趣，使员工更充满干劲，同时能增进管理层与员工的感情，提高员工对餐饮门店的忠诚度。此外，集体娱乐活动后的餐饮门店一定比以前更充满团队精神。

9. 竞赛激励

店长可以组织类似于“最佳员工”“微笑天使”“最佳推销咖啡员工”“最佳尊老爱幼员工”等竞赛和评选活动，调动员工的积极性。同时对于获胜者要进行公开的表彰并颁发荣誉证书、奖章等，满足员工自我实现的需要。

10. 环境激励

环境激励是餐饮门店通过创造支持性的工作环境和生活环境，以调动员工积极性的方法。它可以满足员工多方面的需要并起到多方面的激励作用，其中最主要的包括人际关系环境、安全生产环境、卫生环境。比如，建立管理者和员工之间相互尊重、关心和相互信任的良好关系，保持餐饮门店内人际关系的融洽，可以满足员工自尊、友爱和感情交流的需要，使他们心情舒畅地投入工作。

11. 任务激励

任务激励是指通过设计和分配给员工与个人自我实现相吻合的工作任务，利用工作任务本身的内容来满足其成就需要，从而调动员工积极性的方法。

任务激励首先是合理分配工作，尽可能使分配的工作适合员工的兴趣、特长和能力。这就要求店长了解和掌握每个员工的专长、兴趣和工作能力等信息，并将其数据存入电脑，以便在出现职务空缺时选拔最合适的人选。同时在“职务设计”中充分考虑到员工技能的多样性、任务的完整性、工作的独立性，并说明每项任务的意义及反馈环节。这样可以使员工体验到工作的重要性、所负的责任，从而产生内在的激励作用。

激励的方法很多，店长要懂得根据餐饮门店的经营特点以及员工的需求来综合运用这些激励方法，提高员工的工作热情和效率。

第四节 店员薪酬管理

一、薪酬管理原则

薪酬制度是餐饮门店有利的管理工具之一，它不仅能够保障员工的基本生活需要，更重要的是，它也是激励员工的一种最有效的方法，同时也可以将员工的意志与餐饮门店的经营目标统一起来。对餐饮门店来说，制定一个切实有效的薪酬制度关乎餐饮门店的生存和发展。那么餐饮门店的薪酬制度应该遵循哪些原则呢?

1. 公平公正原则

薪酬是衡量员工对餐饮门店的贡献度的有效方法，店长应该根据员工对餐饮门店作出贡献的大小给予相应的薪酬，在此过程中确保公平的原则。根据相关的研究资料表明，员工之间的薪酬是否按照公平原则进行分配，对餐饮门店士气的影响非常大，甚至比薪酬水平的高低还要大。若处理不好，员工会对餐饮门店产生很大的不满，严重的会影响工作效率，甚至离职。

2. 激励原则

薪酬是一种激励手段，合理的工资制度能够刺激员工在工作中投入更多的激情，从而带动餐饮门店全面发展。这是薪酬的主要作用之一。

3. 合理原则

薪酬的水平要考虑当地的平均经济发展水平、居民的平均生活消费水平，应该足以保障员工的基本生活，所以薪酬方案的制定一定要合理，同时要参考同行业的薪酬水平，提供一个有竞争力的薪酬便于人员的稳定。

4. 成本原则

员工的薪酬一般都要计入成本，因此薪酬方案中的薪酬标准应该受到成本的限制，即在成本允许的范围内制定薪酬标准。薪酬成本过高会减少餐饮门店的既得利益，薪酬过低会影响员工士气，从而影响餐饮门店利益。

5. 分享原则

餐饮门店经营获得的成果一方面是经营者资金投入的结果；另一方面是全体员工脑力与体力投入的结果。所以，经营者不应过于吝啬，餐饮门店所获得的成果，应该与员工按其贡献的大小，用各种方式进行分享。例如餐饮门店可以用福利或分红的方式与员工分享超额利润。合理的分享不会降低业主的利润反而有利于调动员工的积极性去创造更多的利润。

6. 比较原则

餐饮门店在同一个地区内往往有很多的竞争者，尤其是在北京、上海等地，若想获得优秀的人才，餐饮门店的薪酬水平尽可能地不低于同行业的平均标准，让员工更加珍惜此份工作，也更能加强激励作用，在现在餐饮门店相差不多的情况下薪酬往往成为影响员工选择的一个重要标准。

7. 稳定原则

成熟的餐饮门店都会形成一套稳定的薪酬制度，完整地记录薪资的构成、计算方法等，这样可以减少人为因素对薪资的干预。同时员工也胸中有数，明确自己的努力方向。另外，薪酬制度是餐饮门店的一项基本制度，而且关系到员工的切身利益，所以制度一旦制定就不要轻易更改，如果要更改也必须慎重。稳定的薪酬制度能给员工以安全感，并使其对餐饮门店产生信赖。

另外，需要注意的是，员工的需求是多方面的，“钱并不是万能的”，店长不要忽视其他的激励方式。

二、店员薪酬构成

餐饮门店的薪酬体系主要由固定工资和绩效工资构成，固定工资主要由员工所在岗位决定，绩效工资主要由餐饮门店的经营业绩以及个人的月度考核结果来确定。具体地说，餐饮门店的薪酬主要包括以下几个部分：

1. 基本薪酬

基本薪酬就是通常所说的底薪或者基本工资。一般来说，员工的基本薪酬应该占全部薪酬的70% ~80%。基本薪酬的计算，餐饮门店一般都采用职务等级工资制，该制度把员工按职务高低或者工种的差别划分为几个层次，在同一职位下又划分若干等级。采用“一职多级，一级一薪”的方法制定工资。它通常由以下几方面决定：

（1）所在岗位：餐饮门店包括外场、吧台、厨房、后勤四大部门，每一个部门的工作难易程度、辛苦程度不一样，职等和所对应的工资也不一样。另外，领班、主管与一般员工的薪酬的职等也不一样。

（2）职级：餐饮门店可以将同一职等的员工划分成不同的级数，例如，将服务员的工资等级划分为十级，员工每晋升一级，工资就增加30元，当然，员工的职级晋升也是由其考核结果决定。

2. 奖金

奖金是餐饮门店整体绩效以及员工个人绩效的体现，可以由以下几个部分组成：

（1）整体绩效奖金：每月初，店长根据以往经营状况以及未来一个月有利或不利销售的因素确定当月的经营目标，如果达成经营目标，则提取一定的超额营业额作为员工的奖金。例如，某餐饮门店规定提取当月超额完成数额的4%作为全体员工的奖励。当月，该餐饮门店超额完成任务2万元，餐饮门店共有20人，则每人可以获得的奖金为40元（20000×4%÷20=40元）。

（2）个人绩效奖金：由员工在一个月内的考核结果来决定的。

（3）全勤奖：当月全勤者可以获得全勤奖。

（4）年终奖：根据年终餐饮门店效益而发放的年终个人奖金。但是职位和底薪的不同会有很大区别，一般职位越高奖金越高，工作时间越长奖金越高。

（5）优秀员工奖：是向月度考核评选出的优秀员工发放的奖励。

（6）部门团体奖金：是指在部门的综合考评中获得优胜部门而颁发的奖金，一般由所在部门支配进行部门内的团体活动，用来鼓舞士气，在店内形成良好竞争的态势。

3. 津贴

津贴是对在特殊岗位上工作的员工的报酬或保障员工生活不受特殊条件影响的一种补贴。它的各个项目因工作、职位以及具体的情况而定。餐饮门店中常用的津贴种类有：

（1）工种津贴：餐饮门店针对不同的操作人员，依其技术、环境污染、体力消耗、安全状况等而定的津贴。餐饮门店对不同人员应给予不同的工种津贴，如厨师的厨房高温津贴。

（2）住房津贴：住房津贴视职位高低而定。如果餐饮门店提供住房，则此项津贴应该取消。

（3）伙食津贴：伙食津贴视职位高低而定。如果餐饮门店提供伙食，则此项津贴应该取消。

（4）高低温津贴：每年7~9月及12~次年2月每月每人发放一定数额高温或者低温补助。

（5）职务津贴：主要是给予管理人员和工作量大的人员的一种补贴，一般店长的工作应该给予较高的职务津贴，主要管理人员和重要的岗位如会计、采购等也要给予合理的津贴。

4. 加班费

加班费是企业对于员工正常一周40小时工作以外的延长工时，或应休假而没休假的工作时间所制定的报酬。这些报酬在《中华人民共和国劳动法》中有明确的规定。

（1）延长工作时间加班的，加班费为工资的1.5倍；

（2）休息日安排加班不能补休的，加班费为工资的2倍；

（3）法定休假日安排加班的，加班费为工资的3倍。

对于加班一般都有规定不能超过固定的时间以便保证员工的身体健康，同时便于控制店内的成本。

餐饮门店内制定的各种福利措施，如结婚礼金、生育补助、丧事补助、子女教育补助、急难救助金等，不应算在薪酬体系内。

第八章 店员培训与评估

餐饮门店对从业人员有较高的文化素质和生活背景要求。但目前，从事服务行业的人员一般文化水平都较低，对餐饮文化的理解和认可程度还不高。因此，餐饮门店需要投入大量的时间和精力培养适合自己定位的优秀服务员、吧师、主管。餐饮门店中的每一个岗位都应该有一套特定的，完善的培训程序。

第一节　员工培训规划

一、分析培训需求

需求分析工作的重点在于评估培训的需求，目的在于确立培训的目标，而确立目标之时，还必须为最后监控评估阶段的制定标准铺路。培训需求的分析影响了培训的方向，间接决定了培训的质量。

（一）产生培训需求的原因

培训需求不是凭空产生的，为什么会产生这些需求呢？店长只有从源头找到原因，才能使培训更具效果。20 世纪 60 年代 W. McGehee 与 P. W. Thayer 提出了一个培训需求的分析模型，将分析的范围分为组织分析、任务分析与人员分析三大块：

1. 组织分析

组织分析的重点在于确定组织的培训目标。

（1）根据组织目标判定知识和技术需求；

（2）将组织效率和工作质量与期望水平对比；

（3）制订人事持续计划，对员工进行知识审查，评价培训组织环境。

2. 任务分析

任务分析的重点在于判定岗位的培训内容。按照职务工作标准进行职务分析，分析完成任务所需的知识、技能、行为和态度，以确定员工在各自的工作岗位上是否胜任所承担的工作，进而确定餐饮门店培训的需求结构。

3. 人员分析

人员分析的重点在于判定谁应该接受培训和他们需要什么培训。逐一对员工的工作过程和工作结果以及工作态度进行考核评价，尤其对那些关键工作、关键岗位的人员素质，进行测评，以确定需要培训的内容和人员。

上述三种分析过程是三位一体的，由综合分析到单项分析、由总体分析到个体分析、由抽象分析到具体分析，由大至小逐步确定培训对象。

（二）培训需求的判断方法

1. 观察法

观察法是进行培训需求分析最基本、最常用的一种方法。店长以旁观者的身份去观察员工平时的工作表现，如：观察其对各工作程序操作的正确性与效率、观察其为顾客服务过程的表情、语言、姿势等，并且将其记录下来，针对其做得不够的地方确定培训的内容（或项目），此时可使用日常观察登记表。但是店长应该注意不让员工发现自己正在被观察，因为那样会使员工感到紧张或者不安，从而影响观察结果的准确性。

2. 问卷调查法

问卷调查法是最流行、应用最广泛的培训需求分析方法之一，店长可以利用问卷在短时间内获得大量的信息。调查的对象可以是餐饮门店的员工也可以是顾客。当调查对象是顾客时，应该为顾客准备一份小礼物。而调查问卷的成功与否，关键在于问题的设置。店长在设计调查问卷时，应注意以下几点：

（1）尽量采用是非题，少采用开放性的问题；

（2）问句的用语要尽量简单、易懂；

（3）答案的设置必须明确，避免受调查者有选两个答案的可能。

3. 自我诊断法

店长必须将了解到的员工的各项业务水平的情形向员工解释清楚，然后让每位员工依照自己的实际情况来做自我鉴定，并且让他们列出自己工作的优势、劣势及期待。

4. 面谈

店长可以与员工进行面谈，将他们对工作的态度和意见作为分析培训需求的重要参考资料。同时，店长也可以针对一些问题，组织相关员工进行座谈，想出解决的办法。面谈可以分为个别面谈和集体面谈。无论采用哪种方法，面谈前的准备十分重要。店长应该清楚自己想在面谈中得到什么资料，为获得这些资料应该问什么问题。只有做到胸中有数，才能使面谈圆满成功。

5. 绩效分析法

员工的工作绩效是对其前段时间工作的总结，所以店长可以对员工的工作绩效进行分析，然后与工作岗位要求相比，找出差距，从而发现培训需求。由于工作绩效也是人评定出来的，带有很强的主观性，因此，店长在运用此方法时，应该注意其可靠性和有效性。

二、制订培训计划

为确保各类培训工作顺利、有序地开展，有必要制订一个完善的培训计划，确定培训中涉及的各要素，例如，培训目标、培训课程、培训的时间、地点、内容、主讲人，等等。

1. 培训目标

培训目标是培训计划中最根本的内容，它为培训指明了方向，同时也给整个培训工作提供了一种评估手段。培训的目标主要是由培训的需求决定的，在制定目标时，需要注意以下几个问题：

（1）培训目标要适中，是员工能够达成的目标；

（2）培训目标不能太笼统，要尽量具体化、量化；

（3）培训目标应该与餐饮门店的总体目标一致，并且不要太分散。

2. 受训人

在岗位培训中，需要接受培训的对象常有新员工、转正员工。在拟订培训计划时，应注意：不同的培训课程，有些员工需要接受培训，有的没必要。

3. 培训内容

这里的培训内容是指在培训目标下，具体培训员工某方面的技术。如果培训的目的是提高外场和吧台服务员的化妆技巧，那么培训的具体内容应该为：一般职业性淡妆的基本化妆方法和技巧、化妆品的选择、皮肤护理技巧、如何根据脸型化妆的技巧，等等。

4. 培训时间

为了确保培训效果，在各部门安排岗位培训时间时应该注意如下几个问题：

（1）利用营业清淡时间培训，这时员工精神较好。在较旺的一天之内总是会有空闲的时间，例如，餐饮门店下午两点到四点之间是比较闲的；

（2）尽量不占用员工休息时间，以免产生怨气，影响培训效果；

（3）每课程要安排在 1 ~ 2 小时之内。

5. 授课人

员工培训的授课人一般是餐饮门店的管理人员包括店长、各部门主管以及领班等。连锁餐饮门店的总部一般也会有专门的培训人员负责各个加盟店的培训。此外，根据培训的需要，店长还可以从外部聘请授课人。

6. 培训资料及物品

培训中一般要进行一些演示或实际操作训练，这就需要一定的设备。常用的设备有电视机、投影仪、黑白板、幻灯机、纸和笔。此外，培训中可能还会用到锅、碗、瓢、盆、餐巾、台布等，店长要事先做好准备。

此外，培训费用也是培训计划中非常重要的一个内容，培训计划中应该有一个根据培训内容、培训老师费用、设备费用等估计出来的培训预算。

培训规划表

培训项目	现　状	改　进	方式方法
新员工入职培训体系	1. 有教材 2. 培训过程规范 3. 新员工入职岗位培训（项目检查表）	后期跟踪缺失	1. 2个月后座谈会 2. 转正员工座谈会 3. 平时巡查表
跨部门岗位培训体系（服务员）	1. 有组织、有框架 2. 没有完整教材或书面化资料 3. 培训不规范（考勤、考核、表格、递交等）	1. 自觉遵守《培训管理规定》 2. 参加培训座谈会 3. 规范岗位培训	1. 对表格不规范的退回 2. 对工作不及时的给予通报 3. 规范培训教材 4. 每一课程培训方式细化
外语培训体系	1. 已开展部分岗位英语培训 2. 已开设部分公共英语培训课 3. 培训不规范（依水平分级别培训） 4. 没有岗位培训教材	1. 有教材 2. 培训运作过程应规范，着重效果	1. 编写岗位英语培训教材 2. 编写相关外语培训相关程序
管理培训系列（领班、主管）	1. 仅上几节管理培训课 2. 没有系统开设管理培训课 3. 只有少数员工接受管理培训课程	1. 应系列化教材 2. 建立管理培训操作体系	1. 借助国内外培训机构系列教程 2. 收集国内外餐饮门店现成培训教程 3. 通过报纸、杂志、互联网等多种渠道
晋升培训系列			
服务质量培训		对服务业务知识、技能、态度进行公共培训	编写专题培训教材
员工转正考核			
餐饮门店三大培训活动			餐饮门店知识、岗位技能大赛、礼貌服务月

三、选择培训方法

以下是餐饮门店培训中常用的培训方法，每一种方法都有自己的特点，店长要根据培训的内容以及各种方法的优缺点进行选择。

1. 授课法

授课法的特点：这种培训方法所讲授的内容要点多，知识量大，授课速度快，着重向学员集中传授知识与信息，要求学员静听、吸收、思考。岗位的业务知识培训多采用此方式，如吧台的产品知识、咖啡厅的餐牌、外场的洗涤知识、各国风土人情（旅游资源知识）等。

培训员在对要点解释后，可采用一种竞赛的方法来强调培训效果，即在规定时间内让员工将知识要点全背下来，然后分组或单独采用竞赛的方式来提问（必答题、抢答题、风险题），看哪位学员在较短的时间内记得更多的知识。因为岗位知识培训在于考核学员的记忆能力，在于检测其是否能随时为顾客的问题提供答案。

2. 课堂讨论法

这类授课方式主要是摆出论点或结论，寻找众多事例或证据（例证、统计数据后）来证明，复述论点或结论。培训者要对讨论过程中可能出现的情形进行预先分析，然后组织讨论。

3. 提问法

这种方法是提出存在的问题，然后列出结果标准，给出达到标准可供选择的方法，然后通过筛选方法，最后选择方法。这种方法常用于以下两种情况：

（1）岗位工作程序的讨论，怎样的工作程序既方便顾客又方便员工操作，大家群力群策以对现有的一些岗位工作程序进行改善；

（2）工作和行为态度，即以实际发生的事例来引导出应以怎样的工作行为态度对待顾客，通过大家课堂的讨论得出一个结论，然后进行模拟，进一步强化和规范这些服务行为态度。

4. 模拟角色法

这种方法主要是描述环境，说明扮演的角色和目的；同时，必要时中止扮演，给予纠正或解释。这种方法常用于培训员工的服务行为态度。在整个扮演过程中员工的表情、姿势、语言都充分显示其服务的行为态度，大家对其中出现的问题进行点评，这样的情景模拟能够让员工清楚自己在服务中出现的差错，能有效地改正过来。事实证明，这是一种较有成效的岗位服务行为态度训练方法。

这种培训方式环境逼真，没有实际风险，因而广受欢迎。但在使用此种培训方式时，培训人员应确定扮演者和培训目的、准备扮演时的材料，扮演过程中的行为和态度要做好记录，并做好相关的总结工作。

附录：岗位培训需求观察表

观察日期：________	员工姓名：________
被观察分部：________	观察编号：________
一、工作效率：	
二、工作规范细节：	
三、工作态度：	
四、改善内容：	
五、改善方法：	
	观察人：

第二节　新员工培训

一、培训前座谈会

餐饮门店培训目的是让新员工尽快地融入新的环境当中，除了对餐饮门店相关知识和环境的介绍之外，还应该在员工生活和情感方面多一些关注，如在宿舍、饮食和习惯等方面来给予帮助。因此，店长培训前的座谈会给予足够的重视，在开展座谈会之前应注意如下几个问题：

1. 座谈会场

座谈会在场地布置方面，最好是室内圆桌会议形式，或外场围在一起坐，这样能让大家感到平等、自在，创造一种和谐的氛围。

2. 座谈程序

座谈程序包括：大家自我介绍（团队）、培训者自我介绍、餐饮门店简介及相关员工待遇或活动简介、餐饮门店期待、回答新员工问题。

培训者首先将新员工进行分组（如果人数比较多），然后给一定的时间让新员工之间相互交流，让大家认识彼此的性格、兴趣和爱好等，然后每组选出一位代表来介绍本组的其他成员，当介绍到其他成员时，该成员起立向大家讲几句话，让每位新员工都能参与到自我介绍当中。

当然，如果人数较少时，也可直接给大家几分钟的时间来进行自我介绍的演讲。这种方法不仅可以让新员工之间相互了解，同时也可通过新员工的演讲，让培训部对该新员工的性格有更好的理解，以便在推荐部门时作参考。

为了起到引导的作用，培训者可首先诚恳坦然地自我介绍及谈一些餐饮门店对新员工的期待，或者和大家一起分享培训者对餐饮门店的积极方面的经验，在潜移默化当中去将大家融为一体。当然在这之前也要针对培训前的调查问卷中学员提出的疑问进行解答（即要做好统计工作）。

3. 回答新员工的问题

在开培训座谈会之前，培训部应将培训前的调查问卷先发给新员工，同时在座谈会前收集汇总，进行分析，将新员工关注的问题分类，同时根据实际情况给予准备。新员工常会问到诸如下面的问题：

（1）餐饮门店周边自然环境（空气、温度、湿度等）；

（2）员工住宿条件（空间大小、床上用品、卫生间、空调与风扇、蚊子、物品损坏、水龙头、热水器、灯光）；

（3）人为情况。餐饮门店在职员工对新员工的态度，新员工所看到的一些在职员工的言行举止；

（4）餐饮门店背景、开张时间、股东、餐饮门店有多少员工（规模）、发展方向；

（5）员工发薪（试用期）；

(6) 餐饮门店提供哪些培训项目;

(7) 员工保险是否由餐饮门店帮助办理;

(8) 餐饮门店的福利;

(9) 员工晋升的具体条件与等级。

4. 座谈会需注意事宜

座谈会需注意的事宜包括:

(1) 在新员工提问时,培训者应有针对性地做好笔记,以示对其问题的重视;

(2) 新员工提出的一些餐饮门店不能解决的基本问题,如住宿条件,培训者应做好记录,并应明确向新员工解释解决的方法和所需要时间,并负责对问题的跟踪;

(3) 培训者应事前了解新员工的背景资料,以准备可能出现的疑问。

二、入职培训内容

为了让新员工对餐饮门店及餐饮门店工作有一个整体认识,对新员工进行培训是非常必要的,通常情况下,新员工的培训内容应该包括以下几个部分:

1. 餐饮门店概况

了解餐饮门店的背景与实力是每位新员工都希望的,在客观对待餐饮门店本身的不足之外,更为重要的是向新员工介绍餐饮门店的优势,如经济实力、餐饮门店优越地理位置、独特的服务项目或内容等,如此才能树立员工的自信心和归属感,这也是新员工培训时必须做到的。餐饮门店的概况主要包括:

(1) 餐饮门店基本资料:餐饮门店的创建背景、发展史、地理位置、经济实力、优势及未来展望、餐饮门店经营理念以及经营特色、餐饮门店店徽的含义等。

(2) 餐饮门店组织机构:餐饮门店是一个较为规范的行业,在组织结构划分方面一般可分为店长办公室、外场、吧台、厨房、后勤等,而各个部门下面还有很多岗位。但有些餐饮门店因营运的需要会将一些部门的名字稍作改变或将一些部门合并。在这一部分应向新员工解释如下几个方面的内容：餐饮门店管理层介绍、餐饮门店各部门的组织结构图、餐饮门店各部门的基本运作。

（3）餐饮业相关知识：向新员工讲解餐饮门店的定义、餐饮门店发展简史、现代餐饮门店的特点、中国餐饮门店行业的发展和本地区餐饮门店业发展态势，周围主要竞争者等，这样有利于新员工对新的环境的了解，具备正确的工作态度。

2. 餐饮门店规章制度

新员工在上岗之前应对餐饮门店有一个全面了解，熟悉餐饮门店的规章制度，建立基本的服务意识，才能在工作中为客人提供更好的服务。

（1）员工日常管理制度：着装规定、上下班打卡及考勤制度、请假制度、工作期间行为规范、工作餐情况，等等。

（2）宿舍管理制度：宿舍清洁制度、节约用水用电、安全用电用火、严禁赌博等。

（3）薪酬制度相关规定：薪酬等级、基本工资、绩效薪资计算方法、发薪日，等等。

（4）福利制度：年假、产假、津贴、保险等。

3. 餐饮门店参观

为了让新员工了解餐饮门店各部门、服务设施、服务项目的实际情况，有必要带领员工进行参观。在组织新员工参观餐饮门店时，应该注意以下问题：

（1）餐饮门店参观前，通知可能参观到的相关部门，知会参观人数、时间等，以便在不影响正常营业的情况下参观相应部门；

（2）每到相关的部门，由此部门员工给新员工对本部门的情况进行介绍；

（3）参观过程中，注意必须保持队列整齐，注意谦让，不影响顾客，不得喧哗；

（4）参观过程，由培训人就培训过的内容对新员工提问，加深印象。

4. 培训后座谈会

培训后的座谈会对新员工进入新的岗位，对于检查培训效果和加深新员工对环境的适应都有一定的作用。经过几天的紧张培训，大家对餐饮门店知

识和相关内容有了清楚的了解，但还需店长去培养新员工对餐饮门店的亲和感和再度强调餐饮门店的经营和服务理念。为了能做到这一点，店长同样要作好相关的引导。

首先感谢新员工配合培训工作，其次说明座谈会的主要目的是让大家进一步增进了解，最后大家一起进行交流。最后一步很重要，店长可先介绍自己的经历，特别是从事餐饮门店行业的感受，然后让每位新员工轮流发表个人感受，这是一个轻松的情感交流，店长可对每位新员工的讲话作简单的积极评价。这种情感可以是每位新员工最难忘的或最感兴趣的，高兴或悲伤的，大家都拿出来一起分享，创造出一个大家庭的氛围，当然在座谈会上，有些员工不敢或不愿谈及自己，那么就需要店长能先从自我做起（或者说牺牲一些个人私隐），鼓励大家一起融入座谈会。

在整个座谈会的过程当中，特别是店长，对每位新员工的话题都必须表示关注，让每位新员工感到被关注，同时店长应尊敬每位新员工，给予多一些的积极评价而不是消极点评。

此外，店长应积极引导新员工对自身工作作出承诺，每个人都会对自己负责，言之必行，因此在大家一起座谈的氛围当中，更应注意对此方面的引导作用。

三、新员工岗位培训

根据新员工岗位职责，提供相对应的培训，主要包括以下内容：

（1）产品知识：记住菜单上所有餐饮门店的名称、做法、特点、价格等，并熟知餐饮门店的招牌菜及产品。

（2）服务态度与意识：服务是餐饮门店最核心的竞争力之一，每一位员工都要树立良好的服务态度与意识。

（3）文明用语：在为客人服务的过程中使用规范的文明用语。

（4）投诉处理：处理客人投诉时的态度、方法、注意事项等。

（5）安全知识：各部门员工如何防火、防偷窃等，厨房工作人员还应该重视食品安全问题。

多数员工都真心想做好工作，为了达到这个目的，他们很愿意参加培训

活动。经常对员工进行培训的店长发现周围全是有激情的员工，而不喜欢或没时间进行培训的店长会发现遇到的全是低效、沉默的员工。

（6）微笑服务：发自内心的微笑是最动人的，但是长时间的工作会使身体疲劳，这时再要维持微笑就不再会是件简单事情，轻松自在的笑尤其变得困难。

微笑服务的秘诀：

A. 经常进行快乐的回忆，努力将自己的工作维持在最愉快状态；

B. 受店长“笑容满面”的影响；

C. 在工作的前一天，尽量保证充足的睡眠时间；

D. 店长要时刻提醒自己“我的笑容对全店员工是否能够以愉快心情开展工作起决定作用”，以此来督促自己总是“笑容满面”。

第三节 培训实施及评估

一、培训四部曲

餐饮门店培训一般可以分为四个步骤：

1. 准备

在这阶段里，店长主要向学员陈述将要学习的内容，说明课程的必要性和目标，说明本节课的全部的基本内容架构。

在培训前，店长需要清楚学员对此培训课程的了解程度，如提问：你是否作过类似的工作或项目等，店长应尽力把要学的内容与学员过去的类似的工作经验联系起来。

2. 讲解或者演示

讲解某项工作的主要步骤，以及每一步骤的具体做法及标准，并对具体做法和标准作必要的原因解释。此后，店长还应该将讲解的内容演示一遍，确认每位学员都看清楚。当然也可采用观看相关的现场录像，这样能确保培训的效果，要强调重点，确保在此停下来解释清楚新的词汇或者行话。

3. 实践

演示完成后，让学员自己动手操作，确保他们用正确的方法，及时纠正错误，避免坏习惯的养成。告诉他们为什么要这样做，店长应在旁边观察，将发现的问题记录下来，同时鼓励学员将操作过程中遇到的不明白的地方记录下来，然后在实践完后，给予解答。通过提问的方式，测试学员为什么？如果答不出来，则应给予更多的指导。另外，在员工工作中应对其成绩先提出真诚、积极评价。

4. 复习

对本节课的培训内容进行复习，这时也可采用让学员来进行归纳总结，再次确认其掌握程度，同时让学员参与培训课程当中（参与程度越高，培训效果越明显）。在积极的气氛中结束培训课程。

在上完每节培训课后，店长都应思考：此培训课程有哪些培训方法，每种方法的优缺点与适用范围如何，哪种培训方法最省时间，又最有效？吸取这次培训的经验和教训，作为下次改进的依据。

二、培训实施要点

培训师是店长经常需要担当的另外一种角色。一名优秀的培训师除了要具备扎实的专业知识，还应深谙各种培训技巧，比如：如何读懂参训者的肢体语言；怎样妥善统筹时间；如何让培训充满趣味等。

1. 积极投入培训

人们往往对培训有很高的期望。所以，培训者需要拿出100%的热情和知识。如果事情并不像计划得那样顺利，店长应试着略作调整：

（1）不要为任何不足道歉，学员可能并没有意识到那是一个问题；

（2）处理问题时要有自信。软弱和缺乏果断将会使学员在过程中渐渐丧失信心。

2. 保证均等的参与

让一些性格外向的、比较自信的参与者在讨论中扮演主角非常容易，但店长应该确保时间得到公平的分配：

（1）采用轮流的方式，使每人都有发言的机会；

（2）避免与那些想要主导讨论的人进行眼神交流；

（3）直接向那些沉默不语的人提问；

（4）谢谢他们愿意将自己的想法与人分享，然后可以说："让我们来听听其他人的想法。"

3. 避免使用术语

术语是某一行业的技术性或具体的语言表达。例如厨房中使用的"最基本限量"或外场使用的"日平均消费"。应使用新老员工都了解的词句。术语完全可在以后的工作中学会。店长不妨提供给每一名员工一份本餐饮门店常用单词表。

4. 掌握恰当时间

充分解释每一步骤，对暂时不理解的员工应耐心解释。不应采取过快的培训速度而导致员工难以接受。

5. 掌握培训时的动作要领

掌握培训时的动作要领包括：

（1）眼睛：看稿纸要不易被人察觉，最好不要看稿纸，同时保持目光与每位学员接触；

（2）开场白：顺其自然，因为每个培训课程都会存在培训需求的，可以从培训需求的背景开始讲解，这样就比较适当和自然；

（3）姿势：轻松，不要紧张；

（4）声音：在必要时候要有效调整声音，不要让学员感到是在平铺直叙，缺乏生气，同时注意语速不要太快；

（5）手势：偶尔运用手势，能起到强调作用；

（6）逻辑性强，表达清晰；

（7）善于提问；

（8）技巧地使用各种教具，如岗位的各种实物；

（9）不要斜靠讲台，不管如何，要保持身体姿势的挺拔，有精神，才能起到一定的感染效果。

6. 善于倾听

培训是一个互动的过程，店长在培训时，要善于倾听，千万不要在真空中工作，否则你会为忽视参与者而付出代价。

（1）倾听他们说什么和怎么说；

（2）观察学员的肢体语言，消极的态度通常表现为：眼珠不停地转动，极力避免眼神的交流，把胳膊和腿相互交叉，将胳膊折叠放在脑后，身体后倾，频频离开教室；

（3）当你注意到一个问题，仔细听清它所表达的含义，这样你才能作完整的回答。运用以下技巧，你可以取得更佳的效果：复述他们的问题，使你对问题的理解更充分，不要一味反驳。

7. 营造轻松、有趣的氛围

如果有轻松的学习环境人们可以学得更好，也可以从中获得乐趣。但这并不意味对学习的不重视。培训者可以通过以下方式让学员保持轻松的心情：

（1）讲一些合适的笑话；

（2）自我解嘲；

（3）用一些奇闻、轶事来解释枯燥的理论；

（4）进行一些简短、有趣的游戏；

（5）保持欢快的节奏。

三、培训评估

科学的培训评估对于了解投资的效果、界定培训对餐饮门店的贡献、证明员工培训所做出的成绩，非常重要。大多数的餐饮门店并没有建立完善的培训效果评估体系，对培训效果进行测评的方法单一，效果评估工作仅仅停留在培训过后的一个简单的考试，事后不再做跟踪调查。这样一来，并不能起到考评培训效果的作用，在培训上的巨大投入并没有收到预期的回报。事实上，培训效果的评估可以分为四个层次，每个层次都有对应的评估方法。

1. 反馈评估

反馈是培训效果的第一个层次，就是在培训结束后，大家对于课程的反馈是什么，例如评估表就是收集反馈的一种评估方法，可以借由大家的反馈调整以符合学员的需求。

（1）评估的内容：通常餐饮门店的反映评估的内容主要分为培训行政安排、讲师和自我评估三个方面基础的了解，详细内容分为培训组织情况（含通知时间、环境与设施、课程及教材等）、讲师情况（能力、语气语调、控制现场能力等）、学员自我评估（投入状况、积极性、学习内容等）。

（2）评估的方法：问卷调查、面谈观察、综合座谈、电话调查。

（3）优缺点：优点是评估易于进行，缺点是主观性太强，有可能因为对某个因素不满而全盘否定课程。

2. 学习评估

学习评估的内容包括：

（1）评估内容：学习层面的评估，主要是衡量学员对于培训内容、技巧、概念的吸收与掌握程度。

（2）评估方法：考试、演示、讲演、讨论、角色扮演等多种方式。具体有以下几种：

①在反映层级评估基础上，增加学习内容测试和问答题，要求运用所学的知识进行解答。可以分为基础知识点和情景模拟问答。

②在实际过程中，特别是 OTJ 在岗培训内容，学习层面的评估是进行现场操作，在操作过程中主要关键知识点的掌握。

③一些专业性岗位的课程学习后，要求按照学习的内容和时间提出自己的改善方案，并交给直接上级负责监督执行。

（3）优缺点：优点是这种评估办法对学员和讲师都有压力，学员会更加认真地学习，讲师也会更负责、更精心地准备。缺点是测试的可靠度和可信度、难度比较难衡量。

3. 行为评估

行为评估的内容包括：

（1）评估内容：检查学员是否将所学习到的东西运用到了工作当中，技能有没有提高。

（2）评估方法：问卷调查、行为观察、访谈法、绩效评估、管理能力评鉴、360度评估、任务项目法等。

（3）优缺点：优点是由于培训的目的就是改变学员的行为，因此这个层面的评估可以直接反映课程的效果；可以使高层领导和直接主管看到培训的效果，使他们更支持培训。缺点是这个层面的评估要花很多时间和精力，人力资源部门可能忙不过来；问卷的设计非常重要也比较难做；因为要占用相关人员较多时间，大家可能不太配合；员工的表现多因多果，如何剔除其他因素的影响也是一个问题。

4. 结果评估

结果评估包括：

（1）评估的内容：衡量培训给餐饮门店的业绩带来的影响。结果层面的评估是培训评估最大的难点。因为对餐饮门店经营业绩产生影响的不仅仅是培训活动，还有许多其他因素都会影响餐饮门店的经营结果。

（2）评估方法：通过诸如质量、安全、顾客满意度、营业额、成本、利润等餐饮门店最关注的并且可度量的指标来考查、判断培训成果的转化，与培训前进行对照，看最终产生了什么结果。时间的间隔取决于学员多长时间才能取得持续不变的业务效果，往往是培训后的几个月。

（3）优缺点：这种评估方式的优点显而易见，因为餐饮门店在培训上投资的根本目的，就是为了提高这些指标。如果能在这个层面上拿出翔实的、令人信服的调查数据，就可以指导培训课程计划，把有限的培训费用到最能够为企业创造经济效益的课程上来。但是，这个层面的评估首先需要时间，在短期内很难有结果的，而且多因多果，简单的对比数字意义不大，必须分辨哪些果与要评估的课程有关系，在多大程度上有关。

在对培训绩效的四个层面进行评估后，店长应该对培训项目给出公正合理的评估报告。最重要的是，店长要根据培训的效果来改进和完善培训计划，这才是培训评估真正的意义。

第九章
餐饮门店的分析与变革

餐饮门店的外部环境不断在变化，餐饮门店本身的情况也在不断发生着变化，所以餐饮门店要不断地变革来适应新的环境、新的情况，才能使店铺处于良好的发展状态，因此变革管理是店长日常管理中不可缺少的重要管理内容。

第一节 餐饮门店运营简述

经过多年实践与研究分析，在店铺营运方面总结了一些经验，下面作以下介绍：

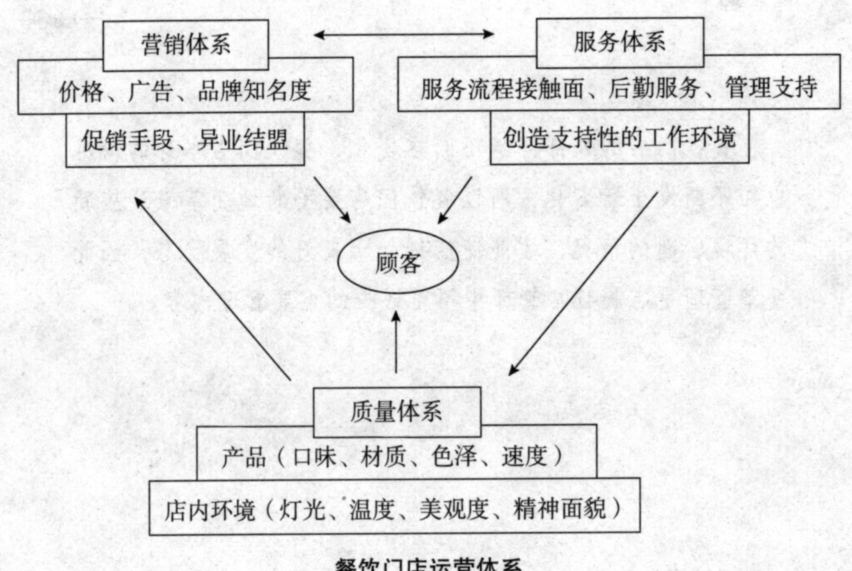

餐饮门店运营体系

从上图中我们可以看出餐饮门店与顾客之间的关系，以及他们相互之间的关系，这些关系主要通过三种体系来建立。

1. 营销体系

营销体系一般通过店铺的设立、广告的宣传、口碑的传播、异业结盟、营销活动、促销活动等实现品牌的传播，在这个过程中顾客初步获得餐饮门店的印象，为到餐饮门店消费奠定基础。

2. 服务体系

服务体系包括：外场对客服务体系，即迎客送客全服务流程，以及后勤服务体系，即财务、采购、收银、清洁、保安等方面进行全面的支持。

管理支持指的是整个店铺管理层要支持下属的工作，比如对下属的及时指导、细心的沟通与技能传授，定期而持续的教育训练。

创造支持性的环境指的是公司、股东、店长要给店铺一个强有力的支持，这样大家做起事来才能无后顾之忧，更能全身心地投入到工作中去。

3. 质量体系

质量体系指的是店内硬件环境包括装修、桌椅、器具等是否美观和精美，店内软环境包括温度、灯光、音乐、摆设、整洁度、人员精神面貌以及店铺氛围等，产品质量包括分量、口味、种类、色泽、出品速度等，构成质量体系。

4. 三者之间的关系

通过营销体系的运作将客人吸引到店里，而良好的质量体系和服务体系才能将客人留住，三者之间互相促进，缺一不可，只有将三者都做好，才是一个成功的餐饮店铺，在三者不能兼顾的情况下，一定要有好的服务或者质量，只有营销客人是不会来的，质量和服务是基础，营销是手段。

第二节　调研与分析

一、内部分析

为适应餐饮门店的外部环境以及餐饮门店本身情况的不断变化，餐饮门店要不断地变革才能使店铺处于良好的发展状态，因此变革管理是店长日常管理中不可缺少的重要内容。

餐饮门店的经营管理要素主要包括设施（环境）、餐点、服务、价格、营销、成本控制、人力资源等。餐饮门店应该仔细分析在这几个方面的优势和不足，找出顾客流失或者营业额下降的原因，以便改进。

1. 营业额分析

营业额分析包括：

（1）营业总额、日平均营业额的变化情况，与之前期月份相比是增长还是降低，并分析营业额变化的主要原因。

（2）分析营业额波动的情况，是平稳还是波动很大，找出原因，制定相应的策略。例如，某餐饮门店的营业额从 8 月下旬开始下降，餐饮门店分析得知，附近新开一家餐饮门店，分流了一部分本餐饮门店的顾客。同时，由于餐饮门店过于强调节能，导致综合服务水平下降。

（3）根据 POS 机的记录，分析来店消费人数以及人均消费数额，与前期相比，找出差距，分析原因。若出现人均消费金额降低，可能的原因是高端客户的流失，餐饮门店应想办法重新吸引高端客户。同时，餐饮门店可以采用返券促销法，即消费达到一个固定水平，即可获得返券。对于来店人数减少的情况，餐饮门店应该加大宣传，提高餐饮门店品质和服务质量，并策划多种促销手段。

（4）分析营业额在一天中的分布情况，营业高峰以及低谷分别分布在什么时段。针对经营清淡时期，策划针对性的促销方案，同时，对于营业高峰期的销售更要保持和进一步提高。

2. 环境分析

环境分析包括：

（1）是否设有停车场，停车是否方便；

（2）交通是否方便、易到达；

（3）餐饮门店标志是否明显，对消费者的吸引力如何；

（4）餐饮门店内部环境是否舒适、整洁，是否适宜聊天；

（5）餐饮门店重要的硬件设施是否完好，出现故障并给营业造成影响的有没有及时维修；

（6）餐饮门店的地面、墙面、卫生间是否干净、整洁。

3. 人力分析

人力分析包括：

（1）员工工作是否认真负责、充满热情；

（2）员工的人数与技能是否足以应付餐饮门店的正常运营；

（3）有没有提供必要的培训，帮助员工提高技能；

（4）员工的工作餐、住宿条件如何，员工有无抱怨；

（5）餐饮门店管理层是否关心员工；

（6）有没有与员工充分、及时地沟通餐饮门店的相关政策。

4. 产品分析

产品分析包括：

（1）各类餐点、饮品的销售状况如何，从中找出顾客偏爱的食物类型，归纳出当地消费者的消费习惯和偏好；

（2）分析所销售产品的价格情况，了解消费者的消费能力和水平；

（3）分析餐点的质量如何，有没有因质量问题而影响营业额。

5. 服务分析

服务分析包括：

（1）服务人员有没有使用规范的语言和行为标准进行服务；

（2）服务人员的服务态度以及速度如何，顾客有没有因此而抱怨。

6. 成本分析

成本分析包括：

（1）将成本分解，分析各个部门的成本情况，对于成本率增长的部门，仔细分析原因；

（2）检查成本控制的各个环节，有无违规现象。

7. 餐饮门店知名度

餐饮门店知名度分析包括：

（1）餐饮门店的品牌知名度和美誉度如何；

（2）餐饮门店开业多久，周围居民以及上班族是否知道餐饮门店开业情况；

（3）餐饮门店近期有没有针对目标客户进行适当的宣传。

二、消费者分析

顾客是餐饮门店的上帝，只有了解顾客，才能满足顾客的需求。任何脱离消费者需求的经营行为都是徒劳的。因此，了解并分析消费者的需求是餐饮门店获得发展的根本。同时，在经济迅速发展的时候，顾客普遍的消费心态是求新的，当这种状况出现时，市场是不断变化的，顾客的需求各不相同。通过市场调研，餐饮门店可以发现一些新的机会和需求，开发新的产品去满足这些需求。

（一）分析的内容

餐饮门店至少要了解消费者的以下特点：

1. 消费者身份特征

餐饮门店首先必须明确自身餐饮门店的定位，即谁是餐饮门店的消费者，餐饮门店的顾客主要是由哪些人群组成。本餐饮门店顾客在年龄、收入、学历、职业、业余活动方面有哪些共同的特征。

2. 消费者消费偏好

这是研究消费者去餐饮门店消费的原因。餐饮门店要仔细分析顾客来餐饮门店主要的目的是聊天聚会、休闲还是谈生意等，消费者对餐饮门店在环境设计、内部装修、产品、服务上的要求分别是什么？当然，这些要求要具体化，例如对餐点的要求可以细化到原料、质量、口味、装盘等。

通过了解消费者的需求与欲望，了解消费者对各种产品、服务、环境属性的评价，餐饮门店可以据此改良装修设计、提高服务质量、开发新产品。可以说，消费者行为研究即是餐饮门店变革的重要来源，也是检验餐饮门店各个方面因素，如环境、产品、服务等能否被接受和应在哪些方面进一步完善的重要途径。

3. 对价格的敏感性

产品定价如果与消费者的承受能力或与消费者对产品价值的认同脱节，再好的产品也难以打开市场。餐饮门店要看主要消费者对价格的敏感性，如果对价格不敏感，则可以采取较高的定价策略，而且，此时，餐饮门店降价促销的作用不大。反之，若餐饮门店的主要顾客对餐饮门店产品的价格非常敏感，价格则不应该太高，而且价格方面的优惠对餐饮门店营业额的提升有很大帮助。

4. 从哪里获得信息

了解消费者平常接触的主要电视、报纸、杂志等媒体的类型，这样可以了解他们获得信息的途径、了解他们对广告、促销行为的态度及评价，以及广告、促销行为对他们消费行为的影响等，从而制定出合理、有效的广告、促销策略。

（二）调研方法

1. 观察记录

通过服务人员的观察以及 POS 机上的营业记录，可以大致了解顾客的个人信息以及大概的消费偏好。此外，餐饮门店也可以通过顾客所提交的会员申请表等资料了解顾客的相关信息。

2. 意见箱法

设立意见箱或者意见簿，要求顾客写下对餐饮门店的要求或者给餐饮门店提意见，以了解餐饮门店尚未满足顾客的需求。餐饮门店应该对顾客提出的意见及时给予反馈，解决问题，否则，意见箱形同虚设。

3. 调查问卷

这是指餐饮门店通过设计问卷的方式向顾客了解市场情况。餐饮门店可以事先根据调研的目的设计问卷，顾客可以用点完餐后的等餐时间填写问卷，对填写问卷的顾客应该送小礼品，或者餐点，或者给予打折优惠等。

问卷的内容可以包括：顾客对餐饮门店在产品、服务、环境等方面的评价，评价要素要具体，答案以封闭性为主。同时，餐饮门店还可以设置开放性问卷，了解顾客的意见和建议。

4. 小组座谈法

小组座谈法就是采取小型座谈会的形式，挑选一组具有代表性的顾客，就餐饮门店相关问题以及消费者需求进行比较深入的探讨，其特点是调查与讨论相结合，取得的信息较为广泛和深入，且方式比较灵活。

三、竞争对手分析

餐饮门店行业的竞争已经越来越激烈，在这种严峻形式下保持餐饮门店的优势，拉开与其他竞争对手的差距是非常重要的。在市场上要因敌变化而变化，才能够取胜，也就是人们常说的“因敌变化而取胜之为神”。为了能做到因敌变化而变化，店长必须对商圈周围的竞争者状况保持敏感，通过时刻关注竞争餐饮门店的产品质量、服务质量、卫生环境以及促销活动来掌握竞争主动权。

餐饮门店应该对商圈附近的竞争店的有关动态随时进行调查，全面分析竞争店的优势、劣势，以制定针对性的措施。诸如餐饮门店的内部是否有新的改装设计、产品内容是否有了调整或是服务质量是否发生变化等，都是经营中不容忽视的情报。所以对于门店铺面、产品面、服务面、环境面等组成的竞争店的总体调查，以及与本店优劣的比较，乃是全店从业人员要随时展开分析的要项。

（一）调查的内容

1. 店铺

店铺的调查，主要是针对餐饮门店占地条件的优劣性、店内营业面积的大小、店内气氛的感觉，以及店内装潢设备的品质等项目设施。

2. 周围环境

周围有哪些商业区和居民区，商业区的档次如何，主要工作人员有哪些人，居民区居民的年龄、职业收入状况。

3. 产品

产品面的调查，例如，餐饮门店的产品构成，是以咖啡为主，还是咖啡与简餐并重，具体有哪些主要产品，畅销的餐饮门店有哪些，餐饮门店的价格如何，出品的质量如何。

4. 服务

服务人员的礼仪、语言、行为是否礼貌、规范，服务人员的态度是否耐心、亲善，服务的速度是否快，店内的环境是否清洁等，如此综合这三方面的因素，借以进行餐饮门店形象评价。在实际使用时，还可以针对需要的项目斟酌调整。

5. 人力资源

了解竞争店员工数量、素质、经验、薪资水平与结构（工资、奖金计算体系）、福利体系与结构如何，竞争餐饮门店有哪些培训、奖励措施。

6. 原材料采购

原材料（采购量、来源、平均价格）、供应商情况（数量、供货评价、供应商关系）、供应商的挑选机制。

7. 广告与促销

广告营销情况（广告投入金额、占销售比重、主要使用广告媒体）；主要促销措施；有哪些结盟单位；广告与促销效果如何？

8. 社会关系

了解餐饮门店的股东以及店长与当地政府、税收、广告媒体等部门的关系，是否占有优势。

（二）调查的方法

1. 实地观察法

观察法是指通过直接观察取得第一手资料的调查方法。餐饮门店人员直接到竞争对手店的周围观察其外围形象、设施以及商圈内的情况。此外，还可以与在竞争餐饮门店入口处蹲守，分时段记录进餐饮门店消费的人数，并预测其营业额。

2. 顾客扮演法

派本店的工作人员扮成顾客，到竞争店消费，直接体验竞争对手餐饮门店的产品、服务和环境，感知其优缺点。同时，还要注意其他消费者的消费情况。如果情况允许，还可将竞争餐饮门店的畅销产品打包带回，交由技术部门分析或者请消费者评价其优劣。

3. 匿名参观法

如果竞争餐饮门店组织顾客参观，本店可以派遣工作人员以一般参观者的身份参加，了解其后厨运作情况。

4. 资料分析法

关注并分析竞争餐饮门店发布的关于其餐饮门店的介绍、招聘公告、促销信息，同时关注相关媒体对竞争餐饮门店的报道，从这些资料中洞察竞争餐饮门店的经营管理方略等。

5. 询问法

了解竞争餐饮门店的主要供应商，并向其了解一些信息。此外，还可以与竞争餐饮门店的顾客进行交谈，以获取情报。

6. 收买法

向竞争餐饮门店以前的管理人员购买相关内部资料和信息，或者收买那些在竞争餐饮门店处没有得到善待或与其主要领导有矛盾的人。此外，还可以向行业咨询机构购买信息。这种方法可能涉及职业道德和法律，因此，餐饮门店在进行竞争对手调查时，应当采取正当的方法和策略。

（三）制作调查表

为了能将本店与竞争店之间的优劣势直观清楚的表现出来，最好的办法是制作调查表。有关竞争店的调查表，其内容主要分成三部分，第一部分为调查的项目，第二部分为竞争店与本店的优劣评价，第三部分为调查事项的特别记载，以便能够在每一项调查时将所有调查结果予以系统地重点记录。此外，还可以在调查表上记录本餐饮门店的改进措施。

此外，为使本店与竞争店能有更明确的比较基准，还可将每一次调查项目，依优劣的程度分成若干个等级，以便调查人员将两店的差异性具体地在调查中指示出来。当然，有些部分若未能立即比较或是必须特别说明的事项，则可以列示在“特别记载”事项栏内，使整个调查工作能够更趋于完整与详细。

针对竞争餐饮门店展开全面的调查，不仅可以掌握知己知彼的资料，而且可以据此发现本店在经营上的问题点，进而拟定改善的对策。同时，也可以借鉴和学习竞争对手的优势。因此竞争店的调查工作是经营上不可缺少的，若是能够持续性地展开，必然更能够使本餐饮门店处于有利的竞争形势。

餐饮门店本身、消费者、竞争对手这三个因素是影响餐饮门店经营状况好坏的关键原因。餐饮门店应该重点分析餐饮门店本身存在的不足，与竞争对手相比较之下的优、劣势以及消费者需求，以制定针对性的改进措施，提升餐饮门店的经营效率。此外，宏观环境、政策法规、新技术或者制造工艺的出现等的变化也会影响到餐饮门店的经营状况，因此，餐饮门店还要注意宏观环境、政策法规以及技术条件的变化，以及时调整餐饮门店的经营管理策略。

附录1：某餐饮门店营业情况分析

资料一：

3月营业额分布

日期	营业额（元）	现金（元）	餐（元）	饮（元）			烟酒、饮比（%）	餐饮比（%）	营业额早晚比（%）	来客数（人）	来客数早晚比（%）	备注
				烟	酒	饮料						
3月1日	2036	1403	717	112	60	1067	14:86	37:63	55:45	67	43:57	
3月2日	4133	3538	1655	113	320	1972	18:82	41:59	49:51	114	24:76	
3月3日	2942	2406	713	50	260	1849	14:86	25:75	21:79	93	27:73	
3月4日	3335	2668	1227	35	160	1846	10:90	38:62	60:40	115	36:64	
3月5日	2817	2516	956	85	280	1426	20:80	35:65	17:83	75	38:62	
3月6日	2000	1373	512	115	120	1215	16:84	26:74	49:51	79	53:47	
3月7日	3708	2429	1325	156	0	2015	7:93	38:62	42:58	126	20:80	
3月8日	3731	3124	1657	117	200	1681	16:84	45:55	29:71	117	70:30	
3月9日	3390	2288	1198	83	40	2001	6:94	36:64	27:73	95	39:61	
3月10日	2154	1635	756	0	80	1263	6:94	36:64	75:25	87	63:37	

续 表

日期	营业额（元）	现金（元）	餐（元）	饮（元）			烟酒、饮比（%）	餐饮比（%）	营业额早晚比（%）	来客数（人）	来客数早晚比（%）	备注
				烟	酒	饮料						
3月11日	2559	1983	731	112	180	1443	17:83	30:70	69:31	91	31:69	
3月12日	3031	2156	564	225	60	2110	12:88	19:81	29:71	96	24:76	
3月13日	2019	1743	328	12	80	1533	6:94	17:83	31:69	79	26:74	
3月14日	3024	2278	955	105	120	1741	11:89	33:67	38:62	102	32:68	
3月15日	3690	2302	1135	12	80	2360	4:96	32:68	29:71	111	21:79	
3月16日	2022	1110	526	35	0	1378	2:98	27:73	73:27	90	44:56	
3月17日	3223	2231	1663	71	20	1409	6:94	52:48	38:62	95	44:56	
3月18日	2977	2439	654	12	360	1867	17:83	23:77	62:38	94	18:82	
3月19日	4079	2436	1021	70	160	2727	8:92	26:74	34:66	118	40:60	
3月20日	3037	2469	790	105	160	1883	12:88	27:73	54:46	98	30:70	
3月21日	3939	3070	1407	190	100	2163	12:88	36:64	47:53	121	32:68	
3月22日	2731	2052	697	50	219	1668	14:86	26:74	38:62	101	28:72	
3月23日	3651	2616	1169	70	90	2196	7:93	33:67	49:51	128	41:59	
3月24日	2385	1625	799	140	201	1204	22:78	34:66	41:59	80	23:77	

续 表

日期	营业额（元）	现金（元）	餐（元）	饮（元）			烟酒、饮比（%）	餐饮比（%）	营业额早晚比（%）	来客数（人）	来客数早晚比（%）	备注
				烟	酒	饮料						
3月25日	3966	2543	892	303	282	2406	20∶80	23∶77	41∶59	133	48∶52	
3月26日	3931	3405	1473	78	90	2210	7∶93	38∶62	44∶56	114	30∶70	
3月27日	2319	1850	695	276	124	1153	26∶74	31∶69	74∶26	66	33∶67	
3月28日	2590	1967	1106	35	30	1342	5∶95	44∶56	44∶56	85	34∶66	
3月29日	3686	2499	1294	120	114	2071	10∶90	36∶64	46∶54	124	27∶73	
3月30日	3068	2204	864	35	32	2062	3∶97	29∶71	47∶53	112	27∶73	
3月31日	2253	1521	840	70	0	1260	5∶95	39∶61	72∶28	91	43∶57	

资料二：

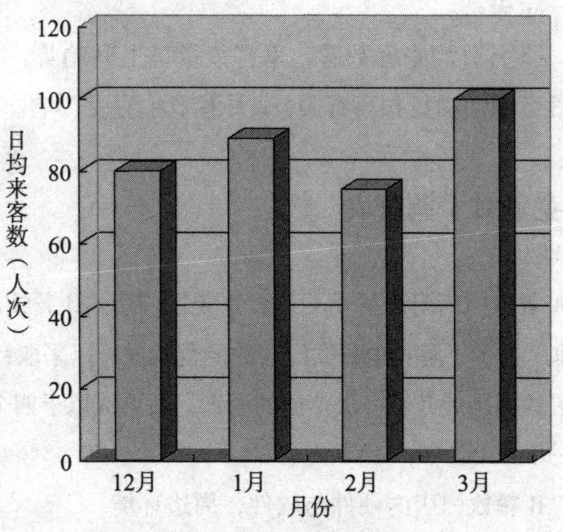

近四个月日均来客数趋势图

资料三：

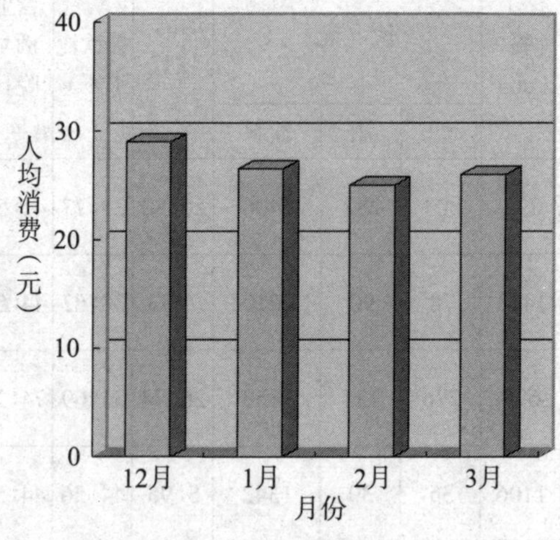

近四个月人均消费趋势图

分析结论：

（1）3 月日均营业额 3046 元，现金 2614 元。

（2）从营业额走势图看呈上升趋势，说明 3 月营销方案起到一定作用。

（3）餐饮比看，比率为 36:64，说明厨房销量较低，影响营业额。

（4）早晚来客数与营业额看，生意主要集中在下午茶和晚 8 点之前与当地消费习惯有一定关系。

（5）从 12~3 月日均来客数看，来客数量呈上升趋势，从人均消费看略有降低，与 3 月营销活动折扣高有关，2 月春节生意受影响。

附录 2：竞争对手调查表

最近，在 A 餐饮门店附近新开了一家 B 餐饮门店，B 餐饮门店与 A 餐饮门店相距仅两公里。为了了解竞争餐饮门店的经营状况，以采取针对性的措施，A 餐饮门店对 B 餐饮门店展开了一次全面的调查，共形成以下四个调查表：

调查表（一）

调查内容：B 餐饮门店的硬件与软件，周边环境

调查次数：共 4 次，历时 5 天，耗时 30 小时

调查时段：午餐、下午茶、晚餐、晚茶、宵夜

调查方式：步行、坐车、目测、店内消费、观察、与相关人员了解、B餐饮门店介绍精华本、通观周边总体环境

准确率：大于85%

<table>
<tr><th colspan="3">店名
实际情况
调查项目</th><th>B餐饮门店</th><th>A餐饮门店</th><th>对　策</th></tr>
<tr><td colspan="3">位置</td><td>十字路口</td><td>十字路口</td><td></td></tr>
<tr><td rowspan="12">硬件</td><td colspan="2">停车场</td><td>500m^2，25车位</td><td>200m^2，8车位</td><td rowspan="3"></td></tr>
<tr><td colspan="2">推测面积</td><td>长40m，宽12m</td><td>长28m，宽8m</td></tr>
<tr><td colspan="2">餐饮门店面积</td><td>1440m^2</td><td>520m^2</td></tr>
<tr><td colspan="2">数据来源</td><td>1. 在马路对面平行测量
2. 在店内消费时步测</td><td>1. 咨询经理
2. 观察、步测</td><td></td></tr>
<tr><td rowspan="4">座位情况</td><td>包间数（个）</td><td>14</td><td>4</td><td></td></tr>
<tr><td>卡座数（个）</td><td>22</td><td>9+8</td><td></td></tr>
<tr><td>靠窗座数（个）</td><td>20</td><td>6+3</td><td></td></tr>
<tr><td>最大容量</td><td>220人</td><td>100人</td><td></td></tr>
<tr><td colspan="2">装饰</td><td>浅绿色、豪华整洁</td><td>暖色调、鲜明精致</td><td></td></tr>
<tr><td colspan="2">温度</td><td>1. 舒适，空调制冷强劲
2. 一楼至三楼制冷效果皆较好</td><td>1. 闷热，空调制冷效果差，并经常坏掉
2. 过度节能，一楼空调常关闭
3. 包间区较热</td><td>开放一楼空调，给客人较好第一感觉；检修</td></tr>
<tr><td colspan="2">空气</td><td>空气清新</td><td>空气不够清新</td><td>经常通风，开空调</td></tr>
<tr><td colspan="2">厕所</td><td>1. 清洁度良好
2. 有烟灰罐</td><td>1. 清洁度尚可
2. 无烟灰罐</td><td>经常打扫
建议增设</td></tr>
</table>

续　表

调查项目 \ 实际情况 \ 店名			B 餐饮门店	A 餐饮门店	对　策
硬件	钢琴		有　在二楼中央	无	
硬件	雪茄室		有　在二楼以玻璃隔离，自成一室	无	
硬件	杂志	种类相同	旅游类、美容类、报纸、其他杂志	旅游类、美容类、报纸、其他杂志	杂志类较丰富与消费群体口味相当，但注意更新
硬件	杂志	种类不同	B 餐饮门店介绍精华本	车类杂志较丰富	
硬件	杂志	日期	以 8 月、9 月占 90%	5 月、8 月居多，其他月份持平	
硬件	内部环境		整洁、悠闲	较整洁	一楼地面常保清洁
硬件	外环境		宁静、视野开扩	吵闹、能看到绿树	
软件	价格	饮类	稍微偏低，总体持平 例：卡布奇诺 28 元 曼特宁 32 元	卡布奇诺 30 元 曼特宁 30 元	
软件	价格	餐类	整体偏高 例：所有 250 克比萨统一售价 48 元	整体稍偏低 比萨 25 ~ 32 元	
软件	产品种类		总体相似，无新品种		
软件	清洁情况	桌椅	清洁	清洁	加强一楼地板清洁力度，常保清洁
软件	清洁情况	木头	清洁	清洁	
软件	清洁情况	玻璃	清洁	清洁	
软件	清洁情况	地板	清洁	一楼地板不够清洁	
软件	服务力		巡视勤、反馈敏捷忙而不乱	反馈迟缓，配合不力	加强训练

续 表

调查项目 \ 实际情况 \ 店名		B餐饮门店	A餐饮门店	对 策
软件	应急能力	灵活	尚可	加强训练
	出品速度	较快	较快、个别慢	加强学员学习
	人力战力	交率高、察言观色	效率低	加强管理
	外貌	以小巧玲珑型为主	粗放型较多	招聘时筛选
	精神面貌	有神、勤奋	无神、惰性	加强管理
	综合素质	较高	稍差	1. 招聘筛选 2. 加强管理培训
人力配备	外场	19 人	17 人	加强培训与管理，提高服务力与效率
	吧台	13 人	11 +2 人	
	厨房	14 人	12 +1 人	
	后勤	12 +1 人	11 +2 人	
	合计	59 人	51 +5 人	
着装	清洁工	戴帽子	不戴帽子	戴帽子，防止头发掉入食品内，因清洁工在厨房工作
	吧员	相同		
	外场	黑色衣服白领	白布衣、粉红色衣服	
	厨师	黑红条相间筒帽、带红围裙	厨师帽	
	来源	B餐饮门店精装本介绍	现状	

调查表（二）

调查内容：不同时段在店客数

调查目的：推测其营业额

时间 \ 评比项目 \ 店名		B餐饮门店	A餐饮门店
2003年5月9日 20：40～22：15	实际停车数	28辆	7辆
	推测顾客数	80人	40～50人
	推测销售额	8000～11000元	晚班4090元
2003年7月9日 20：45～23：05	实际停车数	30辆	8辆
	推测顾客数	90人	50人
	推测销售额	8500～11000元	实际4633元
2003年8月9日 15：54～18：00	实际停车数	14辆	5辆
	推测顾客数	25～30人	15人
	推测销售额	3000～5000元	早班实际1326元
2003年9月9日 13：20～14：00	实际停车数	7辆	2辆
	推测顾客数	25～30人	15人
	推测销售额	3000～4000元	早班1283元
数据来源		1. 靠窗座位 2. 停车数	1. 日常营业状况 2. 人均消费
推测日营业额		12000～14000元	6000元
推测9月营业额		37万～42万元	16万～18万元
推测9月上旬营业额		12万～15万元	53194元

说明：

（1）以上数据仅供参考；

（2）A餐饮门店的数据为实际营业额，人均消费40元左右；

（3）B餐饮门店的数据根据停车数、人数推测得出。

调查表（三）

调查内容：B 餐饮门店周边环境

名称＼项目	与 B 餐饮门店相距	停车场状况	楼层高度	推测营业状况	备注
新鑫美容美发中心	约 40m	10 辆左右	4 层	较好	9 月 7 日晚约有 20 辆车
美林休闲中心	约 45m	20～30 辆	约 6 层	很好	9 月 7 日晚约有 30 辆车
龙海餐饮门店	约 150m	10～15 辆	三层	较好	9 月 7 日晚约有 15～20 辆车
龙海饭店	约 150m	20 辆左右	11 层	较好	9 月 7 日晚约有 20 辆车
金马饭店	100～120m	60～80 辆	16 层	很好	9 月 7 日晚约有 40～50 辆车
机电市场	约 100m		4 层	较好	
三栋单身公寓	在 B 对面 50 米以内		约 15 层 一层约 $400m^2$，三栋约 150～180 家住户	总体住户消费水平较高	

说明：

（1）金马饭店为五星级饭店，2003 年全国发达县域经济发展研讨会在金马饭店举行；

（2）机电市场有多家餐饮门店，规模较大，其高层管理人员成为 B 餐饮门店主要客源；

（3）B 餐饮门店总评：道路宽阔，交通便利，环境辟静，周边环境能为 B 餐饮门店提供稳定客源。

调查表（四）

调查内容：A 店与 B 店内外部环境综合列表

对比项目＼店名＼实际情况		A 餐饮门店	B 餐饮门店
内部环境	硬件	空间稍小、停车场小、温度偏高，整体逊于 B 餐饮门店	空间大、停车场大、温度适宜，有钢琴、雪茄室
	软件	服务员综合素质尚可，效率一般	服务员综合素质较好，效率高
外部环境		周边以小商铺居多，消费低，较吵闹，二楼视野较好	周边环境能为 B 餐饮门店提供稳定客源，道路宽阔，环境僻静
知名度		尚可	较好
美誉度		一般	良好
推测营业额		不好	较好
前景		加强内部系统管理和外部营销，营业额将会上升，与 B 不在同一档次	看好，内、外部环境皆较好

总评：A 餐饮门店周边以小商铺居多，消费低，道路狭窄，较吵闹，与 B 餐饮门店相比总体处于劣势。

第三节　变革内容与措施

一、变革的动因

餐饮门店内、外部的经营环境不断发生变化，因此，餐饮门店必须根据消费者需求、竞争对手状况以及餐饮门店本身的状况不断进行调整和变革。

在不断的调整与变革的过程中，餐饮门店越来越符合目标市场的需求，同时逐渐超越竞争对手。如果餐饮门店不关注内外部环境的变化，不进行适当的调整和变革，那么它很快就会被市场淘汰，被竞争对手追赶上。

在什么情况下，餐饮门店需要进行变革呢?

1. 餐饮门店自身存在不足

任何一家餐饮门店，无论其规模大小、知名度如何，或多或少都存在一些问题与不足，这些问题就是餐饮门店需要改进的地方。从这点上来说，任何餐饮门店都需要不断地改进自己，只是所需要变革的程度不一样。经营业绩较差的餐饮门店应该大胆尝试，进行大刀阔斧的变革，而经营业绩较好的餐饮门店则可在原有的基础之上，进行小幅度的修正。

2. 竞争者因素

如果在本餐饮门店附近最近新开了一家餐饮门店，必定会影响本餐饮门店的业绩，此时针对竞争者的调整是必须的。

3. 消费者因素

消费者的需求很难预测，而且往往会发生变化，这就需要餐饮门店根据经营结果的好坏不断调整餐点的品种和口味等。

此外，新技术的出现，政策法规的改变也会促使餐饮门店进行变革。

二、变革的内容

1. 产品变革

产品变革的范围主要包括吧台的小吃和水果以及厨房的牛扒、比萨、例汤、小菜等。调整变革思路如下：

（1）按每天的用餐时段调整，即不同用餐时段吃什么。

（2）同行业差异化调整：即区别定位，进行差异化竞争。

（3）季节调整及节日性调整：例如，夏季冰品以及果汁较畅销，而冬季滋补炖品会较畅销。再如，节日期间，提供专门的节日饮食等。

（4）产品种类的健全及产品更新，根据消费者的口味开发新的咖啡和餐点。

（5）针对不同顾客群进行产品调整，例如推出情侣套餐、商务套餐等。

（6）提高出品的质量，提高原料质量，并进一步提高制作工艺。

2. 人力资源变革

人力资源变革的的思路如下：

（1）加强员工培训，提高员工的技能；

（2）提高员工餐的质量，组织多种娱乐活动，提高员工的满意度；

（3）加强与员工的交流沟通，明确组织目标；

（4）理顺各方关系减少内耗，合力共事；

（5）重新分配人员，调整干部；

（6）薪酬、激励机制调整。

3. 成本控制变革

成本控制变革包括：

（1）专人负责大功率电器的开关，避免浪费；

（2）完全燃烧煤气，避免浪费；

（3）将成本控制目标分解到每一个部门，成本控制效果与部门干部业绩、奖酬挂钩。

4. 服务变革

服务变革包括：

（1）向员工说明服务的重要性，强化员工服务意识；

（2）请专业人士培训员工化妆技巧，改善吧台和外场服务人员的仪容仪表；

（3）培训员工使用规范性的语言、动作，并按照标准化流程进行服务；

（4）提高厨房出餐时与外场配合度，快速出餐，尤其是西餐类，减少客人等待时间。

5. 管理调整

管理调整包括：

（1）管理制度的调整与实施；

（2）管理方式的调整和变革。

6. 设备调整

设备调整包括：

（1）设备检查和维修；

（2）设备更换。

附录：某餐饮门店变革方案

6月店内改革方案

6月上旬生意尚可，中旬生意明显下降，鉴于此种情况店内采取措施如下：

一、外场

1. 人员进一步得到稳定。 对策：辞退严重不合格者。
2. 店内卫生清洁状况进一步提升。 对策：a. 干部示范；b. 定期按标准清洁。
3. 提升服务质量。 对策：a. 加强培训；b. 加强沟通。
4. 班次调整。 对策：将来客高峰与服务员数量相协调。
5. 干部调整。 对策：a. 提一个实习领班；b. 公司支援一名部长。

二、吧台

1. 期望能适当调整人力。 对策：将老干部加以调整，以达到降低人力成本，调整吧台战斗力。
2. 增加时令性水果和果汁。
3. 对部分主流产品进一步调整产品质量。

三、厨房

1. 牛扒原料改为优质牛肉，提升牛扒质量。　对策：市场调查，重选供货商。

2. 研发小吃品种；增加小吃种类。

3. 增加温州菜做试点（以玉环店畅销菜改制试行）。

4. 调整口味，提高出口质量。　对策：干部把关。

5. 改变其过死的成本观念；质量和业绩要先于成本控制。

四、安全措施

1. 每月 5 日为食品安检日。　对策：避免腐败变质食物中毒的现象。

2. 每月 20 日为防火日。　对策：a. 电路细查；b. 重点部位检查，如仓库、厨房、包间。

3. 每月 30 日为仓库安检日。　对策：a. 杜绝变质过期；b. 避免存货过多影响产品质量；c. 及时补货，避免缺货。

五、成本控制

1. 节能。　对策：a. 在大功率电器上作时间段控制，并与来客情况相适应；b. 制订节能计划表。

2. 人力成本。　对策：a. 削减不必要的人力，如专门守夜人员；b. 工资高而又不能尽其责者。

3. 车资。　对策：采购车资为能进一步合理控制，购买自行车一辆。

六、促销方案

1. 金卡推广计划的继续执行，以期进一步稳定顾客；

2. 每晚 8 点 7 折酬宾，以其拓展新客源；

3. 自助餐推广计划，以期能维护部分大客户。

七、工程状况

1. 大理石已维修，效果不够理想，照片待发予公司工程组；

2. 木板维修已基本完成，效果较好；

3. 墙面维修尚未完成；

4. 工程维修状况已与相关人员沟通。

第四节 提升人事管理能力

一、知人善用

在一家餐饮门店的经营上，店长驾驭能力的发挥，影响整个餐饮门店的绩效，但也绝不是只凭店长自己一人之力就可达成工作目标与任务。餐饮门店的经营绩效必须通过团队的群策群力才能有效地表现出来，而店长就是综合各种因素的主宰。所以店长唯有有效地分配任务，并发挥每个员工的作用，大家同心协力，才能期待整个店铺经营的效果。简单地说，店长要知人善用。要做到这点，店长必须具备以下条件：

1. 知人

做好任务分配的第一步是“知人”。只有了解每个员工的特长和能力，才能做到有的放矢。由于每位员工的能力各有差别，假定把能力点数最高定为100的话，其中一定有70、50、30等能力差别，而店长若观察某位部属有50的能力时，就判断其能力为50，这对于部属的工作执行有着极大的助益。因为店长对于部属的能力若能正确地加以判断，则部属完成一项工作时，店长自然会判断部属已尽力而为，自然地会赞美部属的工作表现很好。而身为部属的在受到店长的称赞后，便会认为工作有意义，努力有回报，而更会认真地苦干。

相反，店长若不能对部属的能力作出正确的判断，甚至以自己的能力来评价部属的工作成绩时，往往会认为部属没有努力工作，而对部属的工作表现有所不满。站在部属的立场，经过几次灰心之后，便会丧失对工作的热情，进而便会影响整个店的工作绩效，所以身为店长者，切勿以自己的尺度来衡量部属，必须以部属的尺度来衡量部属，如此才能激励部属的工作意愿，因此，一位店长拥有正确判断部属能力的眼光是十分必要的。

2. 用人所长

“知人”之后，要用人所长，决不可用人所短。举个例子来加以说明：若有能力点数均为50的甲乙二人，其中某甲为人和蔼可亲，又具备产品知识，假如让某甲在外场服务的话可得70，可是某甲的数字方面却很弱，若担任账务管理时仅得30。另外，某乙不及某甲受人欢迎，又不善于言辞，若让其在外场服务的话仅得30，但是他在数字方面却很强，如担任账务管理可得70。现在如果让某甲担任账务工作，让某乙负责外场服务工作，则两个点数的合计仅有60；相反地，若让某甲去从事外场服务工作，让某乙去负责账务工作，则两个能力的点数合计将可达140，这就是人尽其才的具体说明。所以，一位店长对于每位部属的专长均须有效地加以掌握，使他们在工作中发挥最大的效率，而且可以提高他们的工作热情。

3. 培育部属的能力

培育部属的能力是身为店长者必须具备的另一要素，同时也是一项义务。因为部属经指导与教育后，必能提高工作的能力，进而可以带动餐饮门店业务的顺利推展。所以一位店长不管工作能力有多强，如果不能教育部属，必难成为一位卓越的店长人才，充其量只是一位优秀的技术人员罢了。

二、高效的排班管理

排班管理在餐饮门店管理中具有重要的作用，它既关系到餐饮门店正常人力安排；又关系到管理人员能否很好地安排自己的班次，休假与班次安排与营运是否协调，避免偷懒现象的发生，让管理人员参与到实际的运营中，对于提高餐饮门店运营水平具有重要的作用；更关系到能否很好地发挥餐饮门店的人力战力，合理的安排好员工的工作班次，以求与营运相适应。店长在排班时，通常要考虑以下因素：

1. 营业时间

根据营业时间来确定各个班次的时间，例如：餐饮门店的营业时间是8：00~02：00，可安排早班（8：00~17：00）及晚班（17：00~02：00）。在确定了基本班次的基础上，店长还要根据营业情况确定每一班次的人数、具体人员、上班及休假日期等具体内容，然后按日或按周编制收银人员排班表。

2. 餐饮门店工作量

每一班次具体人员的安排应与营业状况相适应，作出适当调整：在营业高峰时安排员工相对较多，在营业低峰时安排员工相对较少。

店长通常要分析竞争对手的休息日、节假日、地方性活动来预测不同时间及一日中各时间段可能的消费额、顾客人数和销售数量，以此掌握适当的工作量，安排适当人数的员工，制定出月间和周间出勤安排表。具体的可按时段顾客流量，安排好岗位出勤，使岗位出勤人员的工作性质与顾客流量相配合，并使每一个岗位达到效率化。如店长抓不好餐饮门店的排班情况，就会直接影响餐饮门店的进货、出售、补货陈列、服务水准等，难以维持较佳的营业状态。

3. 控制人力成本增加利润

餐饮门店由于其涉及的特定业态的要求，通常并不全是高赢利的，而人事费用在餐饮门店的总成本核算中占有很高的比率，因而控制员工人数是提高餐饮门店赢利水平的重要环节。这就要求店长合理、经济地配置好各作业部门的工作人员，安排好出勤人数、休假人数、排班表，并严格考核员工的出勤情况。如果安排得当，餐饮门店能以较少的人力完成相同的业务。

4. 服务质量的保证

服务是餐饮门店最核心的竞争力之一，在排班时，店长也要考虑到这一点。首先，餐饮门店的人力安排能够保证餐饮门店的正常运行。其次，员工的技能也要与营业时段相适应，例如老员工负责繁忙时段，可提高效率和服务质量，达到顾客最大满意度；新店员工上相对清淡班次，这样有时间学习和便于老员工教授其经验。

店长在安排好出勤岗位人员的搭配，使员工在良好的配合下达到效率化的同时，应注意控制好现场紧急事项的处理，按先急后缓的原则进行工作程序的调整。

另外，需要注意的是，餐饮门店一般都有经营清淡的时段，比如下午2点之后到4点半之前，在这段时间，店长可以安排店员培训、座谈会或者组织店员打扫卫生，以充分利用时间。

后　记

“中国餐饮经营实战书系”历经5年多时间的努力，经过再三修订终于完成。该丛书分为五本，分别介绍餐饮门店在不同层面的系统管理方法，我把自己多年来的实践经验、管理心得凝结成系统的管理书籍。

在管理中我常常思考有没有更好的管理方法可以提升工作的质量，有没有更好的管理理论和管理理念可以提升店铺与企业的管理水平。在从业之初，我经常去图书馆、书店查阅相关的书籍，却每每失望而归，系统介绍餐饮店管理的书籍较少，针对性强而又突出实践的更是凤毛麟角，于是我萌发了出版一套复合式餐饮管理书籍的想法。

写书对我而言并不像管理那样的轻车熟路，在写作中我参阅了大量的图书资料及其写作手法，最终确定将此书定位为以理论提纲挈领，以实践为章节特色，将管理心得穿插其中。写作的过程也使得我的管理思路和管理方法得以系统总结，使我对连锁餐饮业及其区域管理以及企业全面运作有了更加深刻的认识，这些极大地帮助了我的成长！使我能够以更加系统和全面的眼光来看待经营管理在企业运作中的作用。

在参阅大量图书的过程中，我发现一些值得深思的问题，很多管理方面的书籍偏重于理论，读者理解运用有一定难度；有的偏重于实际操作而无法使读者得到系统的全面提升。究其原因是从事写作的人没有实践的管理经验，写作中不免有纸上谈兵之嫌；有实践经验和亲身体会的管理人员又不一定能表述出来，尤其是不能系统地表达并最终形成系统的和结合实践的管理理论。我正是基于这样的考虑，才力求将自己多年的从业经验在本套丛书中加以系统表达，希望能够为餐饮行业的发展出一分心力！

同时，我希望同更多的在餐饮、咖啡、烘焙、酒店领域有着深厚管理经验的专业人士合作，继续出版更多的实战书系，为中餐、西餐、中西快餐、特色小吃、火锅店、酒吧、酒店、比萨饼店、冰激凌店、茶馆等提供一整套的系统管理方法，为餐饮、咖啡、烘焙、酒店连锁领域做一些工作。

本套丛书的编写过程中，得到了中国物资出版社的大力支持和帮助，在此表示感谢！正是由于中国物资出版社的帮助与支持，这套丛书才能得以顺利出版并与广大读者见面。

感谢我的同行，餐饮行业资深职业经理人李振宇、谢茂利、王增翼、李强先生，他们提出了很多有见解的管理方法和思路。感谢在餐饮行业给予我指引和教导的餐饮业资深管理人缪汉清先生，同时感谢陈耀明先生在以往工作中给予的指导和帮助！感谢对我的职业生涯产生重大影响的企业管理专家叶通先生！

感谢我的女友在我写作过程中给予的支持与帮助！感谢我的父母、亲人、朋友对我的一贯支持！

最后希望能够开展和本丛书相关的各种合作和交流，认识更多的专业人士和对餐饮行业感兴趣的人士，和他们共同探讨餐饮行业在国内的发展。

同时希望和餐饮、咖啡、烘焙、酒店等相关行业的资深管理人员建立联系与合作，为这些行业出版更多的实战书系是我的最大愿望！

陈玉伟

2010 年 8 月 9 日于上海